SUPPLÉMENT GRATUIT QUOTIDIEN DU JOURNAL L'ÉLECTEUR

LA SALAMANDRE

Par EUGÈNE SUE

1re LIV. 1

Publication de la Librairie Capiomont aîné, Calvet et Cie, 10, rue Git-le-Cœur, à Paris.

LA

SALAMANDRE

PAR

EUGÈNE SUE

CHAPITRE PREMIER

LE BUREAU DE TABAC.

Vers le milieu de la rue de Grammont existait à Paris, en 1815, un bureau de tabac fort achalandé; rien n'y manquait : on voyait à l'extérieur le long rouleau de fer-blanc qui renfermait une lampe sans cesse allumée, l'énorme tabatière de buis; et, au-dessus, une fresque de quatre pieds carrés représentant l'inévitacle priseur qui, le pouce et l'index à la hauteur de ses narines dilatées, aspirait avec délices la poudre odorante. Aussi, une foule d'Allemands, de Russes, de Prussiens, de Bavarois, d'Anglais, désireux de charmer les loisirs du corps de garde, se pressaient chez M. Formon, qui leur débitait d'innocentes distractions en carottes, chiques ou cigares.

Par un beau soir de juillet, l'air était tiède, le ciel pur, et l'atmosphère se chargeait d'une poussière épaisse qui tourbillonnait sous les pieds des chevaux; de brillants équipages se croisaient dans tous les sens, et les plumes bigarrées qui ondoyaient sur les shakos étrangers se mêlaient aux voiles et aux écharpes blanches dont toutes les femmes se pavanaient alors; les boulevards s'émaillaient pour ainsi dire d'une foule de cocardes aux couleurs vives et variées, sans compter les riches dolmans de cosaques de la garde russe, le costume pittoresque des chasseurs écossais, et le sombre aspect des hussards de la mort. qui faisait encore ressortir l'élégance de ces splendides uniformes, tous étincelants de broderies et de galons.

Or, ce soir-là, le bureau de tabac de M. Formon ne désemplissait pas; mais les habitués cherchaient en vain derrière le comptoir la bonne et longue figure du débitant. A toutes les questions qu'on lui faisait à cet égard, son commis François répondait d'un air mystérieux qui irritait encore la curiosité générale. C'était : — Si vous ne prisez que le tabac que mon maître vous vendra désormais, vous n'éternuerez guère. A un autre, militaire imberbe, qui demandait à haute voix des cigares, et des plus forts, François disait d'un air sarcastique : — Si mon maître était ici, c'est la main au chapeau que vous l'approcheriez, au lieu de frapper sur le comptoir avec votre grand sabre (qui ne ferait pas de mal à un enfant), de frapper sur mon comptoir comme un forgeron sur son enclume! Et cent autres propos pareils. Enfin chacun s'étonnait de la disparition de M. Formon dont la patience et la douceur étaient généralement connues et appréciées. L'absence du débitant surprendra moins quand on saura la scène bizarre qui se passaient dans un petit appartement simple et modeste placé au-dessus du bureau de tabac, et occupé par M. Formon. Or ce digne homme allait, venait, s'agitait au milieu de son étroit salon, tantôt s'approchait près de la fenêtre pour y jeter un timide regard, tantôt revenait s'asseoir et consultait sa pendule avec inquiétude.

M. Formon pouvait avoir cinquante ans, était grand, maigre, d'épais cheveux gris couvraient son front bas et déprimé; ses yeux d'un vert clair, son menton rentré, sa bouche très éloignée de son nez court et camard, donnaient à sa figure une expression de simplicité remarquable.

— Elisabeth, dit-il en s'arrêtant devant une femme d'une quarantaine d'année, qui, courbée sur une petite table, écrivait avec rapidité, Elisabeth, que pensez-vous de ce retard? presque huit heures et rien de nouveau... On aura trompé mon cousin, et j'aime autant cela.

Elisabeth fit un violent geste d'impatience, et jetant sa plume avec vivacité :

— Trompé... trompé... Vous le désirez sans doute ? — Allons, allons, ne va pas te fâcher ; ça te fait plus de mal qu'à moi, tu le sais bien. — Me fâcher ! s'écria-t-elle, et ses petits yeux étincelaient sous les longues dentelles d'un bonnet à barbes. Me fâcher... n'en ai-je pas le droit? N'ést-ce pas malgré votre répugnance que j'ai tenté de vous faire rendre une position décente? que j'ai tenté de vous arracher à votre ignoble comptoir où vous passeriez votre vie à vendre, sans rougir, du virginie et du makouba. — Chère amie, le makouba est supérieur au virginie. Dis donc : à vendre, sans rougir, du makouba, etc. — Quelle turpitude ! Et vous n'avez pas honte de la bassesse de vos goûts ? — Mais non, mais non : je me trouve bien comme cela : je suis au fait de tout ce qui se passe dans le quartier où l'on m'aime assez : car, il faut être juste, je ne fais de mal à personne, et je rends service quand je le puis : j'ai mes petites habitudes bien douces, bien tranquilles, mon café au lait le matin, le soir ma partie de dominos et ma bouteille de bière ; jamais de soucis, mon débit me rapporte assez pour ne pas m'inquiéter de l'avenir, Ma foi ! si ce n'est pas là le bonheur, où diable faut-il le chercher?... Et encore j'oublie de parler de mon excellente, de ma parfaite compagne, ajouta le bon débitant en faisant l'agréable.

L'impatience de sa parfaite compagne ne connut plus de bornes. Se levant de sa chaise avec vivacité, elle saisit son mari par le bras et le traîna presque jusqu'au fond du salon. Là tirant un léger voile de gaze, elle découvrit le portrait d'un officier de marine dont le costume paraissait appartenir au siècle dernier. Au-dessus du portrait, incrusté dans le cadre, brillait un riche écusson, fond de gueule avec une étoile d'azur, supporté par deux lions à queue recourbée, et surmonté d'une couronne de marquis.

— Tenez ! s'écria-t-elle en poussant si rudement le malheureux Formon qu'il tomba agenouillé sur le sopha; tenez, regardez... et mourez de honte en pensant à ce que vous fûtes et à ce que vous devriez être.

Le débitant soupira en jetant les yeux sur cet antique portrait, secoua tristement la tête, essuya une larme et reprit d'un ton de reproche :

— Allons, encore ce portrait. Mon Dieu! Elisabeth, quelle cruauté de réveiller sans cesse de tels souvenirs! tout ceci est fini et ne peut revenir, pas plus que l'espérance de revoir notre terre de Longetour, où j'ai passé une si heureuse jeunesse. Pauvre vieux château où j'ai serré la main mourante de mon père! où j'ai baisé les cheveux blancs de ma bonne mère qui s'éteignit en me disant : — Albert, tu seras heureux, car tu es un bon fils. Pauvre mère, si charitable, si chère aux infortunés... Ils ont jeté tes cendres au vent, détruit ta chapelle, et notre infortuné château si plein de souvenirs domestiques... Ah!

Ici le bonhomme fit une pause, resta un instant absorbé, et reprit, en passant rapidement la main sur son front : — Bah!... bah!... Tout ceci est passé, oublié : ainsi n'en parlons plus, je t'en supplie. J'ai pris, tu le sais, Elisabeth, d'autres goûts, d'autres habitudes; maintenant l'obscurité convient mieux à mon âge et à mon caractère. Je n'ai jamais eu d'ambition; laisse-moi mourir ici, tranquille, en paix. Abandonne les démarches que tu as tentées : tu sais mieux que personne dans quelle pénible position tu me places, si l'on m'accorde ce que tu as demandé en mon nom et bien malgré moi.

— Mais je vous trouve encore singulier! reprit sa femme avec un accent de colère concentrée. Est-ce donc pour vous seul que j'ai mis en jeu tant de puissantes protections que la restauration nous a rendues! non vraiment; vous n'en valez pas la peine; c'est pour notre nom. — Notre nom! notre nom! dit le débitant avec une légère nuance d'impatience; notre nom! Tu peux bien dire mon nom, et si je renonce volontairement à mon titre, tu peux bien y renoncer aussi, car enfin... toi qui est si fière... — Et bien! achevez donc, monsieur, achevez. — Eh bien! je ne dis pas cela pour te fâcher, puisque tu es l'épouse de mon cœur... de mon choix : mais enfin, ton père était... fragier, drapier, rue aux Ours.

Quoique cette dernière partie de sa phrase fut prononcée presque inintelligiblement par le débitant, je ne sais pourtant ce qui fût arrivé, à voir les éclairs que lançaient les yeux d'Elisabeth, si François n'eût interrompu ce dangereux dialogue.

— Madame..., madame..., dit-il en entrant, voici un paquet qu'un gendarme vient d'apporter. Et il présenta à sa maîtresse une volumineuse dépêche ministérielle scellée de trois cachets.

— Donnez, et sortez, dit Elisabeth d'une voix impérieuse ; puis elle rompit précipitamment l'enveloppe, tandis que son mari la regardait avec autant d'anxiété qu'un patient qui attend son arrêt. — Bravo ! s'écria-t-elle avec transport, après avoir lu. On ne m'avait pas trompé, on m'a tenu parole. Et s'avançant vers son mari : — Monsieur Formon, marquis de Longetour, nous pouvons enfin reprendre notre titre. — Notre titre ! dit le marquis entre ses dents. — Grâce à la puissante protection de notre famille. — Notre famille ! soupira encore le débitant. — Grâce à notre famille, le grade de capitaine de frégate vous est accordé ; car le temps que vous avez passé en émigration et dans votre ignoble comptoir, ce temps vous compte comme service effectif. De plus on vous nomme au commandement d'une corvette de guerre, et vous êtes chargé d'une mission importante ! Lisez...

Le marquis demeurait stupide et ébahi. Enfin il s'écria :

— Allons donc, Elisabeth ! une corvette ! une corvette de guerre à moi qui n'ai pas navigué depuis vingt ans, à moi qui, avant la Révolution n'a fait qu'une traversée de Rochefort à Bayonne... Mais c'est absurde ! Que le diable vous emporte..., car vous êtes la femme la plus folle que je connaisse, dit enfin le marquis désespéré. — Je refuse le commandement, ajouta-t-il en jetant la dépêche sur la table. — Vous le refusez... répéta-t-elle. Non, non, je ne crois pas ! Et, tenant toujours le bras de son mari serré dans sa main sèche et osseuse, elle sourit d'un air vraiment diabolique.

Et le pauvre Formon, vaincu par son habitude de soumission, par la peur que lui inspirait sa femme, murmura à voix basse :

Allons, allons ! j'accepte Elisabeth... — C'est bien. Maintenant signez cette lettre de remerciment, écrite d'avance au ministre. — Ainsi, Elisabeth, tu le veux décidément. Songe bien que... — Signez. — Je suis perdu, s'écria-t-il avec douleur en jetant la plume. — Enfin, dit la marquise, nous allons reprendre un rang que nous n'aurions jamais dû quitter. Suivez-moi, marquis. — Adieu, adieu, le temps le plus heureux de ma vie ! dit tristement l'ex-débitant en suivant les pas de sa femme.

Un mois après, le marquis de Longetour partit pour Toulon, afin de prendre son commandement.

CHAPITRE II

SAINT-TROPEZ

Lève-toi, lève-toi, beau soleil de Provence ; lève-toi. Déjà l'Elbe se découpe en bleu sur cette nappe resplendissante de clarté dont tu inondes l'horizon... Lève-toi, viens couvrir d'un voile de pourpre et de lumière les hautes montagnes de la Corse, et dorer les eaux paresseuses du golfe de Fréjus.

Mais tes rayons ont déjà dissipé tes tremblantes et fraîches vapeurs qui couraient sur la mer pour s'élancer vers toi...

Vers toi, doux soleil, qui nous apportes d'Italie, la chaleur et la volupté ! Aussi la Provence vaut l'Italie. Voyez là-bas ces masses verdoyantes, couvertes d'une neige de fleurs à corolles d'or, qui répandent de si doux parfums ; ces maisons blanches à toits rouges, ces terrains calcinés. Ne dirait-on pas une villa de Toscane ? Et pourtant c'est Hyères, la fertile Hyères, qui aime à voir ses beaux orangers et ses ravissantes bastides se réfléchir dans les eaux bleues de la Méditerranée.

Oh ! nos Provençales, qui serrent leurs épais cheveux sous les

Supplément gratuit quotidien du Journal L'ÉLECTEUR.

M. Formon, marquis de Longetour, commandant de *La Salamandre*.

mailles soyeuses d'une résille verte, qui cachent leurs gorges brunes et dorées dans un étroit corset noir à feston rouges..., nos Provençales valent bien les italiennes de l'Arno.

Nos filles de Provence ont aussi le soir leurs danses au bord de la mer, leurs danses vives, animées et lascives. Le soir aussi, quand la lune argente les bois de myrtes, la brise embaumée se tait quelquefois pour laisser bruire d'ardents baisers, de tendres frissonnements entrecoupées de silences... qui font rêver et tressaillir.

Mais déjà le soleil tombant d'aplomb sur les toits bruns de Saint-Tropez, découpe de larges ombres sur les rochers de quartz, de

Publication de la Librairie Capiomont aîné, Calvet et Cie, 10, rue Git-le-Cœur, à Paris.

granit et de phorphyre qui encadrent le golfe de Grimaud, à la pointe duquel est creusé ce petit port. Toutes les facettes brillantes de ces roches de mille couleurs s'éclairent tour à tour. Les cassures cristallisées des granactiques, des staurides, scintillent, flamboient, étincellent en reflets roses, bleus, verts, nacrés chatoyants... Et puis le sable est tellement mêlé de quartz et de mica, que la côte paraît semée d'une poussière d'argent, et sert de franges aux lames transparentes et dorées qui s'y déroulent.

Tranquille et vieux port de Saint-Tropez! patrie d'un brave amiral, du noble Suffren, il ne te reste plus de ton ancienne splendeur que ces deux tours, rougies par un soleil ardent, crevassées, ruinées, mais parées de vertes couronnes de lierre et de guirlandes de convolvolus à fleurs bleues.

Que de fois les Sarrasins maudits, bravant la protection des comtes de Provence, ont fait échouer leurs sacolèves au pied de ton môle, leurs sacolèves qu'ils venaient de charger de ces jeunes Provençales toujours si recherchées aux bazars de Smyrne et de Tunis! Pauvres jeunes filles de Saint-Tropez! pour vous plus d'espoir d'être arrachées à vos familles en pleurs, enlevées par quelque maudit pirate, et déposées palpitantes, mais curisuses, sous les riches portiques du palais d'un émir. Plus d'espoir de quitter vos chaumières de briques, vos nattes de joncs, l'eau salée de la mer, pour les bains parfumées sous les cycomores, les tapis de Cachemire, et les coupoles élégantes aux peintures moresques! Bonnes filles, que je conçois vos naïs regrets!... Au moins autrefois on attendait avec espoir la saison de l'enlèvement; car enfin, c'était un avenir que cette venue de pirates.

Et toi aussi, l'on peut te plaindre, pauvre port de Saint-Tropez! car ce ne sont plus de ces fringants navires aux banderoles écarlates qui mouillent dans tes eaux désertes; non, quelquefois un lourd bateau marchand, un maigre mystik: et si, par hasard, une mince goëlette, au corsage étroit et serré comme une abeille, vient s'abattre à l'abri de ton môle, tout le bourg est en émoi.

Et, par la sainte couronne de la Vierge! il était en émoi, je vous le jure, le 17 juin 1815, car le navire qui se balançait dans la rade n'était:

Ni une Tartane aux voiles latines, ni un Both avec ses deux focs légers et flottants comme le fichu d'une femme, ni un Drogue avec son hunier immense, ni une Mulette aux sept voiles triangulaires, ni une Gondole vénitienne blanche et or, avec des rideaux de pourpre, ni un Heu qui déploie ses deux vastes antennes comme les ailes du Léviathan, ni un Padouan fier de sa voilure étagée en damier.

Ce n'était enfin...

Ni un Prahau-plary de Macassar, ni un Balour des îles de la Sonde, ni un Piahap du Magellan, ni un Gros-bois des Antilles, ni un Yacht anglais, ni un Catimarou, ni une Hourque, ni une Palme, ni une Prame, ni une Biscayenne, ni une Bécasse, ni un Mulet, ni une Balancenne, ni une Chelingue, ni un Chapan, ni un Houari, ni un Dinga, ni une Prague, ni une Cague, ni une Yole, ni... Enfin, c'était... c'était... LA SALAMANDRE!

CHAPITRE III.

LA SALAMANDRE.

LA SALAMANDRE!... Joli nom, élégant, coquet, expressif; coquet, élégant comme toute gracieuse corvette, si leste, si preste, si fine de formes, si carrée de voilure, si élancée de mâture!

Vive, vive comme un poisson, soumise, obéissante au gouvernail, à virer de bord dans un bassin! La chargeait-on de voiles jusqu'aux royales? souple et alerte, inclinant ses hautes flèches qui pliaient comme des roseaux, elle volait sur les lames avec la rapidité de la mouette.

Et ce n'était pas seulement un navire de parade et de course, non, cordieu! non; à peine le vent déroulait-il les plis d'un pavillon rival qu'elle parlait haut et longtemps, fort et loin.

Aussi ai-je dit que son nom était expressif. Expressif, oui! Si vous l'aviez vue, cette fière corvette, en 1813, tonnante, furieuse, échevelée, sés manœuvres au vent, bondir avec ivresse au milieu des éclairs qui jaillissaient de ses trente caronades de bronze! A ces torrents de flamme, à cette lave de boulets et de mitraille qu'elle vomissait de sa batterie, on eût dit le cratère embrasé d'un volcan, ou un lac de feu dont elle était la véritable *Salamandre*.

Oh! si vous l'aviez vue, la mauvaise, mordre une frégate anglaise avec ses grappins d'abordage, ses grappins rouges et brûlants, tant les bordées étaient vives et nourries! Dans cet effrayant combat, elle se montra digne de son nom; engagée à la frégate, elle fit feu une dernière fois, feu de si près que les canonniers des deux navires se brisaient la tête à coups de refouloirs, s'arrachaient les anspeks et se poignardaient d'un pont à l'autre. Trois fois les grappins cassèrent, trois fois elle aborda l'Anglais, acharné comme elle, intrépide comme elle! Puis, le feu prit à bord de la corvette... le feu qui se croise, qui s'allonge, qui se tord, qui grimpe aux cordages, qui siffle dans les voiles, qui étreint les mâts dans la spirale brûlante. Le feu! le feu! on ne s'en aperçut seulement pas à bord, on ne pensait qu'à couler l'Anglais. D'ailleurs, pas d'explosion à craindre: il ne restait pas un grain de poudre dans la sainte-barbe. On en use, allez! en sept heures de combat, quand une volée n'attend pas l'autre!

Intrépide *Salamandre*! le feu la rongeait jusqu'à ses œuvres vives, et la mer la soulevait : et elle flambait toujours, ménageant sa dernière volée comme un prodigue ménage sa dernière pièce d'or, attendant l'occasion d'écraser l'Anglais. Enfin, enfin! l'ennemi présente la poupe; *la Salamandre* rugit, le canon tonne le fer pleut... Hourra!... coulé... hourra!... coulé.. plus d'Anglais.

Hourra! Une traînée de cadavres qui tournoya dans le remous que fit la frégate en s'engloutissant : ces débris de gréement et de mâture... Et puis ce fut tout. Alors on songea à éteindre l'incendie, et on y parvint.

Oh! qu'ainsi elle était changée, ma brave et digne *Salamandre!*

Elle ne dressait plus insolemment ses mâts, elle n'étalait plus avec complaisance un gréement lisse et peigné comme une chevelure de femme ; ce n'était plus sa batterie étincelante, ses peintures de mille couleurs, qui couraient sur sa poupe, se croisaient, se déroulaient en merveilleuses arabesques ! Non, ce n'était plus cela. Toute brûlée, déchiquetée, trouée par la mitraille rougie par le sang, noircie par la poudre, fumante, coulant bas d'eau, elle regagna le port, la vaillante, avec son lambeau tricolore cloué à sa poupe ! Car des mâts, ah ! oui, des mâts, il n'en restait pas plus que sur un ponton. Et les manœuvres retombaient brisées sur les préceintes sillonnées par mille éclats, mille boulets ! Et pourtant que ce négligé lui allait bien, à la coquette !

Ainsi quelquefois vous voyez au bal une vive et folle jeune fille aux yeux brillants, à la peau vermeille et veloutée ; une gaze transparente minutieusement arrêtée entoure sa jolie taille ; ses cheveux parfumés sont symétriquement arrondis en boucles luisantes; sa ceinture et son écharpe sont régulièrement posées ; on compterait les plis de sa collerette ; et puis, en elle tout est joie et délire, délire et joie d'enfant qui rit, et rit encore, emportée par la valse bondissante.

Cette gaieté, cette symétrie de toilette plaisent, je veux bien ; pourtant, oh ! je trouverais pourtant moins d'élégance, mais plus de charmes dans cette ceinture froissée, dans cette écharpe tombante, cette chevelure dénouée : oh ! plus de charmes dans une légère pâleur, dans une douce tristesse, dans ce regard devenu languissant et voilé. Oh ! plus de charmes dans tout ce ravissant désordre qui prouve enfin... que *la Salamandre* était mille fois plus pittoresque, plus poétique, plus enivrante après le combat.

Aussi les vingt hommes qui seuls, quoique blessés, restèrent en état de la remorquer, la conduisirent avec amour et respect dans la rade de Toulon pour la radouber. C'était vraiment conscience de réparer un bâtiment dans cet état, depuis la guibre jusqu'au gouvernail : ce n'était qu'une plaie, qu'un trou. Mais il s'était fait monument ; mais c'était toujours *la Salamandre*.

Mais, à moins d'être lâche comme un espion, on devenait brave en mettant le pied sur *la Salamandre*, car on y respirait je ne sais quel parfum de goudron, quelle bonne odeur de vieille poudre brûlée qui faisait noblement battre le cœur.

Mais ces planches cicatrisées, ces canons mâchés par les boulets, ce pont, noir du sang qui l'avait pénétré... Tout cela avait une voix, une forte et puissante voix qui disait une de nos glorieuses pages de nos guerres maritimes. Mordieu, oui! ceux qui, ayant passé par ce baptême de feu, restaient de l'ancien équipage, pouvaient, je vous le jure, initier les novices.

Aussi la Restanration trouva *la Salamandre* rétablie, hautaine, fringante et prête à mordre.

Oh! elle savait bien, l'insolente, qu'elle avait dans ses flancs cent vingt braves matelots, entre autres dix-neuf restant de l'ancien équipage, et que l'on désignait à bord sous le nom de Flambarts. Ajoutez à cela une centaine de marins de l'ex-garde impériale, et vous aurez une idée des compagnons d'élite qui montaient ce hardi navire.

Il fallait voir ces bonnes figures brunies, tannées, cicatrisées, basanées, des têtes de fer, des épaules d'Hercule et des cœurs d'enfants intrépides et insouciants, téméraires et bons.

Mais ces diables de marins, quoiqu'ils sussent que Bonaparte n'aimait pas la marine, ils l'avaient vu dans cette désastreuse campagne de Russie, qu'ils avaient aussi faite! Ils l'avaient vu partager son pain, ses vêtements avec ses soldats, et ils l'avaient aimé : parce qu'ils trouvaient en lui ce qui était en eux, courage et bonté. Or, en 1815, dès qu'ils surent les affaires de Rochefort et la noble et belle proposition du brave commandant Collet, et le passage de l'empereur à bord du *Bellérophon*, ils pleurèrent de rage et devinrent sombres et farouches. Puis, apprenant les sanglantes réactions du Midi, ils murmurèrent. Quelques rixes eurent lieu avec les habitants de Toulon; enfin, pour éviter de nouvelles querelles, on envoya la corvette attendre le moment du départ dans le port de Saint-Tropez.

Pauvre chère corvette, elle quitta la rade non plus comme autrefois, ses canons sortis, ses manœuvres tendues, fougueuse, impatiente, dressant au plus haut mât son glorieux pavillon, comme un gage de défi. Non, mordieu! elle sortit triste et comme honteuse, presque sans artillerie, armée en flûte. Ils me l'avaient châtrée, les misérables ! Il ne lui restait plus que son nom, qui faisait encore tressaillir les Anglais ; il ne lui restait que son équipage de flambarts et de marins de l'ex-garde, tristes et mornes comme elle. Or, ce bâtiment sombre et chagrin, qui s'ennuie tout seul dans le port de Saint-Tropez, c'est elle, c'est *la Salamandre* que le soleil éclaire de ses premiers rayons.

CHAPITRE IV.

PIERRE HUET.

Dès que le soleil parut au-dessus de l'horizon, on battit aux drapeau et on hissa le pavillon. Noble et saint usage. — N'y a-t-il pas quelque chose de grand, de poétique à confondre cette idée de soleil qui se lève, et d'étendard qui monte... salué par les premiers feux du jour ? Puis un coup de sifflet, long, aigu, saccadé, retentit, et les matelots virent un à un, pieds nus, munis de brosses, de grès, de sable, et commencèrent à polir, gratter nettoyer le pont de la corvette, qui bientôt fut blanc et uni comme du marbre. Un officier, enveloppé d'une vaste houppelande bleue, et coiffé d'un bonnet à franges d'or, monta sur le pont et fut s'asseoir près du couronnement.

Arrivé là, il ôta son bonnet, et le soleil éclaira une figure brune vigoureusement arrêtée. Il paraissait avoir quarante ans ; ses traits, sans être beaux, exprimaient un caractère de franchise et de courage qui plaisait tout d'abord ; seulement, ses mouvements d'une impatience mal contenue prouvaient qu'il n'était pas dans son état ordinaire. Tantôt il marchait à pas précipités, tantôt il s'asseyait, et l'on n'entendait que ces mots prononcés à voix basse : — Diable d'enfant ! maudit enfant !

Un nouveau personnage parut sur le pont. C'était un petit homme gros, lourd, à cheveux blonds fades, qui portait des lunettes vertes sur un long nez, une casquette et une redingote grise.

— Bonjour à notre cher lieutenant, dit le petit gros homme.

— Ah! bonjour, commissaire, répondit l'officier fort préoccupé.

Et les gens les moins physionomistes du monde auraient pu lire sur sa noble et impressionnable figure qu'il ne voyait pas le commissaire avec plaisir. L'entretien continua cependant.

— Voilà un beau temps, mon cher lieutenant, un soleil à éblouir. — En effet, il fait très beau.

Après une pause de quelques minutes, le lieutenant rompit le silence.

— Commissaire, dit-il, je suis le seul officier de *la Salamandre* qui soit restée de l'ancien état-major (ici il soupira), et l'équipage, que je n'ai pas quitté depuis onze ans, me demande chaque jour la solde arriérée qu'on lui doit. Ne pourriez-vous pas écrire à Toulon à ce sujet? — Mon cher lieutenant, vos souhaits ont été prévus. J'ai reçu hier les mandats et les fonds, et je compte faire aujourd'hui la paye. — Allons, vous êtes un brave, commissaire, et mes matelots apprendront cette nouvelle avec joie. Pauvres gens... qu'on les paye au moins... Ils l'ont bien gagné. Et puisqu'on nous chasse... — Permettez, lieutenant, on ne vous chasse pas, mais cet équipage m'a l'air un peu... — Un peu quoi? — Non... non... je ne dis pas ça; mais on pourrait penser que... — Penser quoi? — Non, non, vous ne me comprenez pas... Mais ils paraissent regretter un ordre de choses qui n'est plus, et ils ont tort... — Brisons là, commissaire. Dites-moi, avez-vous vu mon fils aller à terre?

Et la figure de l'officier prit une expression de tristesse, car cette question parut lui être péniblement échappée.

— Qui? M. Paul? — Oui, oui, mon fils. — Non, cher lieutenant; je le croyais à bord. Est-ce qu'il n'y est pas? — Non, et son absence m'inquiète, car il est à terre sans ma permission; je le punirai comme père et comme officier. — Mais êtes-vous bien sûr, au moins?... — Très-sûr, répondit l'officier avec impatience.

— Imbécile, pensa-t-il en lui-même; comme si l'inquiétude d'un

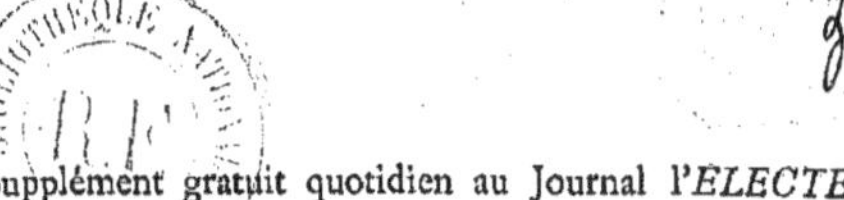

Pierre Huet.

père pouvait laisser exister un doute. — Mais, reprit le commissaire, voilà M. de Merval qui pourra peut-être vous en dire davantage. — Il suffit, monsieur; je n'ai pas besoin de mettre tout le bord dans ma confidence.

Publication de la Librairie Capiomont ainé, Calvet et Cie, 10, rue Git-le-Cœur, à Paris.

Le nouveau venu était un jeune enseigne, blond, joli, élégant; et, quoiqu'il fût encore de très bonne heure, son uniforme était boutonné, serré avec un soin minutieux; ses épaulettes neuves étincelaient au soleil, et un charmant poignard à manche de nacre pendait à un cordon de soie noire à coulants d'or. Quand il ôta son chapeau ciré pour saluer le lieutenant, on vit une épaisse chevelure blonde peignée, bouclée, qui eût fait honneur à une femme.

— *How do you do*, dit-il en riant à l'officier. — Très bien, mon cher Merval ! Mais quelle diable d'habitude avez-vous toujours de m'aborder en parlant anglais ? Cette langue-là, voyez-vous, jeune homme, ne me va pas ! — Ce cher lieutenant, une vieille rancune de guerre... bah ! bah ! vous avez tort. Je les ai, Dieu merci, assez vus, et je puis vous assurer qu'ils sont bons diables. — Et fameux marins, fameux marins ! dit le commissaire; marins à nous en revendre. Ah ! ah !

Le lieutenant lui jeta un coup d'œil méprisant, rougit et ne répondit pas.

— Oui, mon cher commissaire; mais sous ce rapport-là vous les valez, c'est-à-dire, nous les valons ! dit l'enseigne. Le lieutenant s'était brusquement écarté après la sotte phrase du commissaire. — Je n'y tiens plus, il faut que j'envoie à terre. Ah ! mon fils ! mon fils !... s'écria-t-il. Puis, se tournant vers un timonier : — Appelez maître la Joie !

Cinq minutes après on vit poindre, s'élever et grandir une longue figure à l'ouverture du petit panneau.

Puis cette figure s'avança à deux pas du lieutenant, ôta son bonnet de laine, prit un long sifflet d'argent, l'approcha de ses lèvres prêtes à s'y coller, et attendit. C'était maître la Joie, un ancien de *la Salamandre*, un flambart, oh ! un pur flambart ! Il est impossible de se figurer quelque chose de plus triste, de plus morose, de plus rechigné, de plus laid que cette figure jaune, osseuse, flétrie, chauve, maigre et anguleuse.

— Avance ici ! dit le lieutenant.

La grande figure avança d'un pas.

— Plus près, donc !

Il avança à toucher le lieutenant, qui lui parla un instant à l'oreille. La Joie fit un signe de tête expressif, remit son bonnet ne dit pas un mot, mais fit résonner un bruit aigu et modulé, qui dans la langue nautique signifie : — En barque les canotiers du canot major.

Cinq minutes après, ni plus moins, les douze hommes qui composaient l'équipage de cette embarcation étaient debout, les avirons levés, à bâbord de la corvette. Maître la Joie y descendit, s'assit à babord du canot, après avoir respectueusement relevé les housses de drap bleu fleurdelisées qui le couvraient, et siffla un coup, les avirons tombèrent à la fois, fendirent les lames, on n'entendit qu'un bruit, et pas une goutte d'eau ne jaillit.

Il siffla encore, et les avirons entamèrent les vagues d'un seul mouvement avec une cadence, une harmonie telles, qu'on eût cru ces douze rames mises en mouvement par une même machine. Puis la Joie, qui était à la barre, mit le cap sur le débarcadère du port, et disparut bientôt derrière le môle.

CHAPITRE V.

L'ÉTAT-MAJOR.

Le maître d'hôtel ayant annoncé que le déjeuner était servi, le commissaire, le lieutenant et l'enseigne descendirent dans le carré, où ils trouvèrent déjà attablé le docteur du bord, homme d'une cinquantaine d'années, coloré, vigoureux, à cheveux gris, épais et crépus.

— Que le diable te berce, Pierre ! dit le docteur au lieutenant ; voilà une heure que le déjeuner attend ; ce sera froid, et notre cuisinier provençal dira qu'il n'y peut rien. — Nous voici, bon docteur, nous voici. — Calme-toi, dit le lieutenant en prenant la place d'honneur au haut bout de la table.

Pendant quelques instants, on n'entendit que le bruit des fourchettes et des assiettes. Le docteur l'interrompit.

— Dis donc, Pierre, sait-on enfin quand arrive notre nouveau commandant ? Oh ! c'est qu'il faut un rude compagnon pour conduire cette barque-là ! l'équipage est solide, mais tapageur en diable. Ça aime la terre, c'est passé au feu et à l'eau, des démons incarnés, mais bons, mais braves, et qu'il faut conduire comme tu les conduis, Pierre, avec une barre de fer ! Pourtant que je sois pendu si j'y conçois quelque chose ! car ils se feraient hacher tous pour toi jusqu'au dernier. Enfin, j'espère qu'on aura choisi pour les commander quelqu'un de ces vieux marins froids, durs et inflexibles, d'une volonté inébranlable dans le service, mais humains et commodes dans les autres relations. Et sais-tu quel est le commandant, dis, Pierre ? Sais-tu d'où il sort, comment il se nomme ? — On m'a dit son nom, répondit le lieutenant avec indifférence : c'est le baron... ou le marquis... ou le comte de Longetour... Marquis, je crois. En vérité, je m'y perds avec leurs damnés titres, car c'est aussi drôle que si l'on disait : mât d'hune ou la comtesse la grand-voile... Mais pardon, pardon ! Merval, dit le lieutenant en tendant la main au jeune enseigne avec cordialité ; j'oubliais que vous étiez... comte, je crois...

L'expression pénible qui avait un instant rembruni la figure de l'enseigne disparut, et il serra la main que Pierre lui offrait. — Je suis enseigne de vaisseau à bord de *la Salamandre*, et fier d'être sous les ordres d'un brave tel que vous, lieutenant. — Monsieur est comte en effet, reprit le commissaire ; je l'ai sur mon rôle du bord, Egbert-Dieudonné-Vincent-Beaunair, comte, pardieu ! comte de Merval... comte y est bien. — C'est bon, c'est bon, commissaire, dit l'enseigne en rougissant, je sais mon nom. — Oui, monsieur ; mais vous êtes comte, c'est un beau titre. Je voudrais bien être comte, moi ! et vous, docteur ? — Taisez-vous donc, commissaire, dit le docteur ; vous êtes bête comme une oie. — Hein, comment ! dit le gros petit homme qui devint rouge comme une pomme d'api. — Je dis bête comme une oie, reprit imperturbablement le docteur en le regardant entre les deux yeux. — Allons, allons, ne vous fâchez pas, dit le lieutenant en souriant. Vous savez, commissaire, que le docteur a son franc parler; il y a vingt-trois ans que je le connais ainsi, et vous ne le changerez pas. — Non, pardieu, pas! dit le docteur. Tel que vous me voyez, jeune homme, j'ai dit à l'amiral *** qu'il s'était conduit comme un polisson devant l'ennemi; qu'il avait fait hacher un tas de braves gens par sa lâcheté! Et je ne le sais malheureusement que trop bien, puisque, blessé moi-même, je les ai pansés, soignés, amputés comme mes propres enfants. Ainsi vous voyez bien, commissaire, que je puis vous dire que vous êtes bêtes comme une oie, puisque j'ai dit à un amiral qu'il était un polisson. — Allons, assez, docteur, dit Pierre prenant pitié du commissaire qui paraissait assis sur des charbons ardents. — Mais dites donc, commissaire, reprit le docteur, je ne vous en veux pas pour ça, au moins. Touchez là. Vous vous y ferez. Une campagne ensemble et vous verrez que le vieux Garnier est un bon matelot; mais il faut qu'il lâche tout ce qui lui barbouille le cœur; ce que je vous ai dit, voyez-vous, il fallait que ça fût dit. — Et ce nouveau commandant a-t-il de beaux combats? demanda le jeune enseigne. — Ma foi! dit Pierre, je ne les connais pas. Longetour!... connais-tu ça, toi, docteur, Longetour? — Pas plus que le poisson dont voici la queue. Et vous, Merval? demanda le docteur à l'enseigne. — Je ne le connais pas non plus. — Ce serait pourtant dommage de gaspiller un tel équipage; il y a tant à faire avec ces gens-là, quand on sait les conduire. Mais je suis tranquille, on connait *la Salamandre*, et l'on ne nous enverra qu'un loup de mer. — Mais à propos, reprit le docteur en s'appuyant sur la table et traçant des losanges sur le fond de son assiette avec son couteau, et vous, Merval, où avez-vous servi? Sortez-vous des écoles de Toulon ou de Brest? — Monsieur, dit l'enseigne, ma famille n'a jamais quitté ses souverains légitimes, et j'ai suivi ma famille. — Ah! j'entends, vous avez servi aux Anglais. Jeune homme, ce n'est pas beau, reprit le docteur en secouant la tête. — Monsieur! monsieur! dit l'enseigne en pâlissant. — Je dis que ce n'est pas beau, reprit le docteur en continuant ses losanges.

Cet incident réveilla Pierre qui semblait absorbé.

— Allons, messieurs. — Monsieur m'insulte, dit le bouillant jeune homme. — Merval! Merval! dit le lieutenant. — Je vous dis que ce n'est pas beau de servir les Anglais. Voilà tout. — Vous me rendrez raison, et tout à l'heure, s'écria l'enseigne en se levant de table. — Oh ! oh ! oh ! dit le docteur sans abandonner ses losanges, oh ! voilà bientôt vingt-cinq ans que le vieux Garnier navigue, et ce n'est pas un enfant qui lui fera peur. Jeune homme, depuis Trafalgar j'ai vu bien des combats, j'ai été blessé cinq fois ce qui m'a valu ce bout de ruban rouge. Mon ami Pierre, que voilà, vous dira si je crains de panser un de mes matelots sous le feu. Mais je ne me bats pas pour des misères. Et puis, voyez-vous, je dois compte de ma vie à ces pauvres marins que je soigne depuis onze ans : ce sont mes enfants à moi ; ils ont confiance en moi, ils trouvent toujours le vieux Garnier quand ils souffrent. Je ne m'appartiens plus, demandez-leur plutôt. Tenez, je ne vous en veux pas, touchez là. Seulement vous avez servi les Anglais ; à mon avis, vous avez eu tort, ce n'est pas beau, et voilà tout. — Merval, dit le lieutenant, je vous en prie, je vous ordonne de m'écouter.

A force de raisons, bonnes ou mauvaises, on calma l'enseigne, qui, plein de bonnes qualités, était loyal, brave et peu rancunier. Le premier il tendit la main au docteur.

— Je vous ai dit ce que je pensais, répondit celui-ci en lui serrant cordialement la main ; maintenant nous naviguerions cent ans ensemble, voyez-vous, que je n'en ouvrirais pas la bouche ; mais il fallait que ce fût dit.

Un pilotin descendit, et, s'adressant au lieutenant : — Lieutenant, voilà le canot-major qui accoste. M. Paul est à bord. — Enfin ! dit le lieutenant. Dites à M. Paul de se rendre dans ma chambre et faites désarmer le canot.

Et, Pierre Huet donnant l'exemple on se leva de table.

— Vous n'oublierez pas la paye de nos hommes, dit-il au commissaire. — A midi je commencerai, lieutenant, vous pouvez en donner l'avis. — Cela suffit, dit Pierre Huet. Et il monta dans la batterie ; car, en l'absence du commandant qu'on attendait, il occupait l'appartement de cet officier supérieur. — Je vous trouve enfin, monsieur, c'est fort heureux, dit-il en ouvrant la porte de la galerie où l'aspirant attendait.

CHAPITRE VI.

L'ASPIRANT.

Mais un mot sur lui, sur cet enfant. Car à peine avait-il seize ans... et toutes les illusions de cet âge. Illusions si bonnes, si naïves, si fraiches, si poétiques ! Il avait un de ces cœurs vierges et candides, si pleins de nobles croyances, qu'au récit d'une bonne action ou d'une courageuse infortune il pleurait... il pleurait de joie ou de pitié. C'est que là existait une séve puissante de jeunesse et de conviction ; c'est que cette âme tendre et pure encore croyait à tout, admirait tout.

Pour cette âme la vie était un prisme éblouissant, coloré de ses vagues désirs d'amour, de fortune et de gloire ; tout était soleil et printemps, confiance et vertu. Et puis, pour cet enfant, l'objet idéal du culte le plus profond, le plus idolâtre, après son père, c'était une femme. Oh ! pour lui, une femme, c'était une croyance, son but, son avenir, l'éternel bonheur que Dieu réservait sans doute à sa chaste jeunesse. Eternel ! oui. Car dans sa pensée il ne la quitterait pas cette femme adorée, ni dans ce monde, ni dans l'autre. Pauvre enfant ! vivre de sa vie, mourir de sa mort ! Et puis après, pour vos deux âmes d'ange, le ciel. C'était là ton rêve !

Noble rêve, sainte et naïve espérance de ce jeune cœur ! C'est que le souvenir de sa tendre mère avait épuré son amour ; c'est que ce religieux souvenir se mêlait à toutes ses pensées dès qu'il songeait à cette femme qu'il aimerait un jour ; c'est qu'il regardait comme un devoir sacré de lui rendre à elle tout ce profond et touchant amour que sa bonne mère avait autrefois eu pour lui. Car elle n'était plus, sa mère : non, Pierre la perdit alors que son fils n'avait que huit ans encore, et le prit avec lui à bord de *la Salamandre*. Aussi ce pauvre petit fut-il privé bien jeune des soins maternel d'une femme qui reversait sur lui tout l'amour qu'elle ne pouvait prodiguer à son mari absent. Et, vous le savez, dès qu'une mère craint pour la vie de son époux, elle est deux fois plus tendre pour son enfant.

Or, depuis ce fatal événement, Paul ne quitta pas son père. Elevé à bord, à l'école de cette vie dure et sauvage, la sublimité et les harmonies de cette nature toujours primitive se réflétèrent dans cette jeune âme si ardente et si vive, et y firent germer les plus nobles sentiments.

Tout enfant, son père se plaisait à lui faire admirer les tableaux variés et grandioses qui se déroulaient sans cesse à sa vue. Tantôt bercé dans les hunes au bruit de la tempête, Paul souriait à sa voix mugissante. Tantôt le vieux maître la Joie, le prenant sur son dos, le portait à la cime du mât le plus élevé, et là, façonnant ses petites mains au rude toucher des manœuvres, il lui apprenait en jouant la pratique de cette pénible profession; et c'était plaisir de voir souvent Paul, dans sa folle joie, se lançant au bout d'un cordage, se suspendre au-dessus de l'abîme et s'y balancer insouciant. De tels jeux, une telle existence développe fortement le physique et le moral; le cœur se trompe à ces dangers continus : aussi Pierre retira-t-il Paul des mains de ces *berceuses*, comme il disait, quant il eut atteint sa dixième année, et se chargea de son éducation.

L'exemple se joignant à la théorie, le jeune homme fit de rapides progrès, fut nommé aspirant, et reçut sa première blessure dans un des glorieux combats de *la Salamandre*. Son père le vit tomber, saignant, brisé, détourna les yeux, et continua froidement le commandement qu'il avait commencé. Mais après le combat, quant il eut déposé avec le porte-voix le caractère dur et impassible du marin, cet homme de fer, inébranlable au milieu du feu, pleura, sanglota comme une jeune mère auprès du berceau de son fils. Des nuits entières, il les passa près de lui, le veillant le soignant seul, épiant ses moindres désirs, empresé, attentif, soumis aux plus poignants caprices de sa maladie, dévorant ses larmes quand, dans son délire, Paul, ne le reconnaissant pas,

Supplément gratuit quotidien du Journal L'ELECTEUR.

Paul.

l'appelait à grands cris. Oh ! qu'il y avait de douleur, de profonde et atroce douleur dans la voix de ce pauvre père disant tout bas :

— Mais je suis là, mon enfant, mon Paul... Mon Dieu, mon Dieu, je suis là. C'est moi, c'est ma main, c'est la main de ton père que tu serres dans tes mains brûlantes et sèches... Paul, mon Paul, mon enfant !... Il ne me connait plus. Oh ! je suis bien malheureux ! Paul, hélas ne l'entendait pas, et disait toujours :

— Mon père !

Instinctive et sublime invocation, dernier cri d'espérance et d'amour, admirable illusion, qui, colorant les ténèbres d'une cruelle agonie, faisait croire à cet enfant qu'un père pouvait comme Dieu, prolonger nos jours.

Publication de la Librairie Caplomont aîné, Calvet et Cie, 10, rue Git-le-Cœur, à Paris.

Mais la mort n'atteignit pas cette âme si belle. Paul se rétablit, et son père devint presque fou de joie. Dans sa longue convalescence, il ne le quitta pas d'un moment. Pour l'amuser, il lui contait ses merveilleux et lointains voyages, ses hardis combats. Puis, quand un sommeil réparateur fermait les paupières de Paul, il se taisait, et, respirant à peine, penché sur son hamac, il le contemplait avec amour, avec idolâtrie, et ne retenait pas de grosses larmes de joie ; car c'était alors de joie qu'il pleurait, le pauvre père, en entendant son enfant l'appeler au milieu d'un rêve riant et paisible !

Paul, en état de faire une nouvelle campagne sur *la Salamandre*, sortit du port pour combattre cette frégate que vous savez. Ce fut le dernier combat de la corvette avant 1814. Combat terrible et sanglant, dans lequel Pierre à son tour reçut une dangereuse blessure. Et c'était chose touchante que de voir le fils rendre à son père ses soins assidus, avec cet égoïsme de dévouement, cette jalousie d'affection innée chez les belles âmes. Pierre se rétablit, et ce fut une fête pour l'équipage. Car Pierre Huet était autant aimé que redouté, et méritait en effet d'inspirer ces deux sentiments si opposés, par sa sévérité dans le service et l'attachement qu'il avait voué à ses marins ; or, depuis longtemps ils l'avaient deviné : les matelots ont, à cet égard, un instinct qui ne les trompe jamais. Si pourtant la jalousie avait pu avoir place dans une si belle âme, Pierre eût peut-être été jaloux de l'influence que son fils exerçait sur l'équipage.

C'est une contradiction bizarre dans le caractère et la nature de l'homme, que de voir les hommes les plus forts, les plus terribles, préférer obéir à des êtres faibles et inoffensifs. Est-ce conscience de cette espèce de supériorité qui consiste à remettre son sort, sa volonté, entre des mains débiles que l'on briserait si facilement ? Peut-être aussi l'homme fort qui se soumet au faible croit-il prouver par là qu'une telle soumission est toute volontaire. Toujours est-il que l'influence de Paul semblait magique à bord : il exerçait un espèce de merveilleux empire, lui, chétif enfant, sur ces hommes de fer qui avaient vu vingt batailles et ne savaient plus ce que c'était que le danger. Et puis, ces hommes, superstitieux comme tous les hommes naïfs et énergiques, croyaient à je ne sais quelle prédiction d'un vieux *calier* qui liait l'existence, le destin de *la Salamandre* à l'existence, le destin de l'aspirant. Aussi jamais ce navire ne paraissait plus propre, mieux tenu, que lorsque Paul était de service. Enfin, on eût dit l'ange gardien de *la Salamandre*. C'est qu'aussi il était bon, courageux, intrépide, généreux ; et, chez lui, les dehors répondaient à la bonté de son âme.

D'une taille moyenne, mais élancée, souple et gracieuse, son allure participait de son caractère et de son état : hardie, libre et franche. Ses grands cheveux châtains ombrageaient un front saillant, blanc et poli comme celui d'une jeune fille; ses yeux noirs étaient bien fendus, vifs, perçants, spirituels; son nez aquilin, sa bouche légèrement arquée et un menton à fossette un peu saillant, lui donnaient une expression de hauteur et de fierté qui lui allaient à ravir. Joignez à cela un teint rose et frais qui devenait pourpre à la première émotion, une moustache soyeuse et naissante qui ombrageait sa lèvre rouge... et vous aurez une ravissante figure d'enfant qui aurait fait tourner toutes les têtes des filles de Saint-Tropez, surtout quand son joli uniforme bleu à aiguillettes d'or serrait bien sa fine taille dessinée par le ceinturon de son poignard courbe, et qu'il portait noblement son chapeau bordé.

Mais Pierre Huet ne laissait pas le jeune homme descendre à terre; non qu'il voulut en faire un moine, mais il savait que les marins de *la Salamandre* étaient haïs pour leur opinion prononcée; il savait que les Provençaux, exaltés dans la leur, les voyaient avec peine, et, en bon et tendre père, il craignait pour son fils. Or, le fils ne partageait pas ces craintes; et comme, d'après les ordres du lieutenant, aucune embarcation ne pouvait quitter le bord, la veille, Paul s'était laissé glisser le long de l'échelle du couronnement, et avait franchi à la nage la petite distance qui séparait le navire de la côte du golfe.

CHAPITRE VII.

LE PÈRE ET LE LIEUTENANT.

Nous avons laissé Pierre et son fils dans la galerie de la corvette.

— Saurai-je, monsieur, dit Pierre en s'asseyant assez loin du jeune homme, saurai-je pourquoi vous avez quitté le bord sans permission?

Ce reproche était fait par l'officier. Le père ajouta mentalement : — Et au risque de te noyer, malheureux enfant! — Père, vois-tu... je vais te dire... Et en prononçant ces mots Paul s'approcha timidement de son père, appuya une de ses mains sur le fauteuil, et de l'autre prit celle de Pierre.

Le bon lieutenant sentit son courage faiblir à ce mot *père* prononcé d'une voix douce et soumise. Aussi reprit-il sévèrement, en reculant son fauteuil avec vivacité pour échapper aux caresses de son fils : — Il s'agit de service, monsieur; appelez-moi lieutenant, et éloignez-vous. — Au moins, comme ça, je ne faiblirai pas, pensa-t-il.

L'enfant fit une petite moue pleine de malice et de grâce, rougit et changea de ton. Sa voix, de tremblante et faible, devint nette et brève. Il releva fièrement la tête, et répondit avec assurance :

— Lieutenant, je me suis absenté du bord parce que je m'ennuyais. J'ai eu tort; qu'on me punisse! — Je veux savoir, monsieur, ce que vous avez été faire à terre. — Lieutenant, permettez-moi de vous le cacher; j'ai manqué au service, punissez-moi. — Monsieur... dit Pierre avec fermeté. — Lieutenant, ma vie militaire vous regarde; ma vie privée ne regarde que mon père. — Eh bien! mon fils, j'exige... — Alors c'est différent, père; tu vas tout savoir.

Alors aussi ce fut la voix douce et soumise qui parla.

— Allons ! se dit Pierre, il faut lui céder. Après tout, en faisant le supérieur, je n'aurais rien appris, car il a un caractère du diable. Au moins, comme ça, je saurai tout. Mais je ne veux pas le regarder, car j'aurais plus envie de l'embrasser que de le gronder. Il ressemble tant à sa mère ! — Voyons, Paul, parlez.

L'enfant s'approcha de son père ; et, pour cette fois, il put appuyer ses deux bras sur le dossier du fauteuil ; puis, il baissa la tête au niveau de celle de Pierre, l'embrassa, et dit à voix basse, avec un profond soupir :

— Vois-tu, père, je crois que je suis amoureux. — En voilà bien d'une autre ! — Tu sais bien, père, qu'il y a huit jours, j'ai été avec la chaloupe chercher des barriques au débarcadère. Pendant que les hommes arrimaient les tonnes dans la chaloupe, je me suis promené sur la côte ; et là-bas... tiens, tu peux le voir d'ici : c'est ce petit pavillon au milieu des orangers. — Allons ! bien, je le vois. Après. — Eh bien ! père, j'ai vu là... oh ! une jolie femme qui regardait... Ma foi ! je ne sais pas ce qu'elle regardait... — Eh bien !... — Eh bien ! père, caché derrière un rocher pour qu'elle ne me vît pas, je suis resté plus d'une heure à la contempler. Et mon cœur battait et ma vue se troublait ; et en revenant, il me semblait que je t'aimais deux fois plus, bon père ! — C'est donc pour cela, monsieur, que la chaloupe a autant tardé ? dit Pierre d'un ton qui cachait mal son émotion. — Lieutenant, reprit l'autre avec sa diable de voix brève, je vous ai donné des raisons que vous avez acceptées.

Il abusait de l'amour de son père, le maudit enfant.

— Paul !... — Allons ! reprit-il, père ne te fâche pas ; tu vas tout savoir. Hier soir, je me suis affalé par l'échelle de poupe, j'ai mis mes habits dans un petit coffre, que j'ai poussé devant moi, et j'ai été à terre à la nage. — Quelle imprudence ! tu sais bien, malheureux que ta blessure t'engourdit souvent la jambe au point de ne pouvoir nager. — Bah ! père, est-ce que j'avais le temps de penser à cela ? Et puis j'espérais la voir. — Enfin, l'avez-vous vue ? dit Pierre sans trop songer à ce qu'il y avait de peu grave dans sa demande. — Non, père. — Et que diable avez-vous fait pendant toute la nuit ? — Je me suis promené, père, promené autour de son jardin, devant ses fenêtres; et je serais encore à les regarder, si ce vieux scélérat de maître la Joie ne m'avait pas surpris, et si je n'avais pas craint de trop t'inquiéter, père, dit l'enfant avec une admirable expression d'amour et de tendresse. — Et voilà tout, Paul, toute la vérité ? — Je ne mens jamais, père. — A la bonne heure. Mais tout cela est fort mal. Tu sais, mon enfant, que les Provençaux n'aiment pas *la Salamandre* ; il se passe d'étranges choses dans le Midi ; ces paysans sont méchants, et je crains pour toi comme pour nos matelots. Promets-moi donc de ne plus descendre à terre. — Non, père, parce que j'y descendrais quand je devrais y aller sur des charbons ardents, mais sans manquer à mon service. — Maudit entêté !... Mais, au moins, allez-y armé ! — Oui, père ; cela, je te le promets. — Je suis d'une faiblesse inouïe pour vous, Paul, et un jour vous me le reprocherez. Ah çà, comme tu as manqué ouvertement à la discipline, mon cher enfant, tu garderas les arrêts vingt-quatre heures... mais j'irai te tenir compagnie. — Bon père, cher père ! dit l'enfant en l'embrassant. — A la bonne heure, dit le bon lieutenant. Mais si tu savais ce que j'ai souffert d'inquiétude ! je n'ai pas dormi de la nuit. Pauvre ami, je n'ai plus que toi au monde ; songes-y donc.

Et il renfonça une grosse larme qui allait couler, car il entendit frapper à sa porte.

— Entrez ! dit Pierre en se retournant vers les fenêtres de la galerie pour qu'on ne vît pas ses yeux humides. Qu'est-ce ? — Lieutenant, dit un pilotin, le commissaire demande s'il peut commencer la paye. — Sans doute. Faites avertir l'équipage.

CHAPITRE VIII.

LA PAYE.

D'après les ordres du lieutenant, le commissaire avait fait la paye, et le silence rigoureux qui régnait ordinairement à bord de *la Salamandre* était interrompu par un tintement métallique partant de tous les coins du navire.

— Enfin, dit le commissaire, qui, pour remplir ses fonctions, avait revêtu son habit bleu brodé d'argent à retroussis écarlates; enfin, répéta-t-il en ramassant des registres et des papiers épars sur la table du carré de la corvette, voilà donc ce maudit arriéré payé! — trois ans de solde... — Et il était temps, car avec de pareils enragés...

A ce moment, une espèce de grognement sourd et inarticulé qui partait de la porte interrompit le monologue du commissaire.

— Allons... encore, dit-il; voyons, qu'est-ce? que me veut-on?

Le grognement devint plus prononcé, et on put entendre ce mot : — Mon commissaire... C'est moi... mon commissaire. — Qui, toi? qui es-tu? que veux-tu?

Et le commissaire se leva vivement de sa chaise, fut à la porte, prit l'importun par un revers de sa veste; et, l'amenant sous le jour du grand panneau, il put, à la faveur de cette lumière éblouissante, le contempler à son aise. C'était, sur ma parole, une tête digne de Rembrandt!

Figurez-vous un homme de taille moyenne, mais fortement constitué, un visage presque violet, tant il était pourpre, entouré de larges favoris noirs et touffus qui se rejoignaient à des cheveux

Paris. Typ. Collombon et Brûlé, rue de l'Abbaye, 22.

blancs, ras, courts et roides comme une brosse. Une énorme cicatrice, qui commençait au front, traversait le sourcil, l'œil (il était borgne) et la joue gauche, allait se perdre dans sa barbe; mais tellement creuse, la cicatrice, qu'on y aurait logé le petit doigt. Quoiqu'on fut au mois de juin et qu'il fit une chaleur étouffante, cet homme portait deux chemises : d'abord une de laine rouge, puis une autre blanche, dont le collet, précieusement brodé, se rabattait sur la première. Enfin une veste de drap bleu fort longue, bordée au collet et aux manches d'un galon d'or, et un pantalon de grossière étoffe complétaient son habillement. Quand le commissaire l'attira sous la lumière du panneau, il se laissa faire, n'avançant qu'à pas lents, et fixant d'un air honteux son œil unique sur l'administrateur.

— Ah! c'est toi, maitre Bouquin... Eh bien, que veux-tu? Allons, réponds donc! — Mon commissaire, dit l'autre en roulant en spirale, en cône, en rhombe, le bonnet de laine à carreaux bleus qu'il tenait dans sa main, mon commissaire... c'est que... c'est que je crois qu'on me carotte. — Hein?... — Oui, mon commissaire... qu'on me flibuste, et que je n'ai pas mon compte. — Comment... — Trois ans, mon commissaire, trois ans d'arriéré, à 700 francs... c'est 2,100 francs, et je n'en ai mordu que 1,919, cinq sols et deux liards. Et il montrait une immense sacoche qu'il tenait sous son bras. — Ah! c'est-à-dire que tu demandes des comptes? — Non, mon commissaire... Faites excuse : je demande *mon* compte. — Rien de plus juste, mon garçon, rien de plus juste. Jour de Dieu! si l'on pouvait me croire capable de refuser les moindres éclaircissements! Ah! bien, oui... Non, non, vous gagnez trop bien votre argent, mes braves, mes dignes amis, vous le gagnez trop honorablement pour qu'on ne vous démontre pas, à un sou, qu'est-ce que je dis, à un sou, à un liard, à un denier près, qu'on ne vous fait tort de rien... Entends-tu bien cela, maitre Bouquin? Et il répéta en accentuant fortement : — Qu'on ne vous fait tort de rien. — Connu... connu... mon commissaire. — Comment connu? — Je dis connu, mon commissaire, parce que l'autre d'avant vous disait tout d'même. — Mais c'est juste; c'est dans votre manœuvre à vous, comme c'est dans la nôtre de dire ; — Range à larguer les huniers. Allez allez, mon

C'est que je crois qu'on me carotte... — Hein?.. — Oui, mon commissaire... qu'on me flibuste, et que je n'ai pas mon compte.

commissaire : j'écoute. — Eh bien, donc les sept cents francs par an font tant par mois, tant par semaine, tant par jour; mais il y a, vois-tu, maître Bouquin, des années bissextilles et des mois de vingt-huit jours; ensuite, la valeur des monnaies courantes se trouvant souvent altérée, et les gourdes d'Espagne qu'on nous a données en payement ayant une valeur de quarante-sept centimes de plus que les pièces de cent sous, font que... tu suis bien? — Oui, commissaire, dit l'autre qui se mordait les lèvres jusqu'au sang, en prêtant la plus vigoureuse attention à ce discours administratif. — Font que... reprit le commissaire avec une nou-

Publication de la Librairie Capiomont aîné, Calvet et Cie, 10, rue Git-le-Cœur, à Paris.

velle volubilité, font que la valeur des pièces de cent sous doit décroître d'autant sur le capital et sur le total des sommes que le trésor vous paye scrupuleusement... entends-tu, maître Bouquin? scrupuleusement... pour l'amortissement intégral de la solde arriérée... Tu suis bien?... J'espère que c'est assez clair. — La solde arriérée... oui, commissaire, je commence à y être. Et le malheureux se pressait le front, comme pour faire entrer dans son cerveau rebelle l'explication claire et lucide de l'administrateur. — Or, reprit celui-ci, tes 700 francs étant déjà soumis aux fluctuations inévitables opérées par le change sur la valeur des gourdes d'Espagne, et les écus de six livres étant aussi de leur côté soumis à une défalcation notable et diminutive, font que la valeur des gourdes leur étant opposée, seulement quant aux années bissextiles et aux mois de vingt-huit jours, il résulte nécessairement... Tu comprends bien? mais ne te gêne pas: si cela ne te paraît pas assez clair, maître Bouquin, dis-le. Comprends-tu bien? — Oui, commissaire... Et il ouvrait, il écarquillait son œil à faire trembler. — Je reprends : Des années bissextiles et des mois de vingt-huit jours, il résulte nécessairement, il est patent, il est avéré, il est notoire, qu'en défalquant d'un côté la diminution opérée sur les gourdes, la diminution de paye voulue par la proportion des années bissextiles et des mois de vingt-huit jours, et qu'en balançant d'un autre côté, mais en balançant à votre avantage, — entends-tu bien toujours? — à votre avantage l'augmentation des écus de six francs, les écus de six francs l'emportent de beaucoup, mais l'emportent énormément, sur les pièces de cent sous, l'emportent au moins de 475 francs. Ainsi, tu vois qu'en ajoutant ces 475 francs à tes 1,785, cela te fait 2,260; et, à ton dire, remarque bien ceci, on ne t'en doit que 2,100. Est-ce vrai?... Enfin, réponds; est ce vrai? — Ça, c'est vrai, mon commissaire, on ne m'en doit que 2,100, reprit Bouquin en essuyant la sueur qui ruiselait sur son visage. — Eh bien! tu vois donc bien que c'est au contraire toi qui redevrais 160 francs, puisqu'on ne t'en doit que 2,100; car ce n'est pas moi, c'est toi qui l'as dit, et qu'on t'en donne 2,260. Ainsi, tu vois donc, mon garçon, que je pourrais te redemander 160 francs, que je le devrais peut-être pour t'apprendre à te méfier de tes supérieurs et du gouvernement qui vous donne toujours plus qu'il ne doit et se trompe toujours dans votre intérêt, comme tu vois; mais pour cette fois je serai bon enfant. Que cela te serve de leçon; garde tes 160 francs de surplus, entends-tu, maître Bouquin? garde-les, et que ce soit pour toi un nouveau motif de benir l'ordre de choses que le ciel nous a rendu... Allons! va maître Bouquin, et dis bien à tes camarades que s'ils ont quelques explications à me demander, je suis tout prêt à les leur donner aussi claires et aussi lucides que celles-ci. Oh! mon Dieu, pas de préférence; ce que l'on fait pour l'un, on doit le faire pour l'autre.

Et ce disant, le commissaire prit en chantonnant ses registres sous son bpas, entra dans sa chambre et ferma sa porte, laissant maître Bouquin tout en nage, stupéfait, confondu, ébahi, et, ce qui est plus fort, convaincu de la générosité et du désintéressement du gouvernement à son égard.

— Sacredieu! dit-il en s'essuyant le front, j'aimerais mieux prendre trois ris dans une grande voile, au fort d'un ouragan, que d'être obligé de me mettre à *recomprendre* le commissaire. Ah! voilà une langue! quelle platine! Avec tout ça, il paraît tout de même que c'est moi qui redevrais, et que j'y gagne 160 francs. Qu'est-ce donc que ce vieux caïman de la Joie était venu me chanter, que le commissaire nous tondait comme des mousses?

Et le digne homme courut chercher maître la Joie.

— Eh bien! matelot, lui dit Bouquin en l'abordant, eh bien nous nous trompions: il paraît que la... la fructuation... les années buissepliques et l'amoir... l'avor... l'acor... enfin c'est égal, le nom n'y fait rien... sont cause que nous rabotions 160 francs... au *lieur* d'en perdre 450; que si le gouvernement n'était pas bon matelot, il nous forcerait de remettre à la gamelle... et que le commissaire a navigué droit et sans embardées.

Pour toute réponse, la Joie regarda fixement Bouquin entre les deux yeux, prit son grand sifflet dans sa poche et en tira deux sons brefs.

— Je t'en f..., dit Bouquin qui parut saisir parfaitement le sens de l'harmonie expressive de la Joie. Que la drisse du pavillon me serve de cravate si ce n'est pas vrai.

Ici nouvelle modulation du sifflet, que Bouquin traduisit encore, car il répliqua :—Tu es entêté comme un marsouin, puisque c'est comme ça, vois-tu, la Joie, il fallait y aller toi-même.

Et Bouquin monta sur le pont, laissant dans la batterie son ami au long sifflet.

Or il faut savoir que la Joie, maître d'équipage de la corvette, étant l'être le plus silencieux, le plus morne qui fût au monde. Il s'était fait une habitude de ne parler que le moins possible, et la plupart du temps il ne répondait à ses égaux ou à ses inférieurs que par des modulations que l on avait fini par comprendre; ce qui paraîtra moins étonnant quand on aura que dans les habitudes nautiques la plupart des commandements se font au sifflet, dont le bruit sonore et aigu domine les mugissements des vents et des vagues. Ainsi pour maître la Joie, le sifflet, c'était une langue nouvelle, une langue à lui, tour à tour gaie, triste, colère ou satisfaite, une langue admirable pour traduire les impressions qui agitaient le vieux marin. A la manière dont il embouchait l'instrument pour commander une manœuvre, aux sons plus ou moins rudes, plus ou moins coulants qu'il en tirait, l'équipage devinait la nuance de son humeur.

Le bruit était-il cadencé, perlé, coupé de roulades et de roucoulements qui montaient et descendaient en gammes brillantes, éclataient, vibraient, retentissaient en modulations harmonieuses :

Oh ! bon ! disaient tout bas les matelots : il y aura bon quart ; maître la Joie est dans une bonne brise.

Au contraire, le sifflet ne laissait-il échapper qu'un cri sec, froid et dur, rauque et impératif, sans aucune fioriture :

—Veillons au grain, répétaient-ils à voix presque inintelligible; le vent a l'air de venir du côté des calottes, et si ce vent-là continue, il pleuvra des averses de coups de poing et de coups de pied.

Or ces prédictions météorologiques et psychologiques étaient d'ordinaire réalisées par l'événement. Mais ce jour-là il n'y avait place que pour l'espérance et la gaieté, que la *paye* avait fait naître dans l'âme des marins.

CHAPITRE IX

PROBLÈME

Certes ! si le bonheur existe, il existait ce jour-là à bord de *la Salamandre*. Le bonheur ! être fantastique et réel que chacun évoque sous une apparence si diverse. Ainsi au déclin du jour, quand le soleil, semant l'atmosphère de toutes les couleurs du prisme, inonde l'horizon de sa chaude lumière, qui se dégrade depuis le blanc le plus éblouissant jusqu'au rouge sombre et violacé, vous voyez quelquefois un nuage aux contours fugitifs et dorés, que la brise du soir balance encore au milieu des vapeurs de ce ciel brûlant.

Ce nuage n'a qu'un aspect, et il en a mille... Pour l'un, c'est une colonnade gothique, élégante et grêle avec ses vitraux chatoyants... Celui-là y admire un arbre aux branches d'or et aux feuilles de pourpre. L'autre y voit une figure largement drapée, puissante comme *Jéhovah* ; et celui-ci les lignes délicates et aériennes d'une ravissante tête de jeune fille au cou de cygne. Ainsi est-il du bonheur ! être idéal et positif, vrai comme la lumière et le son, et insaisissable comme eux ! le bonheur, qui revêt tour à tour les formes les plus opposées et n'en garde aucune. Car enfin, le bonheur ! est-ce une bouche de femme qui murmure à votre oreille un doux mot de tendresse ? une main tremblante qui ne fuit pas la vôtre ? est-ce une longue, longue promenade sur un gazon émaillé, sous la voûte épaisse des vieux chênes qui couronnent une île fraîche et verte... une promenade... avec son bras lié au vôtre... alors que le silence, et les reproches, et la tristesse, et les éclats d'une gaieté enfantine, et les brusques tressaillements... alors enfin que tout est amour, aveu, et que pourtant le mot amour n'a pas été dit? Ou bien, le vrai bonheur, le bonheur durable qui baigne, qui inonde à jamais l'âme d'une joie céleste, serait-ce après l'aveu?

Quand toutre palpitante, toute heureuse du sacrifice qu'elle vous a fait, parce qu'elle a joué son avenir avec vous et qu'elle peut perdre : parce qu'elle prévoit des larmes bien amères à verser un jour... parce qu'enfin une femme qui aime a besoin de souffrir? Est-ce après l'aveu? quand, assis à ses genoux, elle vous dit avec un sourire si plein de larmes : — Oh! maintenant, mon bonheur est à toi!... ma vie c'est toi, ma pensée c'est toi, mon âme c'est encore toi! Maintenant, vois-tu, d'un mot tu peux me rendre la plus malheureuse des femmes, d'un mot tu peux me tuer... aussi, ange, ange adoré, mon amour ce n'est pas de l'amour... c'est un sens nouveau... un sens qui absorbe, efface tous les autres... un sens qui seul fait que j'existe. Le bonheur! serait-il plutôt le dédain des déceptions humaines, parce qu'on les comprend, parce qu'on les prévoit toutes? Ainsi vous trouvez une pauvre jeune fille, belle et misérable, côtoyant le vice et prête à y tomber... Vous en avez pitié... vous la tirez de sa fange; vous parfumez, vous habillez ce corps, vous essayez de donner une âme à ce corps, en tâchant d'y faire germer la reconnaissance; et puis, grâce à vos soins purs et désintéressés, son esprit se façonne, ses grâces viennent, sa beauté se complète... Vous souriez à votre ouvrage... Et un soir votre ouvrage se sauve avec un laquais : mais haussant les épaules, vous dites en riant : — Je m'y attendais! et pas une fibre n'a douloureusement vibré dans votre cœur flétri. Serait-ce le bonheur, cela? ou bien, mieux encore, un ami d'enfance avec lequel vous avez mis tout en commun, vous, ayant tout, et lui, rien; un frère que vous avez soutenu de votre épée, un frère enfin qui vous trouvait pour pleurer avez lui quand il souffrait; ce tendre et bon frère profite d'une réaction politique pour vous dépouiller et vous envoyer à l'échafaud; et, comme il arrive pour vous y voir aller.

— Viens donc, paresseux! tu as failli arriver trop tard! lui criez-vous en riant.

Car vous ne trouvez pas un sentiment, pas même de la haine ou de la vengeance dans votre âme desséchée! Vraiment?

serait-ce là le bonheur ? serait-il dans cette morale du cœur qu le laisse aussi insensible à la joie ou à la peine qu'un membre séparé du tronc l'est à la douleur ?

— Le bonheur ! Se révèle-t-il plutôt au milieu du luxe et de ses prestiges ? est-ce une maison de prince, des terres royales, des chiens et des chevaux, d'étincelantes livrées, d'antiques armoiries, la chasse et ses nobles fanfares qui font battre le cœur ?

La chasse ! la chasse ! Piqueurs, sonnez ; meute, pousse tes cris, fais glapir tes cent voix. Tout est bruit et délire, aboiements des chiens qui mordent leurs couples ; éclats retentissants des trompes, hennissements des chevaux qui bondissent et creusent le sol.

— Allons ! Away Talbot ! mon bon cheval de race ! Away ! mon cheval favori ! toi, choisi dans les coursiers de pur sang, de généalogie célèbre et sans tache, qui piaffait dans mes écuries dallées de marbre blanc. O mon fringant et noble Talbot ! avec l'argent que tu m'as coûté j'aurais doté trois rosières, payé vingt actions désintéressés ; mais aussi que ta crinière est fine, lisse et luisante ! que ton garrot est saillant ! que tes jarrets sont nerveux ! que tes jambes sont sèches, larges et plates ! que ton sabot est délicatement arrondi ! que ta robe est soyeuse et dorée, mon Talbot ! Comment aurais-je trop payé un cheval tel que toi ! Away ! on sonne le Trébuché, Away ! franchis fossés et barrières, saute, bondis, car ton rein vigoureux et élastique se détend comme un ressort d'acier ; Away Talbot ! emporte-moi, rapide, enivré ; car c'est une ivresse aussi qu'une course désordonnée.

Mais, en parlant d'ivresse, le bonheur serait-il au fond du verre de l'homme ivre, quant, y laissant sa raison, y noyant même son imagination d'abord excitée, il se borne à jouir, en végétal, de cet épanouissement nerveux que les esprits procurent à tout son être qui ne pense plus, qui ne voit plus, qui n'entend plus ? Le bonheur ! Dormirait-il chez ce bourgeois toujours épicier, toujours coiffé de loutre, toujours gras, toujours vermeil, toujours luisant, toujours satisfait, toujours honnête ? Chez ce bourgeois dont la femme s'appelle Véronique, est sur le retour, brune, adorée de son époux, accorte, vive et colère quand elle parle à son mari, mais qui montre ses dents blanches dès que le premier garçon de boutique lui serre les genoux derrière le comptoir ? Chez cet épicier, qui nomme sa fille Azéïda, son fils Théobald, et l'habille en artilleur ou en lancier ? Chez cet épicier, toujours électeur, toujours abonné du *Constitutionnel*, juré, sergent de la garde nationale, amateur d'opéras-comiques, de vaudevilles, de gravures guillerettes — c'est son mot — et de la nature champêtre des prés Saint-Gervais ? Chez cet épicier qui lit Voltaire, jure par saperlotte, et usait d'une tabatière Touquet lorsqu'il y avait une charte, qui ne va jamais à la messe parce qu'il est esprit fort et que la religion est bonne pour le peuple ? L'épicier serait-il enfin le bonheur incarné.

Et elle est peut-être nécessaire cette longue et fatigante digression sur la chose introuvable, cette rapide et incomplète analyse de goûts si opposés, si variés, si inverses, pour vous amener à comprendre la bizarrerie, la folie des différents genres de bonheur qui se tramaient à bord de la *Salamandre* ! ni plus vrais, ni plus faux que ceux que nous avons énumérés. En effet, la plupart des marins rassemblés dans la batterie étaient assis, couchés, debout, comptant et recomptant leurs écus et les enfouissant dans leurs longues bourses. Puis, en attendant l'heure de mettre en pratique leur singulière théorie d'amusements, ils en parlaient avec ivresse et joie ; se promettant, se jurant de se débarrasser au plus vite de cet or qui les gênait et les troublait dans la manœuvre, disaient-ils, par le son criard qu'il rendait. Ce point principal fut donc irrévocablement arrêté, non pourtant sans avoir été faire préalablement une visite, soit au lieutenant Pierre, soit au vieux Garnier, afin de leur remettre la moitié de leur paye destinée à leurs pères, mères, femmes ou enfants. Ceci est un usage reconnu, sacré, établi. Cette répartition faite, ils respirèrent librement, et purent alors se livrer (spéculativement) aux plus vifs plaisirs.

— Hourra ! disait l'un en secouant sa bourse ; il y a au fond de cela les trente meilleurs bidons de vin du Cap qui aient jamais pris source dans un tonneau pour venir se décharger dans le gosier d'un honnête marin ! — Par toutes les *alcaouctas* de Cadix ! disait l'autre en caressant avec amour la rotondité de sa sacoche,

Supplément gratuit quotidien du journal l'ÉLECTEUR

Maître la Joie.

je tâte bien ici la peau la plus fine, la plus douce..., j'y vois les yeux les plus noirs, la gorge la plus blanche... Oh ! viens, Roson, Théréson, Toinon, que je t'embrasse... viens, bonne fille : il faut qu'avec toi, en deux jours, le trou aux écus soit à sec... Viens, Roson, Théréson, Toinon... que je t'embrasse.

Et il embrassait Roson, Toinon et Théréson, dans la vénérable personne de sa vieille sacoche.

— Et toi, Giromon, que feras-tu de ta caisse? dit un autre à un compagnon qui paraissait absorbé en finissant de compter son argent, et disait : — Le scélérat m'a fait la queue! C'était peut-

Publication de la Librairie Capiomont aîné, Calvet et Cie, 10, rue Git-le-Cœur, à Paris.

être le seul qui, avec maître Bouquin, eût pensé à vérifier ses comptes. — Moi, dit Giromon avec gravité, j'achèterai à Toulon, vois-tu? un uniforme de commissaire, un chapeau de commissaire, une épée de commissaire, enfin tout le bazar d'un commissaire. Et puis, je dirai à un bourgeois, à un soldat ou à un calfat : Tu vas t'habiller en commissaire.

— Et puis? demandèrent quelques voix.

— Et puis je lui dirai : Maintenant je te donnerai tout l'argent que tu voudras; mais faut que tu me laisses te f..... des coups à crever dans ta peau, à te déralinguer l'échine. — Tiens! au fait, c'est assez embêtant d'être flibusté, d'être fait là queue du matin au soir. Au moins, comme ça, je me figurerai que je me revanche sur un vrai commissaire, un voleur de commissaire, que je lui rends ce qu'il m'a pris, et ça soulage. — Oh! fameux, fameux, Giromon! dit l'interlocuteur. Veux-tu que j'en sois? dis : veux-tu m'en mettre? — Du tout, fais-en un, fais un faux commissaire, comme moi. Ça serait pas assez d'un pour deux; il ne serait pas assez fort, à moins de trouver un robuste, un colosse. — Moi, disait un autre, je vais rassembler tous les musiciens que je trouverai à Saint-Tropez, et je les ferai naviguer de conserve à ma suite : — des violons, des clarinettes, des cors de chasse, des grosses caisses, des trompettes, des guimbardes et des pianos... tout le tremblement, une musique de possédés qui sera là à me jouer... voyons! à me jouer... une délicieuse air de romance que je sais; celle de : *Cassons-nous les reins et buvons le grog...* ou bien celle de : *Bouton d'amour*. — Mais du tout, Parisien, dit un autre. Faut faire jouer à chacun un air diverse... Ça sera plus riche. — Oui, t'as raison, chacun un air diverse. Quel bonheur! Et ça pendant que je mangerai, que je boirai, que je marcherai, que je dormirai, que... — Tout ça, reprit un canonnier en l'interrompant, tout ça ne vaut pas le bonheur de quitter ce chien d'uniforme pour porter des habits bourgeois. Un garrick, un chapeau à trois cornes et des bottes. Oh! des bottes... des bottes... c'est ça qui est charmant pour ceux qui, comme nous, sont obligés de trimer toute leur vie pieds nus sur ce gueux de pont. — et des bretelles donc! s'écria Giromon. Des bretelles... quelles délices! Comme je vais m'en donner! Moi qui n'en ai porté qu'une fois dans une relâche... à Calcutta. — Ah! reprit le Parisien, Calcutta... c'est là un pays! T'en souviens-tu, Giromon, de Calcutta? Oh! Calcutta, patrie trop adorée, pays du bonheur, oùs qu'on peut rouer de coups deux indiens pour une poignée de riz. — Quelle vie douce! toujours en palanquin, à chameau ou à éléphant. Et les femmes! Dieu de Dieu! Des bayadères charmantes, pas habillées du tout, qui vous éventent avec des queues de paon. — Et quelle nourriture!... Voilà une nourriture! des piments si forts que, lorsqu'on a mangé, on peut s'arracher la peau de la langue. — Ah! voilà le bonheur, dit-il avec un profond soupir de regret.

Et cent autres propos qu'il serait trop long d'énumérer. Or, la nuit vint surprendre l'équipage au milieu de ces riants projets, de ces douces et piquantes causeries où l'âme naïve de ces bons marins se révélait au grand jour, où elle apparaissait toute nue, mais timide et honteuse. On eût dit une jeune vierge qui laisse tomber en rougissant son dernier voile. Voile si diaphane, que le joli corps satiné, poli, se dessine comme un nuage rose sous le blanc tissu.

CHAPITRE X.

LA SALAMANDRE A REÇU SA PAYE HIER.

Etranger, artiste ou voyageur, toi qui t'arrêtes tout à coup pour poser ton bâton de frêne, essuyer ton visage, et prêter une oreille attentive au bruit sourd et lointain, aux clameurs voilées par la distance qui t'arrivent confuses; ne crains rien, il n'y a aucun danger; seulement attends un jour encore pour entrer à Saint-Tropez; car, vois-tu, *la Salamandre* a reçu sa paye hier.

Etranger, la nuit est si belle, si douce, si transparente, les aloès et les orangers y répandent des parfums si suaves, si pénétrants ; le ciel est si bleu ; les étoiles si étincelantes ! Assieds-toi, assieds-toi au pied de ce mûrier sauvage, aux feuilles veloutées ; assieds-toi, reste au sommet de la montagne : et peut-être avant l'aurore verras-tu quelque spectacle inconnu et bizarre ; car *la Salamandre* a reçu sa paye hier. Peut-être le doux repos que tu vas prendre sur ce gazon tout embaumé de thym et de serpolet, ton doux repos sera-t-il un peu interrompu. Tes paupières, fermées par le sommeil, verront peut-être à travers leur tissu une lueur rougeâtre poindre, s'élever, puis tourbillonner dans l'air, en y déroulant de larges et brillantes volutes de feu. Tu ouvriras les yeux ; et la côte, le golfe, la mer et le ciel, tout sera illuminé, couvert d'une teinte pourpre et flamboyante ; et Saint-Tropez brûlera, pétillera, et des jurements, des cris, des éclats de rire et de joie, des chants et des imprécations se mêleront aux tintements, aux volées des cloches, aux roulements du tambour, aux explosions des fusils et des signaux d'alarme ; car peut-être l'incendie secouera-t-il là son manteau de flamme ; car *la Salamandre* a reçu sa paye hier. Ou bien demain, si tu passes ta nuit bonne et tranquille, en descendant du coteau, tu entreras dans la ville. Or tu as vu quelquefois, n'est-ce pas, dans une cité, les traces du passage d'une trombe ou d'un ouragan ?

Ce sont des toits brisés, des fenêtres enlevées, des carreaux en poudre, des portes fendues, des volets arrachés qui pendent et se balancent au vent. Ce sont des débris qui jonchent les rues de pierres amoncelées, de poutres en morceaux.

Eh bien ! tu verras à peu près le même spectable. Tu apercevras quelque craintive figure de femme qui soulève toute tremblante le pan d'un rideau, et hasarde un coup d'œil dans la rue. Tu verras des enfants, plus hardis, s'aventurer dehors des maisons, et jeter d'abord un coup d'œil interdit sur ce tableau, puis, moins peureux, s'approcher, et ramasser un chapeau de marin, tout froissé, un long sifflet d'argent, quelques pièces d'or ou une cravate richement brodée. Car *la Salamandre* a passé par là ; et si tu l'interroges, il te dira naïvement : — Ah ! monsieur, ce n'est rien : c'est *la Salamandre* qui a reçu sa paye hier.

Et tout cela pouvait être vrai ; car hier, jusqu'à la nuit l'equipage a devisé, causé de ses projets ; mais il fallait les exécuter. Or on savait que le lieutenant était inflexible, et qu'il n'accordait que très-rarement des permissions pour aller à terre, et il s'agissait du moyen à employer afin de s'y rendre à son insu. Et tu sauras, étranger, qu'il est plus facile de trouver une fille de quinze ans moralement vierge, un ami qui respecte votre maîtresse, un cheval sans défauts, un livre sans préface, un coucher de soleil sans poésie, un surnuméraire aux Bouffes, un poëme didactique amusant, une rivière sans eau — je ne parle ni de l'Espagne, ni des jardins anglais, — que d'empêcher un équipage de marins qui a de l'argent d'aller à terre. Et *la Salamandre* a reçu sa paye hier !

Ainsi donc, vers les minuit, l'enseigne de garde voyant un calme parfait, une mer magnifique, abandonna le pont et descendit dans sa chambre, en recommandant à maître la Joie de bien veiller sur le navire. Maître la Joie veilla tant qu'il put : mais le temps était superbe, il n'y avait rien à craindre pour le navire ; d'ailleurs, il serait réveillé au premier bruit : il abaissa donc son caban sur ses yeux, s'accroupit sur le banc de quart et s'endormit.

Aussitôt un mousse embusqué entre deux caronades descendit vite avertir les marins, qui s'étaient mis tout habillés dans leurs hamacs. D'un bond ils furent à bas de leurs lits suspendus ; les hommes de quart quittèrent aussi le pont, tout l'équipage, moins les maîtres et les officiers couchés dans leurs chambres, se réunit dans la batterie. On ferma les panneaux en dedans, on ouvrit un sabord ; et, comme les trois embarcations de la corvette étaient amarrées le long des flancs du navire, flambarts et autres, au nombre de quatre-vingt-douze, descendirent par le sabord, se casèrent dans les canots, et s'éloignèrent sans faire le plus léger bruit, les avirons ayant été soigneusement garnis. Au bout d'une demi-heure, ils étaient à terre, mettant les officiers et les maîtres dans l'impossibilité de les rejoindre, n'ayant laissé aucune embarcation à bord.

Et cette fuite était dans l'ordre des choses, était normale, naturelle ; c'est un fait physique qui devait résulter de l'influence magnétique des piastres sur l'organisation du matelot. Or ils ne pouvaient échapper à la loi commune imposée à tous les êtres sub-marins, ces dignes matelots de *la Salamandre* qui avait reçu sa paye hier.

Ce qui certainement eût été un objet digne d'étude pour un physionomiste, ce fut l'expression qui contracta la figure de maître la Joie, lorsque, réveillé par l'air frais et piquant du matin, il se secoua dans l'épaisseur de son caban comme un lion dans sa crinière, rabattit son capuchon, frotta ses yeux, regarda autour de lui, et, pour la première fois, vit que les dix matelots de garde, qui la nuit suffisaient pour le service de rade, n'étaient plus à leur poste. Il crut rêver. Le brave maître fit le tour du pont, et ne vit rien, absolument rien.

— Les carognes, se disait-il, seront descendus se coucher ; c'est un peu fort. Nous allons, à ce qu'il paraît, jouer à *tape-ton-dos* sur le cuir de ces chiens-là. Et voilà qui va leur annoncer que la danse sera chaude, dit-il en embouchant son grand sifflet.

Ah ! mon Dieu ! c'était à faire frémir ; quel son perçant, aigre, dur, impérieux, menaçant ! Jamais le sifflet n'avait eu, je crois, une voix aussi terrible : c'était bien autre chose que les trompettes du jugement dernier, ma foi ! Le coup de sifflet ayant retenti, maître la Joie le remit dans sa poche, et confiant, attendit son effet en se promenant les bras croisés, secouant la tête d'un air irrité et murmurant d'effroyables blasphèmes. Pas le plus léger bruit n'agita le navire ; on eût dit une baleine dormant sur une mer d'azur. On fit silence, profond silence. Maître la Joie s'arrêta court ; ses sourcils s'écartèrent, et, pour la première fois depuis treize ans, je crois, l'apparence, la faible et incertaine apparence, d'un sourire vint errer sur ses lèvres plissées.

— Ils ont une peur d'enfer, et ils n'osent pas monter, dit le brave homme. C'est tout de même agréable de pouvoir avec ça — et il tirait son sifflet qu'il regardait avec satisfaction — de pouvoir avec ça, reprit-il, faire plus trembler quatre-vingts gredins qui ne craignent ni le feu, ni l'eau, de les faire plus trembler que ne le feraient un ouragan des tropiques ou une volée à mitraille ; c'est tout de même un bel état que la marine.

Après s'être laissé entraîner à ces vaniteuses réflexions maître la Joie prêta de nouveau l'oreille. Silence, même silence.

— Ils sont là tapis comme des congres dans leur trou, à ne pas oser bouger ; ils savent bien que le sifflet les prévient que le premier qui va montrer son museau en dehors du panneau va recevoir une ration de calottes, à ne savoir où les mettre.

Le même silence régnait toujours.

— Bah ! se dit maître la Joie, qui par hasard se trouva dans un moment d'indulgence inaccoutumée, j'ai peut-être sifflé trop dur. Ça peut bien se faire, car je ne me rappelle jamais avoir hurlé de cette façon-là. Voyons, adoucissons un peu ; car il faut en finir : voilà le soleil levé, et le pavillon n'est pas encore hissé.

Et ainsi qu'une femme revient quelquefois sur un mot trop cruel, sur une brusque détermination qui opère l'effet opposé à celui qu'elle attendait, maître la Joie fit entendre un son qui, s'il ne promettait pas un jour serein, annonçait toujours un temps passable. Rien, même silence. Alors il fallut voir maître la Joie penché sur le grand panneau, le bras tendu, son sifflet d'une main, les yeux stupidement ouverts, les narines gonflées, passer par toutes les teintes, depuis le blanc pâle jusqu'au rouge pourpre et violet. Les coups de sifflet devenaient précipités, brefs, saccadés, colères, furieux, tonnants et retentissants comme les éclats de la foudre. Son pied battait chaque mesure, mais d'une force à enfoncer le pont. Silence, toujours silence. Enfin, exaspéré, il se baisse pour ouvrir le panneau. Impossible : fermé en dedans. Tous... tous les panneaux fermés ! Maître la Joie rugissait. Il se précipite sur les bastingages, à babord, se penche, regarde, ne voit plus les embarcations, et comprend trop tard toute l'affreuse vérité. Alors il bondit, il saute, il crie, il écume. Les anspecks, les barres de cabestans, les gargoussiers, les cabillots, tout ce qu'il rencontre sous sa main vole en éclats et roule sur le pont.

A ce bruit infernal, les officiers, le lieutenant se réveillent et se lèvent à la hâte. Ainsi quelquefois, au milieu de la nuit, l'explosion d'une arme à feu ou des cris réveillent en sursaut toute une maison : chaque fenêtre s'ouvre, se garnit ; c'est une myriade de têtes à moitié endormies, coiffées, décoiffées, baillant, grondant, se frottant les yeux, s'accoudant et demandant enfin :—Qu'est-ce? qu'y a-t-il ?

De même, au furieux tapage de la Joie, le lieutenant, le docteur, le commissaire, l'enseigne et les quelques maîtres qui étaient restés à bord montrèrent leurs figures encore alourdies par le sommeil aux sabords, aux fenêtres des écoutilles et de la galerie, et se tendirent vers le pont.

— Ah çà, dis-donc, la Joie, est-ce que tu as une fièvre chaude? Mais il faut attacher ce gueux-là et le saigner à blanc, dit le bon docteur. — La Joie ! la Joie ! que signifient ces cris ! dit enfin le lieutenant d'une voix sévère. — Partis, lieutenant ! tous partis, les chiens ; tous à terre, dans les embarcations. — Mais encore une fois, qui ? — L'équipage, lieutenant ; tous à terre, les brigands. — Nous aurions dû nous en douter, dit le lieutenant, ils ont de l'argent... Mais dis-moi, la Joie, ont-ils pris la yole ! — Je n'y pensais plus, dit la Joie. Est-ce heureux !

Il se précipita à l'avant.

— Aussi prise ! aussi la yole... Mais ce n'est pas par eux, c'est par M. Paul. Voilà un morceau de son aiguillette accrochée aux bossoirs ; en descendant, il ne s'en sera pas aperçu. — Maudit enfant ! dit Pierre. Quel exemple ! — Mais que faire, lieutenant ? que faire ? disait la Joie en se mordant les poings. — Attendre. Ils reviendront, je n'en doute pas. Mais ce que je crains, ce sont les disputes, les rixes, les querelles avec les Provençaux. Et mon fils qui peut s'y trouver compromis. Malédiction ! malédiction ! — Allons ! dit le bon docteur, voilà des scélérats qui vont me revenir avec des entailles et des horions. Je n'ai qu'à visiter ma caisse, ma charpie et mes onguents. — Et vous aurez raison, major, reprit la Joie, car je vous réponds, moi, qu'il va se passer de crânes choses, à Saint-Tropez ; que les couteaux joueront, et qu'il y aura autant de sang que de vin répandu. Et l'on devait s'y attendre, comme dit le lieutenant, car *la Salamandre* a reçu sa paye hier.

Supplément gratuit quotidien du Journal *L'ÉLECTEUR*.

Alice.

Publication de la Librairie Capiomont aîné, Calvet et Cie, 10, rue Git-le-Cœur, à Paris.

CHAPITRE XI.

ALICE.

Par une nuit d'été lourde, chaude et suffocante, à la lueur douteuse d'une lampe qui projetait de grandes ombres sur les murs d'une chambre modestement meublée une jeune fille à moitié couchée cachait sa figure dans ses mains et paraissait profondément absorbée. Ses bras nus, blancs et effilés révélaient les formes les plus élégantes et les plus fines, une nature svelte et gracieuse, une de ces enveloppes délicates qui, par un singulier caprice de la création, renferment presque toujours une âme puissante et passionnée. Les longues mèches de ses cheveux châtains, se déroulant capricieuses sur son col frêle et satiné, voilaient aussi le visage de la jeune fille ; car on ne voyait que son petit menton rose, arrondi et couvert d'une peau si transparente et si fraîche, qu'elle laissait disparaître un réseau de veines d'azur.

Par un brusque tressaillement, elle redressa la tête, poussa un long soupir, étendit les bras; puis, regardant une montre d'or suspendue à son alcôve, près d'une croix d'ivoire ombragée d'un rameau de buis bénit, elle s'écria :

— Seulement deux heures... deux heures... Oh! quelle nuit! quelle nuit ! Jamais le temps ne m'avait paru si long. Et puis, je ne sais, mais j'ai chaud... j'étouffe; j'ai beau respirer, l'air me manque; et mes mains sont brûlantes. Mon Dieu! Mon Dieu! qu'ai-je donc?

Et d'assise qu'elle était, se couchant brusquement, elle croisa ses deux bras sur le bord de son lit, et y laissa tomber sa tête. Ses traits alors se dessinèrent vaporeux et confus, à la lumière incertaine de la lampe ; c'était quelque chose d'aérien, d'insaisissable; on eût dit que cette lueur tremblante, qui, tantôt dorée, brillait d'un vif éclat, tantôt obscure, ne jetait plus qu'un pâle reflet, donnait tour à tour à ce charmant visage une expression de douce sénérité ou de profonde amertume. Mais étaient-ce bien des ombres et des lumières factices qui éclairaient ou assombrissaient ce jeune front? N'était-ce pas plutôt cette âme de vierge mobile et changeante qui s'y reflétait tour à tour sombre ou gaie, heureuse ou souffrante?

Car qui saura jamais le cœur d'une jeune fille, abime mille fois plus profond que le cœur d'une femme? Entre elles deux, c'est la différence de l'idéal au vrai. Chez une femme l'avenir est fait, arrêté, presque prévu; chez une jeune fille tout paraît voilé, tout est incertitude, désirs vagues, espoir et frayeur, joie et chagrin. Cette âme, c'est une harpe éolienne, vibrant au moindre souffle qui vient effleurer ses cordes sonores; c'est une harmonie confuse, bizarre, sans suite, incomplète, et qui pourtant ravit et attriste, fait pleurer et sourire.

— Oh! dit Alice, que je voudrais ne pas penser, être fleur, arbre, oiseau, m'envoler dans l'air, ou fleurir au bord d'un ruisseau! Oui, je voudrais être fleur! fleur qui se flétrit et qui tombe sans regretter sa mère. Mais pourtant qu'une fleur doit être isolée! et quand le soleil se couche donc, quelle tristesse pour elle! Une fleur, en voici sur la robe que j'avais hier au bal! A voir leurs feuilles si vertes, leurs couleurs si vives, on les croirait véritables. Quel mensonge pourtant! Et dire qu'une pauvre fleur des champs, bien vraie, bien naturelle, serait fanée, morte en un jour, tandis que ces menteuses garderaient encore longtemps leur éclat faux et emprunté!

Et je ne sais quelle rapide et fugitive pensée lui révéla, dans cette naïve comparaison, l'avantage d'une coquette fausse et froide sur une fille aimante et ingénue.

— Le bal! reprit-elle, — et déjà l'expression mélancolique avait disparu, ses yeux brillaient, et par hasard la lampe étincelait aussi; — le bal! il était beau ce bal! C'était la danse, des pas qui se croisaient, vifs et animés, des femmes étincelantes de pierreries, des femmes qui souriaient, des hommes qui souriaient, mais la bouche seule souriait. Il y avait sur tous ces fronts de l'ennui et de l'insouciance. Pourtant les diamants scintillaient, les parfums répandaient leurs suaves odeurs, les glaces flamboyaient de mille feux, de mille cristaux, et je ne sais pourquoi tout cet éclat ne remplissait que mes yeux ; mon âme resta vide et ne se souvient de rien. Car l'âme n'a pas de mémoire pour ce qui n'est que bruit et vaine couleur. Oh ! mon Dieu, que c'est triste de n'avoir pas seulement de quoi se souvenir ! Oui, qu'ainsi la vie est triste, triste, dit Alice.

Et déjà ses yeux bleus si doux se baignaient de larmes ; et c'est en soupirant qu'elle se retourna dans son lit, et que, arrondissant ses bras, elle joignit ses deux mains au-dessus de sa tête en enlaçant ses jolis doigts. Et la lampe touchait à sa fin, et les ombres luttaient contre cette lueur mourante. A ce moment le regard d'Alice se fixa sur la croix et la branche de buis attachées dans son alcôve.

— Voilà, dit-elle à voix basse, voilà le crucifix de ma mère, la croix qu'elle a baisé mourante, le rameau saint qui a béni son cercueil !

Et une larme roula sur sa joue pâle.

— Cette croix ne m'a quittée ni au couvent, ni ici. Le couvent ! pourquoi m'a-t-on retirée du couvent ! J'y étais si bien ! Que j'aimais les fêtes de l'église, la vapeur de l'encens ! que j'aimais à porter les rubans de la bannière de la Vierge, toute blanche et brodée d'or ! que j'aimais à chanter avec mes compagnes les beaux cantiques au bruit sonore de l'orgue ! Quelle douce et grave musique que celle de l'orgue ! Quelquefois elle me faisait tressaillir, elle me faisait mal ! Et les roses que nous effeuillions pour la Fête-Dieu ! et les vêtements que nous faisions pour les pauvres mères ! Et nos hymnes au Christ qui se sacrifia pour sauver le monde ! Quel dévouement ! Aussi, avec quel amour, quelle idolâtrie je chantais ses louanges ! Le servir dans son temple, l'adorer toute ma vie, l'adorer ! car je sens là, oh ! là, dit-elle douloureusement en appuyant avec force ses deux mains sur son sein qui bondissait... oh ! je sens là un immense besoin d'amour et de sacrifice.

Elle reprit après un moment de silence :

Pourquoi m'emmener, me faire quitter la France ? j'aurais été si heureuse au couvent! Aimer le Christ, le prier tout le jour, le prier surtout! Y a-t-il quelque chose au-dessus de la félicité qu'on éprouve à le prier? Oui, peut-être à le prier pour quelqu'un. Mais je suis injuste : je vais rejoindre mon père qui me laissa tout enfant. Et pourtant, malgré moi, ce voyage m'attriste et m'oppresse; l'idée seule de voir mon père vient quelquefois rendre mes pensées moins sombres. Oh! mon Dieu, dit-elle, pitié, pitié pour moi, si ce voyage doit m'être fatal!

Et la lampe s'éteignait. A peine, à de longs intervalles, sa flamme un instant ranimée éclairait faiblement la chambre et dessinait sur les murs de larges ombres tremblantes et fantastiques.

Le cœur d'Alice se serra. Elle eut presque peur; et, poussée par ce besoin qu'éprouvent quelquefois les femmes de jeter leur sort aux mains du hasard et d'y chercher la science de l'avenir, elle s'écria avec une singulière exaltation, mais d'une voix ferme et convaincue :

— Je suis vouée au malheur sur cette terre, si la lampe expire avant que j'aie dit trois fois : Ma mère qui est au ciel, prie Dieu pour ton enfant!

Et Alice, pâle, haletante, commença d'une voix altérée :

— Ma mère, qui es au ciel, prie Dieu pour ton enfant!

La lampe vacilla et jeta une faible lueur.

— Ma mère, qui es au ciel, prie Dieu pour ton enfant?

La lampe pétilla en lançant une vive clarté. Le cœur d'Alice fut soulagé d'un poids énorme, et confiante elle continua :

— Ma mère, qui es au ciel...

Mais la lampe pâlissante frissonna et s'éteignit avant qu'elle eût achevé sa prière.

— Oh! ma mère, je suis perdue! s'écria la jeune fille d'une voix déchirante.

Et, sanglotant, elle tomba, sa tête cachée dans ses mains. A peine une minute s'était-elle écoulée, qu'elle releva son visage baigné de larmes, comme pour jouir avec amertume des ténèbres qui lui prédisaient un avenir si funeste. Mais quelle fut sa surprise, sa joie, quand elle vit un doux et faible rayon du soleil, qui, bordant ses volets d'une légère lueur dorée, se jouait dans la chambre, et allait s'épanouir sur le Christ d'ivoire et le rameau béni, qu'il semblait entourer d'une pâle auréole de lumière. Cette tendre et mystérieuse clarté, si inattendue, si rassurante, qui se glissait au milieu de cette profonde obscurité, comme l'espérance dans un cœur souffrant, vint calmer la jeune fille et rendit sa tristesse moins cruelle.

— Oh! ma mère, tu as entendu ton enfant! dit-elle avec ivresse, avec délire, en s'agenouillant pour remercier Dieu.

Puis, fatiguée des émotions si vives et si diverses qu'elle avait évoquées, elle ferma ses yeux encore humides, entr'ouvrit ses lèvres roses, et les derniers mots qui s'exhalèrent avec sa fraîche et voluptueuse haleine furent :

— Ma mère... les anges du ciel... bonheur!

Et elle s'endormit entre une larme et un sourire.

Dors, jeune fille, dors! Fasse le ciel que ce rayon matinal soit l'aurore d'un beau jour pour toi! Dors! Alice, qu'un songe gracieux et pur comme ton cœur vienne te bercer.

Dors, enfant! peut-être les regretteras-tu ces nuits agitées, cruelles et presque sans sommeil.

Pauvre enfant, après avoir respiré l'atmosphère de ce monde brillant et paré, où tout est fleurs, parfums et lumière, ivresse et volupté, désirs brûlants et folles amours, peut-être les regretteras-tu, ces longues heures de solitude et de tristes rêveries : peut-être, au milieu d'une gaieté convulsive et menteuse, les regretteras-tu, ces douces larmes que tu versais toute seule en pensant à ta mère. Peut-être regretteras-tu ton monde à toi, ton monde idéal que tu créais pour toi, que tu peuplais pour toi, ton monde idéal où tu étais souveraine, où, évoquant vingt avenirs, tu pouvais, insouciante et capricieuse, les effacer d'un souffle.

Dors, Alice! et si ton cœur virginal pouvait jouir des tourments que tu causes, je te dirais que depuis hier le fils du lieutenant de *la Salamandre*, que Paul, le beau et timide Paul, que tu ne connais pas, est assis, pleurant, malheureux, au pied des rochers qui entourent le mur de ton jardin d'orangers, espérant toujours entrevoir ta figure d'ange à travers leur épais ombrage.

. . . .

CHAPITRE XII.

L'AUBERGE DE SAINT-MARCEL.

L'auberge de Saint-Marcel est une hôtellerie provençale située tout au plus à une demie lieu de Saint-Tropez, assez proche de la côte, isolée tranquille, éloignée de toute habitation, vaste, commode, en un mot une excellente taverne, dans laquelle les buveurs ne sont au moins gênés ni par l'importunité des convenances sociales, ni par l'exigence des règlements de police.

Aussi les marins qui venaient par hasard mouiller à Saint-Tropez affectionnaient singulièrement cette hôtellerie. Après chaque campagne ils descendaient bien vite à terre, pour accourir joyeusement à cette chère auberge, toujours avenante, toujours gaie, toujours prête à les recevoir de son mieux, de quelque opinion qu'ils jussent

En vérité pour ces pauvres matelots cette taverne était comme fune maitresse qu'on est toujours sûr de retrouver après une longue absence, et qu'on interroge jamais sur les jours passés, pouvu que son accueil soit cordial et franc.

Or, l'accueil de l'auberge de Saint-Marcel était toujours cordial et franc; un peu intéressé, il est vrai; mais que voulez-vous? Le vieux Marius, son possesseur, industriel assez versé dans l'étude des sciences abstraites, avait établi une échelle de proportion qui lui démontrait mathématiquement que l'argent des marins valait pour eux cinq fois moins que pour d'autres, par l'immense facilité avec laquelle il le dépensait : aussi leur faisait-il mathématiquement payer cinq fois la valeur de tout ce qu'ils consommaient chez lui. Voilà pour le moral de l'auberge de Saint-Marcel. Quand au physique, elle était blanche, avec une jolie terrasse entourée d'une légère balustrade de bois, où serpentaient une de ces belles vignes du Midi, aux feuilles si vertes, au corps brun et noueux; enfin les volets étaient peints en rouge, d'un vilain rouge, par exemple, d'un rouge de sang.

Et puis une modeste enseigne, représentant saint Marcel, se balançait au-dessus de la porte principale, abritée par une espèce d'auvent, formé par la saillie d'un grand balcon. Il y avait encore un bouquet de platanes et de tilleuls qui ombrageaient les tables de pierre dispersées çà et là sous cette délicieuse verdure.

Ce jour-là, il était assez tard, et le soleil disparaissait derrière les montagnes, en jetant des reflets éclatants et dorés sur les murailles blanches de l'auberge; le ciel était pur, l'air calme, enfin tout annonçait un beau soir d'été. Et il n'y a rien de tel qu'un beau soir d'été pour prolonger un gai repas, à la lueur douteuse de la lune; pour aspirer avec délice la brise de mer qui vient rafraîchir un front brûlant, rougi par un vin généreux. Or, à entendre les cris et les chants qui retentissaient alors dans l'auberge de Saint-Marcel, on pouvait présumer que la brise aurait bien des fronts à rafraîchir ce soir-là.

On pouvait aussi juger de l'importance des hôtes qui banquetaient alors: par trois voitures dételées et abritées sous un hangar; par un bruit, un tapage infernal, qui faisaient trembler le peu de vitres qui restaient encore, les portes, les volets, et agitaient jusqu'à la paisible et sainte image de saint Marcel, qui frissonnait au bout de son support; par les plats, bouteilles vides ou pleines, verres, chaises et meubles, qui, partant de temps à autre des trois grandes fenêtres du balcon s'élançaient rapides, décrivaient paraboliquement leur courbe, et allaient éclater çà et là comme des bombes; par des chapeaux, des habillements de toutes sortes, des carriks, des châles, des bottes à revers, des toques de femmes, et cinq ou six paires de bretelles qui prenaient à l'envi le chemin des assiettes et des chaises.

Mais aussi il est vrai de dire, il est juste de déclarer que jusque-là on n'avait jeté par la fenêtre ni homme, ni femme. Il paraîtrait pourtant que ce genre de projectile allait succéder aux autres :

Supplément gratuit quotidien du journal l'*ÉLECTEUR*

Le cliquetis et le froissement d'épées qui se croisent est d'un effet admirable

Publication de la Librairie Capiomont aîné, Calvet et Cie, 10, rue Git-le-Cœur, à Paris.

car on vit descendre de la terrasse, attaché au bout d'un drap le propriétaire de l'auberge, le père Marius, pâle, défait, se tordant, se démenant, jurant et maugréant.

Les mains invisibles qui tenaient le drap se trompant — on ne peut pas tout savoir — se trompant sur la véritable hauteur de la maison, lâchèrent un peu trop tôt, et le vieux Marius parcourut, ma foi très-rapidement, onze pieds qui lui restaient à descendre pour prendre terre. Il tomba sur les genoux en disant avec son accent provençal :

— Damnés chiens de ponantais ! nous allons voir ! Et d'un bond il se releva et se précita vers la porte : elle était fermée.

Alors Giromon — le marin qui habillait des hommes en commissaire pour s'amuser à les battre — Giromon parut au balcon.

C'est assez dire que ces hôtes turbulents n'étaient autres que les flambarts de *la Salamandre* qui avaient reçu leur paye hier : on le sait.

Giromon parut donc au balcon. Mais dans quel état, mon Dieu ! Le visage pourpre, violacé, incandescent, les yeux brillants comme des étoiles ; les cheveux poudrés — le malheureux s'était fait poudrer par luxe ; — vêtu d'une chemise à manchette et à jabot de la plus fine batiste, d'une vaste culotte de soie noire et d'un habit marron qui regrettait déjà son collet, une manche et un de ses pans. Il interpella Marius qui hurlait de terribles imprécations.

— Nous t'avons prié de descendre, vois-tu, vieux sorcier, parce que tu nous sciais le dos avec tes : Allez-vous-en. — Mais, gueux que vous êtes, dit l'autre, depuis cette nuit vous brisez tout chez moi ; vous défoncez mes tonneaux. — On te les payera. —Vous cassez mes tables.—On te les payera. — Vous cassez mes chaises, mes verres, mes... — On te les payera, on te les payera.— Vous avez déjà manqué de mettre deux fois le feu à ma maison. — On te la payera. Mais j'y pense, on va te la payer, ta maison; et alors elle sera à nous, et si tu as le malheur d'en approcher, tu danseras une danse où les entrechats se feront sur tes reins. Voyons ! combien vaut-elle, ta cassine !

Et Giromon leva la tête, regarda attentivement de côté et d'autre comme un architecte expert, et dit :

— En veux-tu dix mille francs avec tout ce qui est dedans, et tu nous laisseras la paix, hein ? Allons ! c'est fait, ta cassine est à nous ; et avant de nous en aller nous ferons avec un feu de Saint-Jean ; c'est justement aujourd'hui le jour. Et pour te prouver que les flambarts sont de bons enfants, ce sera pour toi la braise.

Et Giromon, enchanté de son idée, rentra malgré les dénégations de Marius. Car Marius épouvanté frissonnait, parce qu'il savait les matelots capables d'être de l'avis de Giromon, et de comprendre, d'adopter cette idée bizarre. Cinq minutes après, Giromon reparut avec deux pesantes sacoches.

— Voilà ta somme, chien de mangeur d'huile : maintenant ta maison est à nous. Prends de l'air, ou nous descendrons t'appuyer une chasse. Allons, file ! tu nous gênes, et ça nous rend honteux et ces dames honteuses. Voilà ton argent.

Et les sacoches tombèrent lourdes en faisant entendre un tintement sourd et métallique, Marius les ramassa, puis il s'écria :

Ah ! vous me chassez de chez moi, voleurs, pillards, brigands, bonapartistes que vous êtes. Je sais bien ce qu'il y a à faire, allez, scélérats de ponantais ! Et s'adressant à Giromon : — Tu vois bien mes volets, ils sont rouges, eh bien, il y aura bientôt de quoi les reteindre, et c'est vous qui fournirez la couleur ! Et il disparut avec les sacoches. — Tu dis, vilain chameau, que nous repeindrons tes volets? Comme c'est à nous, nous les repeindrons si nous voulons, entends-tu ? Est-ceque nous sommes tes esclaves; oh ! chien de mangeur d'huile? Oui, oui, tu fais bien de filer, sans quoi ton compte était bon. — Enfin, dit Giromon avec un profond soupir de joie intime et de satisfaction complète, enfin nous sommes chez nous ; nous voilà ce qui s'appelle chez nous.

Et il entra dans la salle avec cet aplomb, cette confiance du propriétaire qui marche sur son terrain. Il entra. Quel spectacle et quel bruit !...

CHAPITRE XIII.

BEAUX-ARTS.

Oh! n'aimez-vous pas une de ces imposantes symphonies, où cent musiciens attentifs concourent à exprimer un seul son composé de mille sons, une harmonie unique composée de mille harmonies, où cent musiciens lisent enfin, d'une seule et grande voix, un immense poëme musical, tour à tour vif et triste, folâtre et passionné?

N'aimez-vous pas à songer avec admiration que ces bruits si divers, si opposés, se perdent, se fondent en un seul, et que ces extrêmes ne se touchent que pour s'unir, en une mélodie ravissante? car ce sont les éclats retentissants et métalliques du cuivre, et les cris doux et plaintifs du basson, les accords sourds et caverneux des instruments à cordes, et les chants purs et suaves des flûtes, les vibrations sonores de la harpe et les roulements funèbres des timbales. Quel contraste de sons!

Et penser que tout cela a sa phrase ou son mot à dire, que tout complète l'effet général; que depuis le solo ambitieux des premières parties jusqu'au tintement modeste du triangle d'acier, tout a la même importance, le même pouvoir, pour rendre l'harmonie expressive et grandiose.

Si vous aimez tout cela, alors vous aimerez, vous admirerez l'immense et tonnante voix de l'orgie qui rugissait dans la taverne de Saint-Marcel.

Mais, je vous le jure, il n'y avait pas non plus un bruit, un son à retrancher dans cette sauvage harmonie; car cette harmonie aussi a ses exigences et ses règles immuables; une orgie d'une belle facture, c'est si peu commun ! il faut tant de choses pour compléter sa mélodie à elle !

Il faut de tout, depuis les rires fous jusqu'aux pleurs de rage ; de tout, depuis les refrains joyeux jusqu'aux blasphèmes et aux hurlements, il faut aussi des cris de fureur aigres et perçants ; il faut des voix de femmes au timbre encore pur et frais, mais qui commence à trembler. Il faut des gémissements sourds, des hommes qui tombent lourds et avinés. Il faut les imprécations, les injures des gens qui se querellent, des mots de défi, des cris de mort. Le cliquetis et le froissement d'épées qui se croisent est aussi d'un admirable effet. Mais malheur ! c'est aussi rare qu'un véritable tam-tam dans un orchestre.

Que vous dirai-je ! il faut la sonorité mordante des verres et des bouteilles qui éclatent ; il faut l'aigre grincement des fourchettes que les ivres font crier sur la porcelaine.

Enfin là aussi tout est important, nécessaire, depuis les trépignements frénétiques d'une ronde en délire qui tourne et bondit, jusqu'au doux bruissement d'un baiser pris et rendu dans l'ombre ; il faut de tout, vous dis-je !

Et il y avait de tout cela dans la grand'salle de la taverne de Saint-Marcel, qui tremblait dans ses fondements aux accords de cette harmonie complète, oh ! bien complète, mais bizarre, mais effrayante comme ces bruits sans nom qui s'échappaient des bouches de l'enfer de Dante. Car les marins de *la Salamandre* étaient si heureusement doués par la nature, qu'ils improvisaient d'une manière admirable les différentes parties de l'œuvre gigantesque qui s'exécutait dans l'hôtellerie du respectable Marius.

Braves musiciens, bien nés pour cette musique !

Mais c'était peu encore que d'entendre la musique, il fallait voir le tableau ! car si l'orgie avait sa mélodie à elle, elle avait aussi sa couleur à elle. C'était une couleur puissante et sombre, une couleur vive, tranchée, heurtée ; des tons doublés d'éclat et de vigueur : car sur les visages le blanc devenait pourpre, le pourpre violet, et le violet bleu. Les yeux ne brillent pas, ils flamboient. Les veines ne sont pas gonflées, elles sont convulsivement tendues, tendues à casser. Et ce n'est pas tout ! l'orgie a aussi des formes comme elle a une couleur. Les corps semblent n'avoir plus de charpente osseuse, à voir leurs poses molles et flasques, à les voir non tomber, mais s'affaisser et ployer sur eux-mêmes; les angles s'émoussent, les saillies s'effacent, s'arrondissent. Et c'est grand dommage, en vérité, car le dessin y perd, et si le dessin répondait à la couleur, ce serait sublime. Enfin l'atmosphère elle-même change et se colore d'une vapeur chaude et rougeâtre qui, voilant le tableau, lui donne je ne sais quelle apparence mystérieuse et fantastique d'un effet prodigieux.

Et voyez comme souvent la nature se plaît à parfaire des organisations complètes ! Ces dignes marins de *la Salamandre*, déjà si heureusement doués par elle pour faire de la musique, ne l'étaient pas moins pour faire de la peinture en action, de la peinture chaude et vigoureuse, de la peinture doublée, que dis-je, doublée ? quadruplée de ton. Et l'on peut dire aussi : braves peintres, bien nés pour cette peinture. Vous avez entendu, maintenant regardez !

Au milieu d'une vaste salle aux solives noires, à peine éclairée par la lumière tremblante et indécise de quelques lampes de cuivre, s'allongeait une table énorme, couverte de débris de verres, de bouteilles et de plats ; une table toute salie, toute souillée, toute tachée de vin. Et autour de cette table hurlait, glapissait, tonnait, buvait et rebuvait l'équipage de *la Salamandre*, habillé grotesquement, ivre, débraillé, hébété et brisé par des excès de tout genre. Puis de loin en loin, comme pour contraster avec ces visages bruns et empourprés, apparaissent les figures pâles et marbrées de quelques pauvres filles amenées là par leur mauvais destin. Enfin, sur quatre-vingts matelots, il n'y en avait, au plus, que trente ou trente-cinq d'ivres-morts qui se tordaient ou dormaient sous la table. Les gens raisonnables tenaient, eux, de gais propos en achevant quelques bouteilles oubliées. — Enfin, dit l'un en brisant un flacon dont il avait à peine bu le quart, — enfin, c'est vivre, ça ! — Oh ! criait un autre en prenant avec amour et licence la taille de sa voisine — car le véritable amour est fort impertinent, car le respect c'est de l'indifférence ; — oh ! Thérèson, je t'aime et je t'adore. Je le dis tout haut sans crainte de te compromettre, parce qu'après tout nous ne sommes pas... des curés. — Eh ! Parisien, disait Giromon, c'est pas dans ton

Paris qu'on fait de ces festins, de ces bastringues-là ? De vingt-trois mille francs que nous avions hier à nous tous, la maison payée et brûlée, demain il ne nous restera pas un gueusard de sou, un scélérat, un gredin de sou, mille tonnerres ! Et il frappait sur la table avec un air de joie et de satisfaction impossible à décrire. Et n'y a pas à dire, ajoutait un autre, n'y a pas à dire que d'autres que les flambarts de *la Salamandre* casseront des bouteilles et caresseront des filles ici, au moins. Après nous la fin du monde. Un feu de joie de la maison, et on dira dans le pays : C'est l'équipage de *la Salamandre* qui s'est drôlement amusé ; voilà des êtres bien heureux ! — Et ça sans remords, au moins, bégayait le Parisien. On a une famille... on satisfait à sa famille et aux... aux... enfin aux choses de la nature. Moitié de la paye pour la nature, et l'autre moitié pour la folie ; car, vois-tu, nous nous consacrons à la folie, Giromon. — Je crois, cordieu bien ! dit ce dernier avec une gravité ivre qui eût fait honneur à un juge. — Mais, reprit le Parisien, pour dessert, qu'est-ce que nous pourrions bien faire ? Si nous envoyions les femmes par la fenêtre pour jouer à pile ou face ?

Les femmes se regardèrent fort émues.

— Non, Parisien : nous en répondons. — Si nous nous f... des coups entre nous. — Oh ! la bonne idée ! la bonne idée ! ça va, Parisien. Eh ! mais, prends donc garde à toi, eh ! Richard. En voilà encore un qui porte fameusement la voile ! il est déjà à la cape. Allons, file ; c'est ça, sous la table, va donc ! Ils vont s'abîmer là-dessous, ils vont se mordre, c'est sûr. En voilà-t-i ! en voilà-t-i ! Eh ! dis donc toi, la belle blonde ; veux-tu pas jouer à enfoncer toute cette serviette dans la bouche de Bernard ? Mais finis donc ! vois donc ses yeux, comme il les ouvre. Quelle bêtise ! il n'en mange pas, de serviettes ; ça l'étoufferait ! Je te dis qu'il va étouffer. Là, là te voilà bien avancée. Ah ! es-tu bête, va ! — Bon, bon, encore un d'affalé, reprit Giromon en voyant tomber Bernard à moitié suffoqué ; le vin les détruira, c'est sûr, et ils périront par le vin. Et des vrais flambarts... Quel malheur ! Oh ! dis donc, Parisien, pour les conserver à leurs respectables parents et à leurs amis, si nous fumions ceux qui sont soûls ? dit Giromon. En êtes-vous, les autres ? — Oui, oui, crièrent ceux qui restaient sur leurs jambes ; fumons-les, car ils pourraient s'avarier. — Le cochon fumé se conserve bien mieux, dit un plaisant. — Oui, oui, c'est ça. C'est pour leur bien, d'ailleurs ; et ils verront qu'ils n'ont pas affaire à des ingrats.

Et on dérangea la table, et on plaça les ivres-morts croisés les uns sur les autres ; puis on les entoura de chapeaux de paille, d'écharpes de femmes, de serviettes, de bâtons et de paille arrachés aux chaises. Les malheureux se laissaient faire, articulaient quelques plaintes étouffées, quelque plaisanterie bouffonne, pleuraient ou riaient à demi ; seulement ceux qui supportaient le poids de ce bûcher humain faisaient entendre de sourds gémissements.

— Tiens ! bégayait l'un, on nous met en pile comme des mâts de rechange. Alors nous sommes des matelots de rechange. — Qu'est-ce donc, murmurait un autre, qu'est-ce donc qui prend mon dos pour son hamac, et ma tête pour son sac ?

Et cent autres propos que le Parisien interrompit en criant :

— Allons ! fumons... fumons... — Ils vivront cent ans de plus, cria l'un. — Faut-il que nous soyons bons enfants, ajouta l'autre. — Et en se réveillant, dit Giromon, seront-ils étonnés de se trouver conservés comme s'ils sortaient d'un tonneau ! — Allons ! allons ! au feu... fumons-les...

Et la lampe s'approcha d'un énorme monceau de paille de chaises qui devait communiquer rapidement la flamme à tous les linges et vêtements qui les entouraient.

— Allons ! c'est dit, les autres ? demanda encore le Parisien. — Je le crois cordieu bien ! et rappelle-toi, mon garçon, qu'un bienfait n'est jamais perdu, ajouta philosophiquement Giromon. — Adieu, vat... alors, dit le Parisien.

Et la mèche de la lampe s'approcha des combustibles. A ce moment, si critique pour ces malheureux qu'on allait fumer si philanthropiquement, d'effroyables cris retentirent au dehors, et la maison trembla sous les coups réitérés qui ébranlaient la porte massive de l'hôtellerie.

La lampe tomba des mains du Parisien, qui, suivi de Giromon, s'élança à une fenêtre qu'il entr'ouvrit.

Supplément gratuit quotidien au Journal l'ÉLECTEUR

La mêlée s'engagea furieuse.

— Nous sommes f...., dit-il au Parisien. Tiens, regarde. — Bah ! reprit l'autre, c'est notre dessert qui nous arrive. Justement, nous ne savions que faire !

Publication de la Librairie Capiomont aîné, Calvet et Cie, 10, rue Git-le-Cœur, à Paris.

CHAPITRE XIV.

LE PICHON JOUEIC DEIS DIABLES (1).

L'étonnement ou l'effroi de Giromon était en vérité bien légitim

A la lueur sanglante d'un grand nombre de torches de résine qui jetaient au loin leurs reflets rouges et venaient brusquement empourprer les parties saillantes de l'auberge de Saint-Marcel, on voyait s'agiter comme des ombres une foule considérable étrangement vêtue, bizarrement éclairée par les jets d'une lumière capricieuse qui étincelait aussi çà et là sur des couronnes, des armes ou des vêtements tout luisants d'or et d'argent.

Alors cette singulière cohue paraissait calme et formait un cercle immense autour de la taverne.

C'était je ne sais quelle corporation composée d'hommes grotesquement habillés en diables, en satyres, en femmes, en dieux, en faunes; tout cela couvert de clinquant et d'oripeaux, de fange et de haillons qui faisaient encore ressortir l'expression sauvage et féroce de leurs yeux noirs et de leurs visages bruns et tannés.

Quand le tumulte fut tout à fait apaisé, un Provençal d'une taille athlétique sortit du cercle. Il était en costume de femme et représentait la reine de Saba dans cette farce ignoble mêlée encore aux cérémonies religieuses les plus imposantes. On voyait

(1) *Le petit jeu des diables.* C'est ainsi que se nomme cette bizarre procession.

le roi Hérode avec sa mitre de papier doré, Pluton et le Christ, Proserpine et la Vierge, sans parler d'une myriade d'anges, de diables, de démons et de saints subalternes, armés de faulx, de fourches, de bâtons; en partie ivres, car à l'occasion de ces sortes de solennités on faisait de fréquentes stations dans les tavernes, après avoir suivi dans le jour les processions paroissiales de la Saint-Jean et y avoir pompeusement figuré, selon un usage qui remonte, je crois, à Jean Ier, comte de Provence; or, cet usage s'est perpétué de nos jours et l'autorité municipale fait encore annoncer le programme et la marche de ces hideuses cérémonies.

La reine de Saba avait la figure couverte de fard et de mouches; sa barbe noire était poudrée comme ses longs cheveux, et une robe blanche toute souillée laissait voir ses larges épaules et ses bras velus; une espèce de manteau écarlate lui ceignait les reins, et un diadème de carton argenté couvrait sa tête énorme.

Agitant une massue de chêne grossièrement sculptée qui lui servait de sceptre, la reine de Saba réclama le silence et fit retentir une voix qui eût fait honneur à un chantre de cathédrale, et dit dans le patois provençal le plus renforcé, à peu près ce qui suit :

— Mes pichons, il y a ici un ramassis de gueux, de buonapartistes, qui osent faire fête profane le saint jour de la Saint-Jean, et qui ont battu et volé notre brave compatriote le père Marius. Ces chiens de Français, ces scélérats de Ponantais l'ont chassé de sa maison; mais heureusement qu'il a trouvé des amis, nous venons le venger, mes pichons! — Oui, oui, vengeance! Tue! tue les buonapartistes, les chiens! hurla, vociféra la troupe tout d'une voix en se ruant en tumulte contre la porte qui était heureusement verrouillée à l'intérieur. — Les gredins ont fermé leur porte! cria la reine de Saba en la frappant à grands coups de sa massue. Voulez-vous ouvrir, chiens que vous êtes? nous venons venger le père Marius. — Oui, oui, répéta la troupe, vengeons Marius! à mort les buonapartistes! — On les a chassés de Toulon! chassons-les d'ici! — Tue! tue! comme à Nîmes, enfants! hurlait la reine de Saba qui rugissait de rage en ébranlant les gonds de la porte.

A ce moment une fenêtre s'ouvrit, et l'on vit apparaître la figure de Giromon, tenant à sa main un goulot de bouteille cassée dont il s'était fait un porte-voix qu'il emboucha immédiatement, et ces mots tombèrent du haut du balcon :

— Ohé de la canaille de mangeurs d'huile! que hélez-vous, ohé?

Cette interpellation allait déchaîner un ouragan de cris et de hurlements; d'un geste la reine de Saba contint sa troupe et répondit :

— C'est toi, gueux de Ponantais, de buonapartiste, qui es de la canaille, que tu as chassé un vieillard de chez lui, et que tu as fait la noce un jour de fête de religion, entends-tu, jacobin? Réponds à cela. —Toi, vois-tu, dit gravement Giromon; toi, je prendrai ta robe pour voile de pouiouse, tes jambes pour mâts, tes bras pour vergues, ton corps pour carcasse, et je te f...... à l'eau avec six pouces de lame dans le ventre en guise de lest. — Tue! tue! le chien! La reine fit faire silence et dit : — Tu vas voir que...

Giromon l'interrompit et ajouta :

— Attends donc, j'oubliais; et comme quand tu seras navire c'est ta grosse tête qui servira de figure à l'avant, alors je te baptiserai... le vilain b...

Et Giromon ferma la fenêtre, après avoir fait une grimace fort énergique.

— Tron de l'air! dit la reine de Saba, enfonçons la porte, mes pichons! et ne souffrons pas que ces buonapartistes nous molestent. — Oui, oui, tue! crièrent cent voix.

Et on se précipita sur la porte qui ne pouvait résister longtemps; déjà un ais était rompu, lorsque du balcon qui s'avançait en saillie, une énorme table de chêne lourde et massive tomba d'aplomb sur les assaillants; la reine de Saba ne fut heureusement pas atteinte, mais cinq ou six démons ou satyres roulèrent écrasés, le roi Hérode fut contus, et la vierge Marie eut l'épaule démise.

Cet incident redoubla la colère des Provençaux, mais calma un peu leur ardeur. — Ils se mirent hors de portée des projectiles de cette nature pour se consulter. Mais le conseil fut interrompu par Giromon, qui reparut à la fenêtre avec son bienheureux porte-voix.

— Ohé! des mangeurs d'huile! voulez-vous nous rendre notre

table ? nous avons encore quelques bidons à vider et quelques-uns de vos reins à déralinguer. — A mort ! tue le chien ! crièrent quelques-uns. — Laissez-le, mes pichons, dit la reine de Saba ; Julien et Jean-Marie vont revenir. — Vous ne tuerez rien du tout, reprit Giromon. Ah ! vous croyez que les flambarts se laisseront fouetter comme des mousses ? rien du tout ; vous ne tuerez rien du tout, et...

Giromon ne put continuer. Un coup de feu partit ; il disparut de la fenêtre, et son dernier mot fut : — S... lâches !... C'étaient Julien et Jean-Marie qui étaient revenus avec des carabines.

Bien ! bien ! hurla la troupe. Bien ! ainsi meurent les buonapartistes et les Français ! — Mes pichons, dit la reine de Saba, au lieu d'enfoncer la porte, barricadons-la ; et puis nous monterons sur la terrasse ; il y a là un judas que je connais ; il donne dans la grande salle, et nous pourrons de là les déquiller à notre aise.

Et la porte fut fermée au dehors, barrée par la table que l'on couvrit de pierres, de poutres, de façon que toute fuite était impossible aux malheureux marins. L'aspect de la grande salle était bien changé : plus de cris, plus d'ivresse, plus de joie. Les flambarts entouraient le pauvre Giromon, qui avait reçu une balle dans la gorge, et respirait encore. Le Parisien, agenouillé, lui soutenait la tête, et les autres, pâles, immobiles, fixaient sur lui des regards stupides.

— Mes bons matelots, dit enfin Giromon d'une voix faible et sifflante, c'est tout de même vexant d'avoir échappé si souvent aux prunes, d'être un flambart, pour être tué comme un chien enragé ! Enfin !... où est le Parisien ? — Me voilà, mon vieux, mon pauvre matelot. — Ah ! c'est que je vois tout gris, et je ne te reconnais pas. Je suis f...... Parisien. — Non ! non ! — Si. Mais écoute... Promets-moi une chose. — C'est fait, quoique ce soit... C'est fait, mon matelot.—Eh bien ! épouse mon épouse, Parisien. Elle n'a pas droit à une pension. Elle crèverait de faim après ma mort, et ma petite fille aussi ; et cette idée-là, vois-tu, matelot, me rendrait la gaffe fièrement dure à avaler. Enfin, veux-tu ? Je sais que ça t'embêtera. — Oh ! oui, mais c'est égal, ta fille aura un père, mon bon matelot, repondit le Parisien en s'essuyant l'œil avec le poing. — Maintenant embrasse-moi. Donnez-moi la main, vous autres. Adieu, mes pauvres flambarts ! Ça me vexe de ne pouvoir pas dire adieu au lieutenant et à M. Paul avant de filer mon loch ! Mais vous leur direz, car vous les verrez vous autres, si ces chiens-là vous laissent la langue et les yeux.

Ici sa voix s'affaiblit et sa respiration devint de plus en plus sifflante et embarassée. Les matelots se rapprochèrent.

— Allons ! continua Giromon avec effort ; voilà que je coule à fond. Adieu, mes vieux flambarts ; aussi bien notre temps est passé, voyez-vous ? Notre pavillon a déteint ; les Anglais nous passent à poupe ;... aussi, j'aime autant aller voir si les navires de là-haut ont des voiles d'étais et des royales... Adieu, flambarts ! Je veux être à l'eau. Entendez-vous ? jeté à l'eau avec un boulet de 36 aux pattes. C'est le tombeau d'un marin... Adieu, encore ! adieu, Parisien. Aime un peu ma pauvre fille, ne bats pas trop mon épouse, et.... ma foi ! vous ne me dénoncerez pas, vous autres ; ainsi... vive l'empereur ! Et il retomba mort.

— Ah ! chiens de buonapartistes ! Vive l'empereur ! Tenez ! en voilà de votre monstre d'empereur, de votre ogre d'empereur !

Et trois coups de feu éclatèrent par l'étroite entrée du judas.

Giromon reçut une seconde balle dans la tête — balle perdue ; — le Parisien eut le bras effleuré ; Bernard le canonnier eut l'épaule fracassée, et tomba sur le coup.

— Mais ces gueux-là vont nous tuer comme des mouches ! cria le Parisien. Sortons d'ici, crochons-nous corps à corps, vengeons Giromon ! — A l'abordage, f....., à l'abordage ! Si vous n'avez pas vos couteaux, prenez ceux de la table, ajouta-t-il

Et il s'élança dans l'escalier qui menait à la terrasse en brandissant un énorme couteau à découper dont il s'était armé. Malheur ! la porte était fermée, et ils entendaient le bruit sourd que faisaient une partie des Provençaux postés sur la terrasse en démolissant le plafond de la grande salle, pendant que les autres veillaient aux fenêtres qu'ils avaient barricadées, comme la porte, en se guindant sur le balcon. Bientôt une grêle de pierres et de plâtras annonça que les assaillants venaient de pratiquer une large ouverture au plafond à la faveur de laquelle les trois escopettes purent jouer dans toutes les directions, et mettre une dizaine de flambarts hors de combat. Heureusement les munitions manquèrent.

— Mes pichons, dit la reine de Saba, ouvrons la porte de cette terrasse maintenant, et allons les achever. Nos couteaux sont frais, et nous verrons si les Bretons ont du beurre ou du sang dans les veines. — Enfin, crièrent les flambarts, la partie va être égale, quoique vous soyez deux contre un. — Vous avez voulu du sang ! il y aura du sang, dit sourdement le Parisien les dents serrées en entourant son poignet d'une serviette pour mieux assujettir le manche de son couteau. — Je suis à toi, mon pichon, cuisinier au grand couteau, dit la reine au Parisien en sautant dans la salle. — Ah ! viens donc, belle femme ! que je te fasse un collier d'acier français, hurla le Parisien en s'élançant à la rencontre du gigantesque Provençal. Le reste de la troupe s'étant aussi précipité, soit par l'escalier, soit par l'ouverture du plafond, la mêlée s'engagea furieuse.

CHAPITRE XV.

COMBAT.

Silence ! pas un cri ! car un cri trahit une blessure ! Silence ! on mord en silence quand on est désarmé ; on égorge en silence, l'on tue en silence et l'on tue beaucoup, car le sang arrose le plancher. Mais pas un cri ! Et cette masse ivre, ardente, se croise, s'étend, se tord, se roule, tombe et se relève. Ongles et dents, tout est bon pourvu que le sang vienne à la peau. Mais pas un cri ! Silence ! excepté le bruit des pieds qui s'appuient, lourds, pour lutter : le soupir qu'on étouffe en mourant, le choc du fer, le grincement de deux lames qui se rencontrent sur la même poitrine — car il faisait obscur, une seule lampe restait. — Silence ! on n'entend pas un cri ! Et les fenêtres ayant été ouvertes par les assaillants, on voyait, à la douce clarté de la lune, un riant paysage, des bois d'orangers couverts de fleurs, et un frais ruisseau qui serpentait argenté au milieu d'une vaste prairie puis les lucioles suspendaient aux lauriers-roses leurs pyramides de feux chatoyants, et le Poril chantait de sa voix grêle et sonore.

Les cadavres des blessés commençaient à gêner les combattants. On marchait bien sur ces corps, mais ce point d'appui était faux, on trébuchait souvent ; et dans une lutte corps à corps, couteau à couteau, morsure à morsure, tout l'avantage est pour celui qui peut, comme ce Provençal, se mettre à deux genoux sur son ennemi, et lui dire avec un cruel sourire, avec des yeux flamboyants, rouges et fixes :

— Tu es à moi ! tiens donc, enfer ! voilà mon poignard tout frais pour un autre Français !

Ou comme ce marin qui disait à Hérode :

— Ma lame est cassée, mais je briserai tes dents avec le manche. Ah ! le sens-tu ? Je le crois, car tes dents ont serré la poignée comme dans un étau, Garde-le, va ! je prends ta dague. Cordieu ! le manche est bien mouillé ! C'est du sang !... Oh ! que de sang !

Et on voyait, à la douce clarté de la lune, un riant paysage, des bois d'orangers couverts de fleurs, et un frais ruisseau qui serpentait argenté au milieu d'une verte prairie ; puis les lucioles suspendaient aux lauriers-roses leurs pyramides de feux chatoyants, et le Poril chantait de sa voix grêle et sonore.

— Enfin te voilà ? cria le Parisien à la reine ; depuis un quart d'heure je te cherche pour venger mon matelot, et te mettre au col l'acier que je te promis, belle femme ! — Tu es jaloux de mes faveurs, pichon ! dit le colosse avec un ricanement de hyène. — Oui, je veux te toucher au cœur ! répondit le Parisien, qui fut d'un bond sur la reine de Saba. — Oh ! viens, mon pichon, que je t'embrasse ; je serai bonne catin. Et pour souvenir je porterai ta tête en fanfaronne, murmura le Provençal en étreignant le Parisien dans ses bras de fer.

Supplément gratuit quotidien du Journal L'ELECTEUR.

La chance tourna, le combat ne dura qu'un moment.

Publication de la Librairie Caplomont aîné, Calvet et Cie, 10, rue Git-le-Cœur. à Paris.

Leurs figures se touchaient. Ils restèrent ainsi une seconde, sentant leur souffle s'échapper de leurs narines gonflées.

Tout à coup la reine ouvre les bras en poussant un cri atroce, arraché par la surprise et la douleur. C'était un mourant qui lui dévorait la jambe. Le Parisien recula d'un pas, leva son grand couteau, qui tomba d'aplomb et en sifflant sur la poitrine de la reine, et s'y enfonça jusqu'au manche. — Enfin, j'ai touché ton cœur ! hein ! ma reine ? dit le Parisien en retournant son couteau dans la blessure, pour agrandir la plaie. — Oh oui ! tron de l'air ! tu m'as touché : mais je donnerai un dernier baiser d'amour !

Et le Provençal, avec la rage convulsive d'un mourant, se jeta sur le Parisien et le mordit à la lèvre et à la joue avec une violence telle, que ses dents, traversant les muscles, allèrent froisser les dents du marin. Ils tombèrent tous deux. Et on voyait, à la douce clarté de la lune, un riant paysage, des bois d'orangers couverts de fleurs, et un frais ruisseau qui serpentait argenté au milieu d'une verte prairie ; puis les lucioles suspendaient aux lauriers-roses leurs pyramides de feux chatoyants, et le Poril chantait de sa voix grêle et sonore.

— Le Parisien est mort ! cria un flambart. — Vengeance ! vengeance pour le Parisien ! — Vengeance pour la reine ! crièrent les Provençaux.

Et la mêlée devint plus sanglante, plus profonde. Comme les forces commençaient à s'épuiser, on se mit à blasphémer : rien n'aide comme cela. Mais les Provençaux étaient en nombre supérieur, protégés d'ailleurs par les habits, les bonnets de carton qui les déguisaient : les matelots étaient épuisés, eux, par les excès de la veille. Déjà ils faiblissaient, accablés par la multitude. Déjà le succès doublait la force et le courage des Provençaux, lorsque la voix du Parisien vint ranimer les marins. Il était parvenu à s'arracher des dents de la reine, en laissant la moitié de sa lèvre. Il était couvert de sang.

— Courage ! courage ! Si nous laissons notre peau ici, arrachons-en de la leur, cria-t-il.

Et il se jeta à corps perdu sur Proserpine, en disant :

— Je suis galant ce soir. Que de maîtresses !

Et d'un côté on combattait avec l'acharnement du désespoir, et de l'autre avec la certitude et la conscience d'une victoire que les marins ne pouvaient disputer longtemps. C'était une effroyable boucherie Il y avait du rouge en effet, comme avait dit la reine de Saba.

Et on voyait, à la douce clarté de la lune, un riant paysage, des bois d'orangers couverts de fleurs, et un frais ruisseau qui serpentait argenté au milieu d'une verte prairie ; puis les lucioles suspendaient aux lauriers-roses leurs pyramides de feux chatoyants, et le Poril chantait de sa voix grêle et sonore. Mais la voix du Poril, à cet instant, ne résonna pas seule ; un autre son, grêle aussi, mais aigu, mais perçant, mais pénétrant, vint retentir dans le silence de la nuit. Et ce bruit, s'approchant de plus en plus, devenait de plus en plus vif, étourdissant, expressif.

On peut le dire, c'était le son d'un sifflet bien connu à bord de *la Salamandre*. Et l'on devinait que celui qui en tirait ces bienheureuses modulations courait très-fort ; car les sons étaient comme accentués par une marche précipitée. Et les pas d'une troupe d'hommes résonnèrent sur le gazon. Et une troupe assez nombreuse de marins, commandés par Paul et la Joie, déboucha du bouquet de tilleuls, en criant :

— Courage, enfants ! voici du renfort ! En avant les flambarts ! en avant *la Salamandre !*

Et Paul, voyant les échelles encore plantées près du balcon, s'élança, suivi de la Joie, qui était sur ses talons, et, en une minute, tout son monde ayant escaladé le balcon, se précipita dans la grande salle. Il était temps, je vous le jure !

CHAPITRE XVI.

EN AVANT LES FLAMBARTS.

En avant les flambarts! en avant *la Salamandre*! furent les premiers mots que crièrent les nouveaux venus en se précipitant au milieu de cette furieuse et implacable mêlée.

Ce renfort inespéré, le bruit du sifflet de la Joie, la voix de Paul, tout cela donna une telle énergie, une telle puissance aux matelots, que la chance tourna, que le combat ne dura qu'un moment : l'avantage décisif, positif, resta à *la Salamandre*.

Les marins étant toujours munis, comme on sait, d'une multitude de bouts de corde et de bitord, on garotta ce qui restait de Provençaux capables de faire un mouvement, et il y en avait peu. Puis on descendit dans la salle basse chercher les femmes, qui étaient évanouies, et les marins ivres, qui dormaient pour la plupart du meilleur et du plus profond sommeil ; car, au moment du danger, leurs camarades les avaient portés là pour les dérober à cette sanglante mêlée. Ces pauvres gens se plaignirent fort d'être réveillés si tôt.

Etes-vous embêtants! dit l'un. Vous ne pouvez pas vous amuser sans faire un tremblement, un sabbat, comme vous faisiez tout à l'heure là-haut? — C'est vrai, reprit un autre; amusez-vous, mais laissez les autres dormir. — Et ne tirez plus de fusées ni de pétards, dit un troisième en étendant les bras et en se retournant pour achever son somme. —Allons, la Joie, dit Paul, faites-les prendre, porter et arrimer dans les embarcations.

Puis, en s'adressant aux nouveaux venus :

— Vous autres, formez une garde échelonnée d'ici à la côte, jusqu'au moment de pousser au large, car je crains d'avoir tout le pays sur les bras.

On releva les corps du pauvre Giromon et de onze marins bien dangereusement blessés, et on les descendit, afin de les transporter jusqu'à la côte, à bras ou dans les voitures qui avaient promené l'équipage. Les flambarts, assez forts pour marcher et manœuvrer, répartis avec les marins amenés par Paul, furent destinés à conduire les canots à bord de *la Salamandre*.

Quand ce petit convoi fut prêt à se mettre en route, Paul fit une ronde minutieuse pour s'assurer qu'aucun de ses flambarts ne restait dans la taverne, et donna le signal du départ.

— Monsieur Paul, dit le Parisien, j'ai oublié quelque chose. — C'était d'incendier la taverne de Marius. — Allons, va, et reviens vite : le soleil va se lever, et on est inquiet à bord.

Le Parisien fut à peine deux minutes absent, et reparut aussitôt en disant : — Il ne faut pourtant pas gaspiller de l'argent pour rien. — Marche ! dit Paul.

Le sifflet de la Joie retentit, et la caravane se mit en route. Paul, le dernier, surveillait tout avec la plus minutieuse attention.

On arriva bientôt sur le rivage où étaient mouillées toutes les embarcations de *la Salamandre*.

Les blessés furent placés dans la chaloupe, les gens ivres dans le grand canot. Paul ordonna d'orienter les voiles, et l'on mit le cap sur *la Salamandre*, qui sortait peu à peu de la brume que les premiers rayons du soleil venaient dissiper.

Cet air frais et piquant du matin, frappant les ivrognes au visage, les réveilla un peu, et leur rendit sinon tout à fait la raison, au moins la gaieté.

Ce furent alors des chants de fête, des roulades et des accords, des plaisanteries sans fin, que les coups de sifflet réitérés de maître la Joie ne pouvaient comprimer. Ces malheureux n'avaient pas la moindre perception de ce qui s'était passé, et leurs cris de joie contrastaient singulièrement avec les gémissements et les plaintes des blessés de l'autre canot, qui soupiraient vivement après les soins du bon Garnier. Reste à expliquer comment Paul arriva si à propos au secours de ses flambarts.

Absent de *la Salamandre*, ayant été, selon son usage, rôder autour de la maison d'Alice jusqu'au coucher du soleil, il se disposait à retourner à son bord, lorsqu'il rencontra sur la côte vingt matelots, sous la conduite d'un maître, que l'on envoyait à Saint-Tropez pour renforcer l'équipage de la corvette.

En arrivant auprès de la petite baie qui sert de débarcadère, il fut fort surpris de voir à cette heure toutes les embarcations de *la Salamandre* mouillées là sans qui que ce fût pour les garder.

Il commençait à avoir quelques soupçons, lorsqu'il vit au loin poindre, puis approcher, puis devenir de plus en plus distinct un homme qui nageait; ce nageur arrivait sur la côte : c'était la Joie dépêché par le lieutenant, qui, ayant vainement attendu toute la journée, sans aucun moyen de communication, s'était décidé à envoyer la Joie aux informations, et à lui faire faire à la nage la lieue qui séparait *la Salamandre* de la côte.

La Joie raconta tout à Paul; celui-ci, frémissant sur les suites de cette désertion, sachant la haine que les Bretons et les Provençaux se portaient, leur différence d'opinion et leur caractère implacable, se mit à la tête des nouveaux venus ; et, suivi de la Joie, qui s'habilla fort décemment, grâce à la précaution qu'il avait eue d'apporter ses habits attachés sur sa tête, ils parcoururent toutes les cavernes de Saint-Tropez sans rencontrer les flambarts.

Enfin, la Joie se rappella l'auberge de Saint-Marcel pour y avoir été *causer* avec son matelot Bouquin; et, vu son état d'isolement et de tranquillité, la soupçonna fort, cette brave hôtellerie, de recéler les marins de *la Salamandre*.

Or, on sait qu'il ne se trompait pas, et qu'il arriva bien à temps pour empêcher de finir le massacre des pauvres flambarts, qui maintenant sont en sûreté et regagnent la corvette à toutes voiles.

Enfin, Dieu est Dieu, et Mahomet et son prophète, mais le destin ne pouvait destiner à périr sous le couteau des assassins un aussi brave équipage, si musicien, si peintre, si fou dans ses orgies, si gai dans le combat.

Un équipage qui s'individualisait en un seul homme; la même volonté, les mêmes désirs. Faut-il boire? buvons! Faut-il tuer? tuons! sans rancune contre la fatalité qui change un jour de folle joie en carnage sanglant et acharné : mon Dieu! non; il est surpris, voilà tout, et se demande : Qu'est-ce qui aurait dit cela hier? Et puis si cet équipage avait péri, que serait devenue *la Salamandre*, s'il vous plaît? car cet équipage, c'est sa vie, son sang. Cet équipage qui circule dans ses batteries, dans ses ponts, dans ses mâts, dans ses hunes, qui se divise dans les rameaux infinis de ses cordages, Mais c'est le sang qui circule dans les artères, dans les vaisseaux, dans les veines. C'est le sang qui anime le corps; c'est l'équipage qui anime *la Salamandre*, qui lui donne un air de vie, de fête, d'existence; c'est son cœur, c'est sa tête. Alors elle frémit, elle tremble; elle va, elle vient, elle a une voix, un souffle, la vie s'échappe de tous ses sabords; alors elle est entourée de ce bruit inexplicable qui n'est pas un bruit, mais qui s'exhale de toute créature vivante; est-ce un écho de la pensée? de l'animation? je ne sais; mais enfin ce bruit vous dit :

— Ceci existe.

Et sans ce bruit *la Salamandre* n'existerait pas.

Voyez-la plutôt là, toute seule, toute triste, privée de son équipage depuis hier... C'est le silence, c'est le sommeil de la mort. Comme elle est froide et incolore! comme elle est lugubre! on dirait d'un de ces corps pétrifiés par les magiciens des ballades qui les frappaient d'un trépas passager.

Mais, bon magicien, l'as-tu donc touché de ta baguette, que la voilà qui frémit dans toute sa membrure, qui balance doucement ses vergues, qu'un frissonnement de plaisir court dans ses agrès? Oh! voilà qu'elle remue! voilà qu'elle s'agite! voilà qu'elle existe! Elle existe, car son équipage est arrivé à bord. Elle existe, car sa batterie est pleine, ses ponts garnis, ses hunes remplies. Elle existe! Aussi voyez comme son aspect a changé : elle n'est plus triste, elle n'est plus morne; elle n'est plus froide et honteuse comme une femme qui n'a qu'un amant. Elle est fière, elle est hautaine, elle est heureuse, elle est souriante, elle fait la belle, se mire dans les flots... Elle, coquette, se penche et se redresse en faisant chatoyer l'éclat de ses mille pavillons; elle est radieuse, libertine, insolente !

Et puis, quand ce pauvre soleil vient la couvrir pompeusement d'une robe d'or et de pourpre, elle reçoit cet hommage avec indifférence et dédain, comme une courtisane blasée qui se laisse envelopper avec insouciance des tissus les plus riches et les plus étincelants.

CHAPITRE XVII.

RETOUR.

On l'a dit, d'après les instructions de Pierre, la Joie s'était jeté à la nage afin d'aller à terre et de tâcher de trouver le moyen de ramener une embarcation pour rétablir la communication.

Aussi le lieutenant, l'enseigne, le commissaire et le docteur furent-ils agréablement surpris de voir les quatre canots arriver à pleines voiles.

— Je m'étonne que ce vieux la Joie ait aussi vite réussi, dit Pierre. — Que diable veux-tu, répondit le médecin, il n'y a pas de grandes ressources à terre; du vin, du vin, et puis du vin, voilà tout, aussi ils vont nous arriver dans un état... — J'espère, lieutenant, dit le commissaire, que vous allez faire un exemple sévère ? — Je sais mon devoir, monsieur. — Mais taisez-vous donc, commissaire, dit le vieux Garnier; est-ce que vous savez ce que c'est qu'un marin ? est-ce que vous croyez que, lorsque ces pauvres diables-là, après deux ou trois ans de campagne, vont

L'inspection.

prendre à terre un jour de bon temps, ils ont grand tort? Je vous donne six mois, à vous, qui vous plaigniez déjà de la vie de bord, et puis nous verrons. — Mais, Dieu me damne, dit Merval, il y a du sang et des morts dans les embarcations! — Dites donc du vin et des ivrognes! dit Garnier. — Non, pardieu! Merval a raison, dit le lieutenant en braquant sa longue vue; j'en étais sûr! une rixe, des coups échangés avec les Provençaux, une affaire d'opinion, peut-être? Malédiction! mes pauvres flambarts, mes pauvres matelots! Et Paul, et mon fils! — Soyez tranquille, dit Merval, je le vois. Il tient le gouvernail de la chaloupe. Il n'a rien

Publication de la Librairie Capiomont aîné, Calvet et Cie, 10, rue Gît-le-Cœur, à Paris.

— Diable ! dit le docteur ; à mon coffre, de la charpie, du linge ! Voilà, par exemple, bien du sang perdu ! Enfin, c'est égal.

Et le bonhomme descendit à sa chambre.

— Et voilà ce qu'il y a de pénible, Merval, disait le lieutenant; voilà de braves, de loyaux marins dont j'excuse la conduite, parce que je connais les privations qu'ils endurent si courageusement, et il faut que je les reçoive à bord avec dureté, avec rigueur, que je sévisse. — Bah ! bah ! dit l'enseigne, vous traitez vos matelots trop doucement ; les Anglais... — Les Anglais, les Anglais, monsieur, n'ont pas du sang français dans les veines. C'est à coups de corde que vous les conduisez au feu, et celui-là a un triste courage, monsieur, qui ne se bat que placé entre deux périls ou gorgé de rhum et de vin. Je n'ai fait donner des coups de corde ici que onze fois depuis neuf ans, monsieur; j'ai vu mes flambarts, au feu, et je sais ce qu'ils y font. — Chacun son opinion, lieutenant. Mais voici nos hommes.

En effet, les embarcations avaient accostés, mais pas un matelot ne parut sur le pont. Honteux, confus, ils sautèrent tous par les sabords : il n'y eut que les blessés qui furent hissés à bord, ainsi que le pauvre Giromon. Paul mit l'état-major au fait de tout, et le lieutenant ordonna au maître la Joie de faire monter l'équipage sur le pont. Les marins parurent, la tête baissée, insouciants et résignés. Pierre se plaça sur son banc de quart, prit sa figure sévère, et dit :

— Tout homme qui abandonnera le bord sans permission sera puni de huit jours de fers. Quand cet abandon aura le caractère de complot et de désertion, les chefs seront punis de vingt coups de corde. L'équipage de *la Salamandre* est dans ce cas : nommez-moi les chefs.

Il savait bien, le digne officier, qu'il n'aurait pas de réponse.

— Puisque vous vous refusez à les nommer, la bordée qui ne sera pas de quart restera douze heures aux fers par jour, pendant un mois. — Rompez les rangs ! marche ! La bordée de babord, rendez-vous aux fers. — Capitaine d'armes, veillez-y.

Tout ceci était tellement prévu, connu d'avance par l'équipage, qu'il n'y eut pas un murmure, pas un mot; et, en vérité, Pierre paraissait plus peiné qu'eux.

— Bonnes, braves gens ! dit-il en les voyant descendre un à un avec insouciance; pour un jour de plaisir, et quel plaisir ! ils vont recommencer deux ans, trois ans de la vie la plus dure, la plus pénible, et pas une plainte ! Pauvres gens ! Mais voyons les blessés.

Il rejoignit le docteur, qui allait, venait, jurait, tempêtait dans la batterie où on les avait provisoirement déposés.

— Vous ne pouviez donc pas, brutes que vous êtes, leur disait-il, emporter vos bâtons ou des sabres pour aller à terre, hein ! et m'assommer ces gredins-là ? C'est bien la peine d'être Bretons, de jouer du bâtons à deux bouts, pour se laisser égorger comme des imbéciles. — Mais, major, dit l'un, nous avions des couteaux. — Ah oui ! vos couteaux ! Vous êtes encore de beaux ânes pour jouer des couteaux avec ces chiens de Provençaux ! Tiens ! regarde-moi cette plaie ! sont-ce vos épingles qui feraient de ces entailles-là ? Je vous dis que vous êtes des brutes, des ânes, des animaux. Ah çà, rappelez-vous bien ce que je vais vous dire. Si demain matin, je vois, je m'aperçois à la plaie de quelqu'un qu'il a dû souffrir aujourd'hui ou cette nuit, et qu'il ne m'a pas envoyé chercher ou fait réveiller, si je m'aperçois enfin que quelqu'un ait souffert sans me le dire, vous entendez-bien ? — Oui, major. — Eh bien ! ce quelqu'un là ira aux fers pour quinze jours, après sa guérison, je vous le jure, parce que ce n'est pas la première fois que ça vous arrive, malheureux que vous êtes ! Mais, major. — Il n'y a pas de mais, major. Est-ce que vous croyez, dit le bonhomme exaspéré, est-ce que vous croyez que vous êtes ici pour souffrir comme des damnés, et moi pour me gratter les oreilles et dormir comme un moine ? Est-ce que vous croyez que des gens comme vous, animaux que vous êtes, ne méritent pas tous les soins possibles ! Est-ce que ma vie ne vous est pas consacrée, misérables !... — Si, major ! — Si, major ! dirent les autres avec une peur effroyable, car le bon Garnier exalait sa philantropie avec une fureur inouïe; si, major ! nous savons que vous êtes notre bon vieux major, et que vous nous soigniez crânement. — — Belle malice ! je me souffletterais, si je ne le faisais pas. Allons! mes enfants, c'est dit ! courage, ça ne sera rien : tranquillisez-vous, et n'oubliez pas les fers, si vous souffrez sans le dire ! — Oui, major...

Puis le bon Garnier, tout grondant, rejoignit le lieutenant, qui tenait une lettre ouverte.

— Eh bien ! lui dit Pierre, notre commandant, le marquis de Longetour arrive. — Et quand ? — Mais on m'annonce de Toulon son inspection pour demain. — Monsieur Longetour... — Oui, le marquis de Longetour, capitaine de frégate... Je n'ai pas idée de ce nom-là. — Ni moi non plus ; et ça m'est égal. Je retourne à mes blessés. J'ai oublié de leur dire quelque chose.

Et, pendant le jour qui suivit, l'arrivée du nouveau commandant fut le sujet de tous les entretiens à bord de *la Salamandre*.

CHAPITRE XVIII.

COQUETTERIE.

Vrai Dieu ! quelle toilette! quel luxe ! quelle grâce ! Oh ! ce n'est pas la tournure roide et empesée d'une hourque danoise, sèche et droite comme une vieille fille, ou la taille masssive et carrée d'une bonne grosse galiote hollandaise, lourde et épaisse comme une ménagère. C'est quelque chose de fin, de souple, d'élégant, de voluptueux. Car elle se met si bien, *la Salamandre* ! Elle a tant et tant de goût.

Et puis, voyez vous, une corvette comme elle ne suit pas les modes, elle les invente. Aussi la première elle porta des voiles de perroquet démesurément échancrées. La première, elle peignit en rouge l'intérieur des volets des sabords, qui, relevés sur sa lisse blanche comme la neige, s'y découpaient en losanges de pourpre. Mais il fallait avoir sa tournure, sa figure, sa beauté, pour porter de telles choses : il fallait enfin être *la Salamandre* ! Car je me rappelle qu'un jour, à Calao, une corvette anglaise voulut singer la toilette de la Française ; mon Dieu ! si vous l'aviez vue auprès, cette pauvre Anglaise, elle était si ridicule, que ça faisait pitié. Pauvre Anglaise !

Et pourtant, c'était bien le même rouge aux sabords, la même échancrure aux perroquets, mais il lui manquait ce je ne sais quoi, cette distinction, cette *race* aristocratique, si peu commune chez les corvettes et chez les femmes ! Oui, on voit bien ma jolie *Salamandre*, que vous attendez votre nouveau maître ? quel goût d'ajustements ! quelle recherche de minutieuse propreté ! Comme votre pont est blanc et net ! comme vous tenez votre mâture droite et alignée ! Quelle symétrie dans vos manœuvres arrondies avec art ! Comme vous vous drapez voluptueuse sous les plis ondoyants de vos basses voiles !

Mais que vois-je ? comment ! coquette, vous avez sorti votre bel écrin ! vous avez mis vos étincelantes garnitures de haches d'armes, votre ceinture de caronades en bronze à batteries d'acier qui flamboient comme des diamants ! Mon Dieu, que je suis ébloui ! Jusqu'à vos hunes qui ont leurs colliers de pistolets à crosse de cuivre, et leurs tromblons évasés à la moresque qui vous donnent un air si mutin. Et puis, vous êtes couronnée de tous vos pavois, qui émaillent l'azur du ciel des nuances les plus vives et les plus variées : c'est le bleu des Anglais, le rouge des Turcs, le jaune des Espagnols, le blanc et bleu des Hellènes, le vert et blanc du Chili ; que sais-je encore, moi ? En vérité, ma jolie *Salamandre*, vous êtes chatoyante d'acier, d'or, de couleurs et de lumière !

Et pourquoi tous ces brillants apprêts, je vous prie ? Pour recevoir ce digne et bon marquis de Longetour, qui a abandonné pour vous son tranquille comptoir, sa méchante femme, son existence heureuse et oisive, ses dominos, son café, ses modestes habitudes. Hélas ! hélas ! je crains bien, folle, libertine que vous êtes ! je crains bien que ce pauvre homme ne soit mené, conduit, tourmenté, perdu par vous, peut-être. Lui si doux, vous si hautaine ; lui si peureux, vous si intrépide ; lui si chaste, si timide, vous si impertinente, si amoureuse, faisant les doux pavillons à tous les navires que vous rencontrez.

Hélas ! encore hélas ! je crains qu'il n'y ait entre vous et lui une bien grande incompatibilité d'humeur, comme on dit, et que vous ne l'obligiez peut-être à former une demande en séparation.

Car enfin vous voudrez garder votre brave et fier amant Pierre Huet. Pauvre! pauvre marquis!

Et s'il devenait amoureux de vous? car vous vous êtes faite belle aujourd'hui : vous ne l'aimez pas, et pourtant vous voulez le séduire!

En vérité, les corvettes et les femmes sont des démons incarnés.

Au fait, jamais *la Salamandre* n'avait été si bien, si piquante. Tous ces flambarts et ses nouveaux marins amenés par Paul étaient galamment habillés de pantalons blanc, de vestes bleues à boutons à l'ancre; puis leurs ceintures rouges tranchaient avec la blancheur des chemises brodées en bleu au collet, qui, rabattu sur la veste, laissait voir des cous bruns et vigoureux. Enfin, un petit chapeau à forme très basse, à bords très étroits, couvert d'une coiffe blanche serrée par un large ruban noir, complétait leur habillement uniforme. Les maîtres, contre-maîtres et quartiers-maîtres se reconnaissaient aux galons, dont leurs manches et leurs collets étaient garnis.

Le plus grand silence régnait à bord; il était neuf heures, et on avait annoncé le marquis pour neuf heures et demie. Aussi l'état-major était rassemblé sur le pont. Pierre et les officiers militaires, vêtus du grand uniforme de la marine — à retroussis écarlates, et brodés d'or aux manches et au collet — portaient, au lieu d'épée, un poignard attaché par des cordons de soie. Le bon docteur avait les insignes de son grade brodés sur du velours rouge, et le commissaire portait les siens, en argent, sur du drap bleu. Paul, lui, était fier comme un enfant de son aiguillette d'or et du beau poignard à manche de nacre que son père lui avait donné.

— Ne voyez-vous pas quelque chose, maître timonier? demanda le lieutenant. — Oui, lieutenant; voici, je crois, un canot portant le pavillon attaché qui double la pointe. — Enfin, nous allons connaître notre commandant! dit Pierre en prenant la longue-vue. Oui, c'est bien lui. Monsieur Merval, faites mettre tout le monde à son poste de combat pour recevoir le capitaine.

Ce qui fut fait.

— Est-il gras ou maigre? demanda le docteur à Pierre. — Ma foi! je n'en sais rien. A cette distance-là, vois-toi même. — Il me paraît bien maigre! dit tristement le docteur après avoir regardé. — Mauvais signe, pour la table s'entend. — Allons, allons, messieurs! à vos postes, dit le lieutenant; le canot approche et va accoster tout à l'heure.

En effet, l'embarcation, montée par douze vigoureux matelots, décrivit un grand cercle avant que d'aborder, et vint, avec une justesse merveilleuse, perdre son aire, son élan, juste au pied de l'échelle de tribord.

A ce moment, Pierre parut au haut, à l'entrée de la coupée. Le sifflet de maître la Joie retentit, le tambour battit au champs, on hissa la cornette, et deux belles tire-veilles, garnies de drap écarlate, furent jetées le long du bord pour faciliter l'ascension de l'ex-débitant, qui avait déjà ôté trois fois son chapeau et paraissait fort embarrasé pour monter.

CHAPITRE XIX.

L'INSPECTION.

M. Formont, marquis de Longetour, pendant la longue station qu'il avait faite derrière son comptoir, s'était un peu négligé sur la gymnastique maritime : aussi paraissait-il fort embarassé pour monter à une échelle dont les échelons, appliqués sur les flancs du navire, laissaient à peine la place de poser le bout du pied.

Pourtant, s'aidant de deux tire-veilles, ou cordons qui pendaient de chaque côte, il commença sa périlleuse ascension. Arrivé à la moitié de l'échelle, il fit un faux pas, glissa, et se fût infailliblement tué s'il n'eût eu la présence d'esprit de se cramponner aux cordages. Mais, n'ayant plus de point d'appui, il resta suspendu, et tournoya dans les airs.

Alors un matelot de l'embarcation lui remit respectueusement les pieds sur l'échelle, et il put, grâce à ce secours inattendu, arriver sur le pont.

— Quelle diable de manœuvre fait-il donc? disait le vieux Garnier, est-ce qu'il essaye si les tire-veilles sont solides? Mais décidément il parait bien maigre! — Je vous salue, messieurs. Mais votre escalier n'est pas commode.

Tels furent les premiers mots que l'ex-débitant adressa aux officiers réunis sur le pont de la corvette. M. de Longetour était emprisonné dans un bel uniforme tout neuf, avec un chapeau tout neuf, des épaulettes toutes neuves, une épée toute neuve. Oh oui! toute neuve toute couverte de cette légère couche humide et grasse qui atteste de la pureté virginale de l'acier. — Il était rayonnant, radieux, éblouissant ainsi, M. Formon, marquis de Longetour!

— Non, ma foi! votre escalier n'est pas commode, répéta-t-il encore en saluant les officiers. — Nous sommes désolés, commandant, répondit Pierre, de n'en avoir pas d'autres à vous offrir; mais permettez-moi de vous présenter l'état-major de la... Ah! mon Dieu! prenez donc garde, commandant: vous allez tomber dans la cale.

C'était M. de Longetour qui, en reculant de trois pas pour se donner une contenance, s'était approché de l'ouverture du grand panneau, et allait probablement disparaître au milieu du discours de Pierre sans ce charitable avertissement.

— Commandant, reprit Pierre, si vous voulez vous donner la peine de descendre dans votre galerie, j'aurai l'honneur de vous présenter nominativement vos officiers.

Mais le commandant était tellement étourdi de tout ce qui venait de se passer, qu'au lieu de se diriger vers l'arrière, il se précipita vers l'avant du navire, suivi de l'état-major qui ne concevait rien à cette bizarrerie.

Supplément gratuit quotidien du Journal L'*ELECTEUR*.

Smyrne

Publication de la Librairie Capiomont aîné, Calvet et Cie, 10, rue Gît-le-Cœur, à Paris.

— Il va voir probablement les cuisines? dit le docteur. Allons, c'est d'un bon naturel!

Enfin l'ex-débitant, se souvenant qu'autrefois la galerie se trouvait à l'arrière, après avoir fait le tour de la corvette, revint auprès du couronnement.

Il est vrai que cette promenade put passer aux yeux de l'équipage pour une inspection. Le lieutenant descendit alors, et précéda son supérieur dans la batterie où était situé le logement du commandant. Le digne marquis entra chez lui, et fut fort étonné du luxe qu'il y trouva.

— C'est très gentil, tout ça! dit-il à Pierre, fort gentil! Mais, voyons, présentez-moi, je vous prie, messieurs les officiers.

Pierre commença :

— M. de Merval, enseigne de vaisseau. — M. de Merval, enseigne... enseigne?... Ah! j'y suis : nous appelions ça autrefois capitaine de flûte, je crois. Et nous portions alors, autant que je puis me la rappeler, nous portions l'habit bleu et la veste, bordés d'un galon à la Bourgogne; l'été, Sa Majesté nous accordait la faveur de porter du camelot. C'était, ma foi! bien frais. Enchanté, monsieur de Merval, de faire votre connaissance!

Et le bon marquis salua. Pierre et le docteur échangèrent un coup d'œil de surprise. Pierre continua la nomenclature.

— M. Paul Huet, aspirant de première classe, faisant le service d'officier à bord. — Mais vous vous appelez Huet aussi, vous, lieutenant? — Oui, commandant, c'est mon fils. — Ah! bah! charmant jeune homme! ah! il est aspirant! Nous nommions cela... attendez-donc... ah! j'y suis! garde du pavillon de la marine. Nous avions alors un habit bleu de roi, doublé de serge écarlate ainsi que les parements et le justaucorps, le bas écarlate, le chapeau à la mousquetaire, le ceinturon façon de peau d'élan. doublé et piqué de fil d'or, boucles unies. C'était, pardieu! d'un fort bon air! et ce joli garçon-là eût été très bien ainsi! — Ah çà! dit le le brave commandant en frappant légèrement la joue de Paul; ah çà! nous sommes bien sage? Papa est-il content?

Paul rougit, contint avec peine une forte envie de rire, et salua. Pierre continua :

M. Garnier, chirurgien-major de *la Salamandre*.

Le vieux docteur s'avança.

— Ah ! ah ! monsieur le docteur, ravi de vous connaître ! J'espère que nous nous verrons comme ami, mais voilà tout ! car j'ai une peur enragée de vos outils ! — Pourtant, commandant, tout à l'heure, en vous voyant faire vos tours au bout des tire-veilles, j'ai bien cru que nous allions faire tout à fait connaissance.

Ceci fut dit malgré les coups d'œil et les signes réitérés du lieutenant, qui redoutait la franchisse de Garnier.

— Le fait est, docteur, reprit le commandant, le fait est que j'ai assez drôlement pirouetté. — Oh ! mais très drôlement, commandant; nous avons ri comme des bossus !

Ici Pierre devint rouge de colère.

— Tant mieux ! j'aime qu'on s'amuse et qu'on soit gai ! — Oh ! mais....

Le lieutenant interrompit le docteur qui allait riposter au commandant, et présenta le commissaire.

— M. Gabilot, agent comptable, commissaire du bord. — Agent comptable, dit le commandant qui n'était pas au bout de ses souvenirs d'autrefois, agent comptable ? bien... nous appelions cela officier de plume. Ils étaient habillés de gris, collet de velours cramoisi et bas cramoisi. — Monsieur le commandant est trop honnête ? répondit l'administrateur, trop bon de se souvenir de ces détails; et, à ce sujet, je saisis l'occasion de manifester mon dévouement pour la famille régnante que la Providence nous a rendue, que la Providence.... — Mais taisez-vous donc, commissaire, dit le docteur à demi-voix en interrompant l'administrateur, on vous parle bas cramoisi, et vous répondez Providence ! C'est bête à manger du foin.

L'ex-débitant ne voulut pas être en reste, et reprit :

— Personne plus que moi, messieurs, ne la vénère et la respecte, cette famille que la Providence nous a rendue, je lui dois d'ailleurs le plaisir de vous connaître, et j'en suis enchanté ? Vous m'avez l'air bien bons enfants ! Ah çà ! j'espère que nous nous entendrons bien ? et je me sens déjà disposé à vous aimer, à vous aimer tous, à vous porter dans mon cœur comme mes enfants. Ah çà ! nous nous soutiendrons, n'est-ce pas ? et vous m'aiderez de vos conseils, car j'en aurais besoin, voyez-vous. Enfin, mes amis, pour finir par un mot qui doit trouver de l'écho dans tous les cœurs, — vive le roi ! cria le bon marquis, ému jusqu'aux larmes en jetant son chapeau en l'air.

Le commissaire partit alors d'un tel éclat de voix, d'un cri royaliste tellement inattendu et éclatant, que le docteur en fit un bond furieux. Le lieutenant était au supplice. Il s'approcha du marquis, et lui demanda s'il voulait voir la corvette plus en détail.

— Non, non, mon ami, nous verrons cela plus tard. Mais, avant, je voudrais dire deux mots à ces braves qui sont là-haut.

Et il monta suivi de ses officiers. Le sifflet de la Joie fit faire silence, et le marquis prit la parole.

— Mes braves amis, le roi m'envoie pour vous commander, et je ferais tout pour mériter cette faveur. J'espère que nous nous entendrons bien aussi, nous autres.

Pierre toussa très-fort en regardant le marquis.

Celui-ci continua nonobstant.

— Et vous serez tous mes enfants. — Eux aussi, dit Garnier. Ah çà ! mais c'est pis qu'une mouette avec ses petits. — Car, mes amis, reprit l'ex-débitant, vous verrez que votre vieux commandant est un bonhomme qui ne fera de mal à personne, entendez-vous ? à personne, et qui, au contraire, se mettrait en quatre pour vous... et qui vous soutiendra si on voulait vous faire quelque chose. — Et le digne homme commençait à pleurer d'attendrissement.

Pierre s'approcha et lui dit tout bas.

— Assez, assez, commandant : laissez-moi achever.

Et au fait, les marins, peu habitués à ces larmes, commençaient de ricaner et de chuchoter.

— A la bonne heure, dit le marquis en s'essuyant les yeux. — reprit Pierre, le commandant me charge d'ajouter que, tout en désirant vous rendre heureux, il veut que la discipline la plus sévère règne toujours à bord ; il entend que les moindres fautes soient punies comme par le passé. Il m'ordonne de vous dire que vous le trouverez dur et inflexible, si vous ne vous montrez pas dignes de votre ancienne réputation. Rompez les rangs !... Marche... — Que la bordée qui n'est pas de quart retourne aux fers.

La figure des marins reprit son expression d'insouciance et de résignation, que l'éloquence du marquis avait un peu déridée, et ils se dirent en descendant aux fers :

— Avec son air bon enfant, il paraît tout de même que c'est un vieux rageur, que le nouveau. As-tu entendu ce qu'il a dit au lieutenant de nous héler ? C'est encore un loup de mer, ça, un dur à cuire. Faut pas s'y faire mordre !

Pauvre marquis, ils le jugeaient bien mal, mon Dieu !

— Mon cher lieutenant, dit le commandant à Pierre, maintenant voulez-vous un peu descendre chez moi ? j'ai à vous dire deux mots. — J'ai moi-même à causer avec vous, commandant. — Voyez comme cela se trouve, dit l'ex-débitant.

Et ils descendirent.

CHAPITRE XX.

RÉVÉLATION.

— Avant tout, mon cher lieutenant, dit le marquis, je vous demanderai la permission de quitter ce diable d'uniforme, car, en vérité, j'étouffe là-dedans. — A votre aise, commandant. — Ah ! je suis libre enfin. Comme c'est lourd !... Et l'épée, et le diable de chapeau qui me fait loucher... C'est qu'au fait il y a si longtemps, mon cher ami, que je suis bourgeois, bon bourgeois, que j'ai perdu tout à fait l'habitude du harnais, comme on dit. — Il y a donc longtemps que vous n'avez navigué, commandant ? — Ah ! s'il y a longtemps... je le crois bien. Mais, mon ami, il faut, voyez-vous, de la franchise avant tout. Ainsi, écoutez-moi :

En 90, j'émigrai en Allemagne, et j'y restai jusqu'en 1805 ; je sollicitai alors de l'Empereur la faveur de rentrer dans le grade de lieutenant, que j'avais lors de la révolution. Il me refusa net, prétextant, ce qui était vrai, que j'avais dû me rouiller un peu, vu que Vienne ne pouvait passer pour un port de mer. Mais un de mes parents, le duc de Saint-Arc, alors chambellan de Bonaparte, obtint pour moi une régie de tabac. C'était une compensation. — Un bureau de tabac ! Comment, monsieur, c'est d'un bureau de tabac que vous sortez ! s'écria Pierre avec un étonnement douloureux. — Oui, mon cher. Mais attendez donc. Ma foi, je me trouvais fort bien de mon nouvel état ; tranquille, obscur, ayant oublié mon ancienne fortune, mon titre, des espérances qui ne devaient plus se réaliser, je vécus ainsi jusqu'au moment de la restauration. Alors vint la loi qui reconnaissait le temps de service des officiers émigrés, soit pendant l'émigration, soit pendant l'usurpation : ce qui me fut d'abord bien égal. Mais j'ai une diable de femme, lieutenant, un démon incarné ajouta-t-il à voix basse, comme si, même à bord, il eût craint d'être entendu par Elisabeth. Or, ma diable de femme s'imagina d'écrire à mon cousin le duc de Saint-Arc, qui, de chambellan, s'était naturellement transformé en gentilhomme de la chambre. Par le plus grand des hasards, je me trouvais possesseur de quelques papiers de famille forts importants pour lui ; ma diable de femme, mon démon de femme les lui proposa. Il accepta, et par reconnaissance, me fit remettre en activité et donner un grade supérieur à celui que je remplissais avant la révolution. Vous pensez bien, mon bon ami, que je refusai. — Eh bien ! alors, commandant ! — Eh bien ! alors, mon ami, mon enragée de femme fit tant et tant, qu'elle me força d'accepter ; elle répondit malgré moi au ministre et m'aurait amené elle-même ici si le bon Dieu ne m'avait pas fait la grâce de lui envoyer une pleurésie qui la retient à Paris. — Oh ! monsieur, monsieur, prenez-y garde ! vous êtes dans une position bien dangereuse, je vous en avertis ; car enfin vous avez tout à fait oublié votre état. — Tout à fait, tout à fait, mon cher. — La manœuvre ? — Aussi. — La théorie ? Tout de même. — Il est alors inutile de vous parler de la tactique, de l'astronomie ? — Mais comment diable voulez-vous que j'aie appris cela ? car avant la révolution j'étais bien jeune, et, ma foi ! les plaisirs... Vous concevez.... Je vous le répète : comment voulez-vous que j'aie appris ça dans mon bureau ? — Mais alors, monsieur, il en est temps encore, refusez... refusez... Vous jouez votre vie et celle d'un équipage de bons et braves marins, monsieur, encore une fois, refusez. — Refusez... refusez... C'est bien facile à dire. Et ma femme ? — Mais, cordieu ! votre femme, à ce que je vois, porterait mieux que vous les épaulettes. — Entre nous, mon ami, c'est très-vrai : et c'est pour cela que je ne puis refuser sans son consentement ; et elle ne me le donnera jamais. — Mais enfin, monsieur, que comptiez-vous donc faire en acceptant ? — Ma foi ! mon cher ! j'avais deux partis à prendre : faire le capable ou avouer mon ignorance. En prenant le premier, je ne pouvais pas jouer mon rôle huit jours de suite ; en prenant le second, j'avais la chance de rencontrer un galant homme comme vous, — et le marquis tendit la main à Pierre, — de lui tout avouer, de lui demander ses conseils et de me confier à sa générosité.

La colère de Pierre tomba devant cette franchise. Ce pauvre vieillard avait l'air si humble, si repentant, si embarrassé, que le bon lieutenant répondit :

— Votre confiance ne sera pas trompée, monsieur, et je vous sais gré de votre aveu. Je dois pourtant vous avertir que ce n'est pas à vous, que je connais à peine, mais à vos épaulettes, qui, pour moi, représentent un signe, un grade qui doit rester toujours sans tache ; que c'est à ce grade que je me dévoue, monsieur. C'est un fanatisme, je le sais ; mais tant que Pierre Huet vivra, ses soins, ses espérances, sa vie et jusqu'à son honneur, s'il le fallait, tout sera sacrifié pour que l'honneur de notre marine, de notre pavillon, ne soit pas souillé, et pour qu'un officier portant des épaulettes de commandant soit respecté et respectable aux yeux de son équipage ; car, sans cela, monsieur, il n'y a point de subordination possible. Pour exiger l'obéissance passive et absolue qui est l'âme de la navigation, monsieur, il faut qu'au moins le grade représente le courage et le savoir aux yeux des matelots c'est pour cela que, dorénavant, je mettrai tous mes soins à vous empêcher de paraître déplacé dans le poste que vous occupez. Mais encore une fois, monsieur, vous vous êtes mis de gaieté de cœur dans une bien fatale position. — Enfin, lieutenant, que voulez-vous que j'y fasse, moi ? C'est fait maintenant : ainsi... — Eh !

monsieur, je le sais. Malheureusement, le mal est irréparable. Vous êtes noble, appuyé, protégé : j'écrirai au ministre pour lui exposer le véritable état des choses, qu'on me traiterait de bonapartiste et qu'on me renverrait. Or, j'aime mieux veiller moi-même au salut de la pauvre *Salamandre* et de mes flambarts. Ainsi, monsieur, c'est entendu. Mais, par grâce, pas un mot de manœuvre, et surtout ne contrariez jamais mes ordres ; et, dans un cas que vous verriez pressant, faites semblant de me dire deux mots à l'oreille, et j'aurai l'air d'exécuter vos ordres. — Oui, lieutenant, fit l'autre avec soumission. — Pour commencer, vous allez signer un ordre du jour que j'écrirai, par lequel vous témoignez votre satisfaction à l'équipage. — Oui, lieutenant. — Et puis vous accorderez le pardon des hommes aux fers. — Oui, lieutenant. — Il faudra aussi double ration de vin à ces braves gens, pour votre bienvenue. C'est l'usage. — Oui, lieutenant. — Et surtout gardez-vous, un fois en mer, de monter sur le pont pendant le mauvais temps ; vous me gêneriez. Seulement, vous me ferez appeler pour être censé me communiquer vos ordres. — Oui, lieutenant.

A ce moment le vieux Garnier entra.

Alors Pierre, saluant le marquis de Longetour, lui dit de l'air le plus respectueux :

— Vous n'avez plus d'ordres à me donner, commandant ? — Des ordres ! reprit l'ex-débitant ; c'est au contraire vous... Non, non, je n'en ai plus. Ah ! c'est-à-dire, nous avons des passagers, entre autres M. de Szaffie, qui va à Smyrne, et la corvette est mise à sa disposition; ensuite madame et mademoiselle de Blène, qui vont aussi à Smyrne rejoindre M. de Blène, banquier immensément riche, m'a-t-on dit. Ces trois personnes mangeront à ma table ; quant à leur logement, je ne sais... — J'y veillerai, commandant. — Et moi, commandant, dit le vieux Garnier, je viens réclamer pour mes enfants : le poste des malades est placé tout à fait à l'avant de la batterie, et les pièces de chasse me gênent horriblement. Si le commandant voulait donner des ordres à ce sujet ? — Mon vieil ami, reprit Pierre en voyant l'embarras du marquis, le commandant, auquel j'ai parlé de cet arrangement, m'a dit ce qu'il désirait faire à ce sujet. — Oui, oui, c'est convenu,

Supplément gratuit quotidien au Journal l'ÉLECTEUR

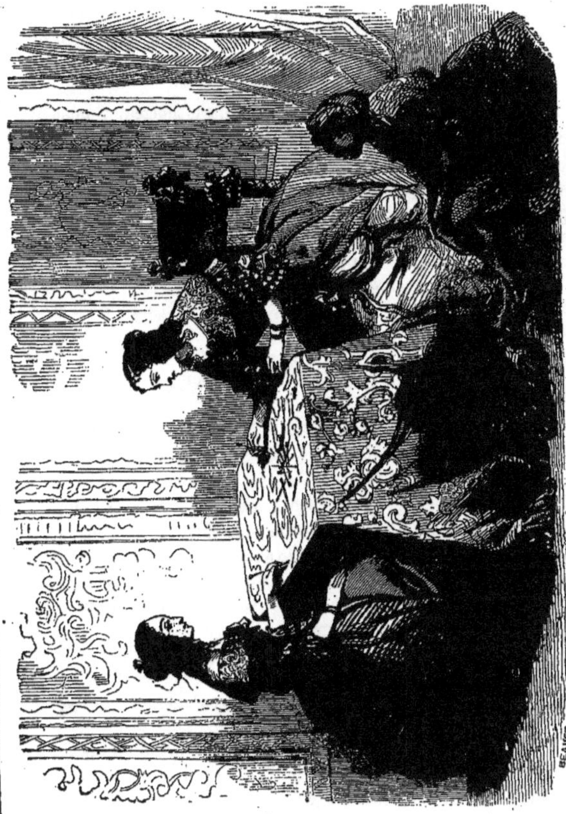

Étonnez-vous donc, après cela, de trouver, sous l'aile maternelle, des filles de dix-huit ans déjà blasées...

Publication de la Librairie Capiomont aîné, Calvet et Cie, 10, rue Gît-le-Cœur, à Paris.

docteur, repartit le marquis ; mais j'espère, messieurs, que vous voudrez bien dîner avec moi aujourd'hui ? — Nous aurons cet honneur, commandant, répondit Pierre, en saluant avec respect et subordination son supérieur.

Il sortit avec Garnier.

— Eh bien ! il a l'air assez bon enfant, dit le docteur ; mais il ne me fait pas l'effet d'avoir eu souvent les yeux piqués par l'eau des lames du cap ? — Tu te trompes, mon vieil ami, tu te trompe : c'est un homme solide, qui connaît, je crois, fort bien son affaire, mais qui m'a-t-il dit, a l'habitude de tout faire commander par son second, qui, n'est que son porte-voix ; et c'est assez désagréable,.. — Ma foi ! oui, mais enfin si c'est un marin, c'est déjà beaucoup. Nous avions tant de peur d'avoir un âne ! C'est ce qui te prouve, bon docteur, qu'il ne faut douter de rien. — Eh ! mais, que vois-je ? une embarcation, et bien garnie, ma foi ! Voilà de jolies malades, heureux docteur. — Vraiment, ce sont nos passagers, dit Garnier en courant à l'escalier avec l'agilité d'un jeune homme.

Ce fut l'enseigne Merval qui reçut respectueusement madame et mademoiselle de Blène, qui furent introduites auprès du commandant par Pierre Huet.

Mais tâchons d'expliquer le fanatisme de Pierre pour le grade, qui paraitrait outré pour ceux qui ne connaissent pas toutes les exigences de la vie maritime. Cette abnégation inconcevable pour un signe conventionnel n'aurait pas besoin de commentaire, si l'on savait à quel degré était alors, et est encore porté aujourd'hui dans la marine, le point d'honneur, l'esprit de corps. Et de fait ce fanatisme, — si c'en est un, — a sa logique positive et irréfragable. La manœuvre et les mœurs nautiques veulent que le despotisme le plus absolu règne à bord, veulent que l'obéissance y soit passive et instantanée ; car, à terre, dans une armée, l'exécution d'un ordre hâtée ou retardée d'une minute, d'une seconde, ne peut rien entraîner de bien fâcheux. — A la mer, la moindre hésitation peut amener la perte d'un bâtment, corps et biens.

On comprendra donc que, s'il existe le plus léger, doute sur la capacité du chef suprême dont les officiers sulbaternes ne sont que les échos, cette confiance aveugle, qui fait braver tous les

Paris. Typ. Collombon et Brulé, rue de l'Abbaye, 22.

périls, sera altérée, refroidie ; au lieu d'obéir au premier mot, on discutera les ordres, et bientôt le doute, l'insubordination et la révolte viendront briser cet admirable échafaudage de la hiérarchie maritime basée en droit sur le courage et le savoir.

Ainsi Pierre en se dévouant au grade du marquis, pensait autant à lui et à ses camarades qu'à son commandant; car du jour où l'influence morale du chef est méconnue, que devient, je vous prie, celle des inférieurs ?

Et cette influence n'est elle pas la question vitale, le pivot, la base de la société nautique? N'est-elle pas le puissant levier, au moyen duquel un seul meut et gouverne la destinée, l'existence de cinq cents hommes? A terre, le sol ne manque jamais au soldat; il voit où on le conduit; les villes, les montagnes, les forêts, sont des guides; en mer ce sont des étoiles inconnues, des observations astronomiques au-dessus de leur intelligence qui conduisent les matelots. Pas un mot, une question au sujet de la route. — Allez, — il va ; — arrêtez, — il arrête; — risque ta vie au bout d'une vergue, — il la risque. — Où est-il, où va-t-il? il n'en sait rien; il n'a pas le droit de craindre un écueil, lors même qu'il serait au milieu des brisants. — Et il passe des mois, des années dans cette ignorance, emporté par la tempête, bercé par le calme, sans savoir où la tempête l'emporte, où le calme le berce.

Et puis, pour les matelots, un hamac dur et étroit, une nourriture grossière, une eau corrompue, le travail et les coups, pour eux une batterie sombre où ils sont entassés et privés d'air; tandis que pour leur commandant, c'est un appartement vaste et commode, les recherches du luxe le plus raffiné, les mets les plus délicats, dont ils respirent l'odeur avec délices, les pauvres marins, en mangeant de la viande salée et le biscuit, alors que les valets de leur supérieur transportent son repas dans une riche vaisselle !

Ne faut-il pas, je le répète, que ces gens, dont la force numérique est hors de toute proportion avec la force numérique des officiers qui les commandent, ne faut-il pas que pour excuser une telle disparité d'existence, pour se résigner à la vie la plus grossière et la plus fatigante, pour jouer cent fois leur vie sur un mot, sur un signe, ne faut-il pas que ces gens-là aient le respect le plus profond pour leur chef, la confiance la plus entière dans son courage et son savoir, qu'ils aient enfin la conscience intime de leur infériorité et de sa supériorité, et qu'à la subordination ils rattachent l'idée de leur conservation personnelle ?

Et cette conscience, ils l'ont instinctive, parce que l'homme reconnaît toujours involontairement la supériorité de l'esprit sur le corps ; ils ont cette conscience, les matelots, parce qu'ils sentent qu'ils ne sont que le bras qui exécute, tandis que le commandant est la tête qui pense et qui conçoit. Ils ont cette conscience intime, je le sais ; mais par cela même que cette croyance à la haute capacité de leur chef impose aux marins une aussi profonde soumission, une croyance opposée amènerait aussi des résultats effrayants.

C'est ce que Pierre avait compris, car il craignait que l'équipage, s'apercevant de l'incapacité du marquis, ne le désignât, lui, Pierre, pour le remplacer, et Pierre, avec ses idées arrêtées sur la discipline, avec la connaissance qu'il possédait du cœur du peuple marin, savait que cette première atteinte aux droits du chef amènerait nécessairement la ruine de tous les autres ; car en matière d'attaque contre la hiérarchie militaire, c'est comme un collier dont on a ôté la première perle : toutes les autres glissent et se perdent.

On pardonnera, je l'espère, cette bien longue et bien aride digression ; mais elle était, je crois, nécessaire pour l'intelligence complète du caractère de Pierre, qui n'est pas une abstraction mais un fait, un portrait psychologique dont nous pourrions citer vingt originaux.

Au bout d'une heure, Paul revint d'une corvée qu'il avait été faire sur la côte. Il monta ; mais, arrivé sur le pont, il devint pâle, ses yeux se troublèrent, et il fut obligé de s'appuyer contre le bastingage. Il voyait Alice ! Alice à bord de *la Salamandre* !

CHAPITRE XXI.

LES PASSAGERS.

Il est doux de se dire : — Ce cœur est à moi, mais tout à moi ! — car, avant que de m'appartenir, il n'avait jamais battu, jamais le rouge n'était monté aux joues de cette jeune fille, jamais son œil humide ne s'était voilé, jamais elle n'avait eu à fuir une pensée obsédante ; jamais, rêveuse, elle n'avait oublié les heures, ou caché sa tête dans le sein de sa mère.

Hélas ! hélas ! en vérité, ces cœurs-là, ces vierges-là ne se trouvent guère que dans les couvents ou dans les harems. Car dans nos mœurs, dans notre Paris, la fille de dix-huit ans la plus sage, la plus surveillée, la plus chaste, la plus vertueuse, la plus confiante en sa mère, la plus méprisante envers ses femmes, a eu combien, et combien d'amours, mon Dieu !

D'abord de trois à cinq ans — les femmes commencent si jeunes — amour de poupée, amour de chaque minute, amour de nuit, amour de jour : sans comparaison aucune, de tous c'est le plus vif. — De cinq à dix ans, amour de *petit mari* à *petite femme*, amours que les grands parents tolèrent et encouragent ; car rien ne les amuse autant que les scènes de jalousie, de tendresse et de bouderie en miniature. — A douze ans, amour d'écolière à maître de dessin et de piano ; sa main douce et blanche se promène si gracieuse sur les touches, ou fait si élégamment glisser le crayon sur le vélin ! Il est si poli avec la gouvernante qui assiste toujours à la leçon ! — A quinze ans, amour du voisin d'en face, du surnuméraire frais et blond qui apparait vermeil à sa lucarne au milieu des vertes guirlandes de capucines et de gobéas. — Depuis seize jusqu'à dix-huit, oh ! c'est alors une débauche complète ! Oh ! des myriades d'amours de danseurs de chaque hiver, blonds, bruns, pâles, colorés, grands, petits, spirituels, niais ou stupides. C'est à faire frémir !

Amours toujours chastes, je le sais, ne se trahissant pas même par le regard, si vous voulez; mais amours *pensés, véniels*, comme on dit; mais amours qui altèrent prodigieusement cette fraîcheur de sensations, cette virginité d'émotions délicate et insaisissable, comme le duvet d'une fleur ou d'un fruit.

Etonnez-vous donc, après cela, de trouver, sous l'aile maternelle, des filles de dix-huit ans déjà blasées, adroites et rusées à désespérer un juge,et qui n'ont pour répondre à votre passion — si par hasard vous aviez de la passion qui n'ont plus qu'un amour menteur; car le vrai, le naturel, elles l'ont usé depuis la poupée jusqu'à la valse.

Aussi combien l'âme d'Alice contrastait-elle avec ces cœurs usé avant l'âge! — Elle si pure, si primitive; elle qui n'avait été au bal que pour jurer de n'y plus aller; elle qui, élevée dans un couvent par une amie de sa mère, avait épuré son cœur au lieu de le flétrir ; elle qui n'avait aimé que Dieu, que le Christ ! Noble et sublime amour, tout de contemplation, tout ascétique, qui avait donné un inconcevable développement à son imagination jeune, ardente et chaste. Auprès de ce divin amour, que pouvait être pour elle un amour terrestre, commun et bâtard ? car chez elle tout devait être extrême, crime ou vertu, mais jamais de vices.

On le sait, Alice avait quitté son couvent avec beaucoup de peine; mais l'idée d'un voyage sur mer et l'espoir de revoir son père avaient adouci ses regrets. Arrivée à bord de *la Salamandre*, elle examina tout avec sa curiosité de jeune fille, et trouva dans Paul le cicérone le plus attentif et le plus zélé. Car Paul n'était pas timide de cette timidité niaise qui est souvent la conscience des sots ou qui résulte d'une éducation fausse et gourmée. Au contraire, l'aspirant était ouvert et confiant à l'excès. Il disait tout ce qui lui venait à l'esprit; et, comme son père avait développé en lui les plus nobles sentiments, tout ce qu'il disait était empreint d'une élévation d'idées bien rare. Et l'amour qu'il avait pour Alice ne changea pas cette disposition à la franchise, il l'augmenta. Pour ce cœur pur, l'amour était comme la vertu, un sentiment dont on devait être fier, un mot qu'on ne devait pas prononcer, mais un fait qu'il fallait prouver par le respect et le plus religieux dévouement.

Aussi Alice remarqua Paul, mais sans émotion ; elle le rechercha avec calme ; elle l'entendait avec plaisir : c'était du bonheur et non du délire.

Deux jours après l'arrivée des passagères à bord de *la Salamandre*, Paul passait tout le temps que lui laissait son service avec Alice et madame de Blène, qui le trouvait charmant. Et Paul leur disait toute son âme, parlait de lui avec cette assurance candide, ce besoin d'épancher au dehors ce qu'il ressentait, qui est un des heureux privilèges d'une organisation neuve et intime ; il ne lui venait pas un instant à la pensée qu'il pût être importun ou ennuyeux, car cette confidence était à ses yeux une marque profonde de confiance et d'estime de sa part. Et il la jugeait ainsi parce qu'il eût été tout fier d'en inspirer une pareille.

Aussi leur disait-il toutes ses espérances, leur racontait-il ses campagnes, ses voyages avec une naïveté enchanteresse, leur parlait-il de sa pauvre mère avec des larmes dans les yeux et le sourire sur les lèvres, parce que le souvenir de son père venait changer cette poignante amertume en mélancolie douce. Et Alice pleurait et souriait aussi ; et la bonne madame de Blène disait, en essuyant ses yeux : — Allons, enfants ! parlons d'autre chose. Et c'était alors Alice qui racontait sa vie à elle, son enfance, sa joie et ses peines ; son regret de quitter sa pieuse et sainte existence, son espoir de voir son père, son incertitude de l'avenir.

A ce mot d'avenir, Paul s'électrisait. Il disait le sien à lui : il serait tué ou amiral, il aurait de vaillants combats, des blessures, une grande renommée : et tout cela pour sa femme, ajoutait-il en rougisssant.

— Et cette femme sera bien heureuse et bien fière de vous, disait Alice : vous êtes si bon, si noble ! vous aimez tant votre père, monsieur Paul !

Et quelquefois c'était le marquis de Formon, si peu capitaine de frégate, mais si bonhomme, le digne lieutenant, le vieux Garnier qui augmentaient le cercle; et l'on causait, et l'on riait, et le docteur tourmentait le commissaire; et l'enseigne Merval prodiguait ses soins à Alice, mais Alice n'y prenait pas garde.

Et tout allait pour le mieux, et Alice était heureuse, et tout le monde était heureux. Seulement on désirait bien de partir : mais il fallait attendre M. de Szaffie, aux ordres duquel le gouvernement avait mis la corvette pour aller à Smyrne.

CHAPITRE XXII.

LE PILOTE VERT

C'était quelques jours après l'arrivée de madame de Blème à bord de *la Salamandre*; ce soir là la nuit était belle, belle comme une nuit de Provence; seulement la lune se voila d'une teinte d'un rouge cuivre, et la chaleur devint presque subitement étouffante, car la faible brise qui apportait un peu de fraîcheur dans l'air s'éteignit tout à fait. Alors la mer fut calme, lisse et polie comme un miroir dans lequel se serait reflétée la singulière couleur de la lune. Maître Bouquin, gravement assis sur la drôme, ayant à ses pieds, ou groupés autour de lui, les matelots de quart, était occupé à leur raconter une de ces merveilleuses histoires qui de tout temps ont charmé les ennuis du service. Les uns couchés sur le dos, les mains jointes, fermaient les yeux comme pour mieux savourer le miel des récits de maître Bouquin. Les autres se serraient près de lui, les coudes sur les genoux, le cou tendu, les yeux écarquillés, et semblaient absorber les paroles au passage. Enfin quelques-uns, vrais sybarites, ne se contentant pas d'une seule jouissance, se partageaient entre leur pipe et la narration, qui, durant déjà depuis quelque temps, avait été interrompue un instant.

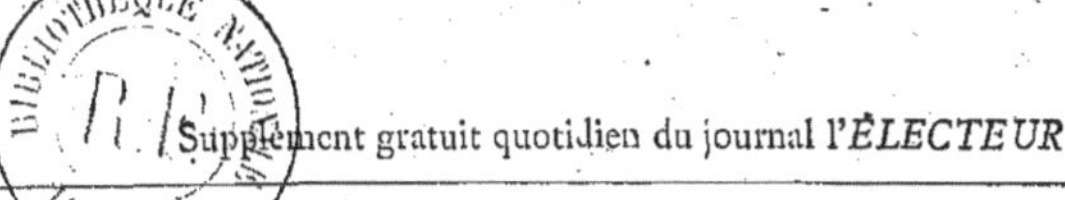

Supplément gratuit quotidien du journal l'ÉLECTEUR

Les secousses étaient affreuses, saccadées...

— Figurez-vous donc, enfants, disait maître Bouquin en remettant sa boîte à chique dans sa poche, après y avoir glorieusement puisé; figurez-vous donc que le Pilote Vert montait un

Publication de la Librairie Capiomont aîné, Calvet et Cie, 10, rue Gît-le-Cœur, à Paris.

vaisseau. Mais quel vaisseau! mes garçons! Les mâts d'un trois-ponts auraient été tout au plus bons pour servir de cabillots à ses râteliers. Enfin, une supposition : vous auriez eu à monter à la pomme de son grand mât, en montant par tribord et en redescendant par babord : eh bien! mes garçons, vous seriez partis mousses, n'est-ce pas? eh bien! vous seriez revenus tout vieux, tout vieux avec des cheveux blancs. Oui, garçons : vingt-cinq ans pour monter et vingt-cinq ans pour redescendre du grand mât!

Ici l'auditoire fit éclater sa surprise et son admiration par une gamme ascendante de jurons et de blasphèmes. Maître Bouquin sourit, renfonça la chique énorme qui gonflait sa joue et continua :

— Pour lors, mes garçons, le Pilote Vert naviguait avec ça, il fallait voir! avec des tempêtes affreuses, des tremblements d'ouragan que le feu aurait pris à la mer. Il se couvrait de voiles comme avec des brises folles. Et quelles voiles! garçons, quelles voiles! le Pilote Vert aurait mis dans sa voile de petit perroquet une escadre de cent vaisseaux ; il en aurait noué les quatre coins comme un mouchoir de poche dans lequel on met des marrons; et il vous aurait porté ça à la main, pas plus gêné que ça.

Pour lors, le Pilote Vert poursuivait donc le pauvre petit sloop, qui était blanc et or avec des voiles bleu clair, et qui fuyait, qui fuyait, qui torchait de la toile à chavirer. Mais bah! le Pilote Vert avançait toujours en se poussant du fond, parce que l'Océan n'était pas tout à fait assez creux pour sa quille. Il avançait donc, mes garçons, comme je vous le dis, en se poussant de fond avec une gaffe. Vous jugez quelle gaffe! V'là qu'est bon, et que mon pauvre petit sloop blanc et or, avec ses voiles bleues, n'était pas à deux portées de canon du Pilote Vert, que, devinez ce qu'il fait le petit gredin? y met en panne! — C'te farce, dit l'un. — Ah! le gueux! la s.... bête! le chien! dit un autre exaspéré de la sottise du petit sloop, en se dressant furieux sur le pont. — Après tout, s'il est pincé, il n'aura que ce qu'il mérite, dit un autre moins enthousiaste. — Pour lors, en voilà bien d'une autre! reprit Bouquin en bourrant sa troisième chique. Voilà que le Pilote vous approche tout près, tout près, pour jeter sur le pauvre petit sloop un hameçon gros comme dix mille fois la maîtresse ancre d'un trois-ponts. — Dieu de dieu ! s'écria l'un. — Ah ! pour lors, oui ; il allait vous le pêcher, le sloop, à la ligne comme on pêche une sardine. — Ah ! scélérat, caïman, Parisien de Pilote Vert ! dit l'un. — Silence donc ! cria l'auditoire. — Pour lors, mes garçons, il en approche encore un peu. Et remarquez bien que toutes les voiles du Pilote Vert étaient serrées, et qu'il se poussait de fond, parce qu'il ne faisait qu'une tempête ordinaire, et que ce vent-là n'était pas assez fort pour faire vaciller ses voiles Eh bien ! voilà que tout à coup mon gredin de Pilote Vert commence à filer, à filer, deux, trois, cinq, dix, quinze nœuds à sec de voiles et à reculons, car il avait viré lof pour lof pour pincer le petit sloop.

Ici l'étonnement et l'admiration étant à leur point culminant, se manifestèrent par des regards ébahis et par des gestes expressifs.

— Pour lors, v'là qu'est bon, mes garçons ! reprit Bouquin, enchanté de l'effet qu'il produisait ; v'là qu'est bon ; et vous jugez de la joie du petit sloop blanc et or avec ses voiles bleues. Le voilà donc qui hisse en signe de triomphe des pavillons à tous ses mâts ; mais, mes garçons, ces pavillons, c'étaient des flammes de feu de toutes sortes de couleurs, qui allaient, qui venaient, qui brillaient, que c'était superbe à voir.

Mais c'est pas tout, mes garçons. Sur son pont, qui était d'argent, il y avait des canons d'or que de très belles femmes, presque pas habillées que pour la pudeur, chargeaient avec de délicieux parfums en guise de poudre. Et, mes garçons, au lieu du gueux de sabbat que font nos pièces de 36 en crachant, les canons d'or du petit sloop, quand ils partaient, ils faisaient une musique superbe ; la fumée embaumait l'air, et la flamme du coup, c'était doux et frais comme le vent qui nous vient de là-bas, du côté des orangers.

— Dieu de dieu ! dit un sybarite, j'aurais bien voulu être quartier-maître canonnier dans cet équipage de très-belles femmes-là. Toutes les nuits j'en aurais mis deux aux fers dans mon hamac, pour la chose de la discipline, ou qu'elles auraient été fautives, quoique je ne les aurais pas chagrinées de service ; oh, non ! — Mais mords donc ta langue. Poirot ! cria l'auditoire.

— Et, mes garçons, reprit Bouquin, on voyait toujours dans le loin mon gueux de Pilote Vert qui filait, qui filait, qui filait toujours malgré lui. — Mais comment donc ça, maître? — Voilà la chose, mes garçons; je vous ai dit que le petit sloop avait toutes ses ferrures en or pur. — En or massive, maître? — Certainement, en or massive : c'est là le mérite; et il n'y avait donc pas à bord du petit sloop un fifrelin de fer, pas une aiguille seulement. — Mais les tailleurs, maître? — Mais, animal, puisqu'on t'a dit que son équipage de très-belles femmes n'était pas habillé que pour la pudeur! répliqua Poirot que cette circonstance avait singulièrement frappé. — Pour lors, mes garçons, continua Bouquin qui s'arrangeait parfaitement des interruptions qui lui donnaient le loisir de faire de fréquents voyages à sa boîte à chique; pour lors, mes garçons, le Pilote Vert était plein de fer, lui, et le petit sloop, qu'était très-bon marin, savait que par le 306e degré de latitude nord il y a, mes garçons, une montagne d'aimant, de pur aimant, de six mille lieues de tour. — Ah! maître! dit l'un avec un accent d'incrédulité bien prononcé. — Chien que tu es! si ce n'est pas vrai, alors pourquoi que nos boussoles, qui sont de pur acier, tournent toujours au nord?

Un énorme coup de poing, joint à cette raison irréfragable, fermèrent la bouche du sceptique, à la grande satisfaction de l'auditoire qui le hua.

— Pour lors, mes garçons, les navigateurs qui n'ont pas la précaution d'éviter la montagne d'aimant ou d'avoir toutes leurs ferrures en or pur, ce qui embêteraient les armateurs et le gouvernement, parce que ça revient à très-cher, voyez-vous... si, comme je vous le dis, ils n'ont pas la précaution de l'éviter, une fois qu'ils en sont à deux cent soixante-trois lieues et un quart, ni plus ni moins, mes garçons, les vaisseaux commencent à filer, à filer, mais plus vite que ça, droit à la montagne d'aimant; et, une fois qu'ils en sont à sept lieues, ils sautent hors de l'eau comme des poissons volants, et vont se plaquer à la montagne, sur la ferrure de leur bout-dehors de plein foc, comme des épingles sur une pelotte et, comme l'aimant ne peut rien sur l'or, ceux qui sont gréés en or s'en moquent pas mal! Voilà pourquoi le Pilote Vert filait si vite, et que le petit sloop blanc en or restait en place. Malheureusement pour le petit sloop, voilà qu'il sort du fond de la mer...

A ce moment de son récit, maître Bouquin poussa un cri perçant :

— Sacredieu ! dit-il en portant avec vivacité la main à sa cuisse gauche ; enfants, il va se passer quelque chose dans l'air ! — Quoi donc, maître ? Est-ce que c'est le Pilote Vert qui vous hèle ça à l'oreille ? — Non, cordieu, garçons ! c'est mon baromètre, ma cuisse. Depuis ma dernière blessure, je sais le temps d'avance, et je puis vous prédire quelque chose de soigné pour bientôt. Oh ! encore ! allons, allons ! debout, garçons, debout ! Assez de contes comme ça ! Il s'agit de veiller au grain, et nous en frisons un fameux ! — Au fait, maître, comme la lune a une drôle de couleur.

Et Bouquin, sans répondre, descendit rapidement chez le commandant, où l'état-major et les passagers étaient réunis.

— Mesdames ! dit Pierre après avoir regardé par une des fenêtres de la galerie, il n'y a aucun danger ; mais descendez dans le carré de la corvette, c'est prudent.

Puis ayant fait signe au commandant de rester chez lui :

— Allons, messieurs ! montons sur le pont voir ce dont il s'agit, et je redescends prendre vos ordres, commandant, et vous rendre compte de ce que c'est.

Les dames se rendirent dans le carré avec le commissaire et le docteur ; le commandant resta chez lui, Pierre et les officiers montèrent sur le pont. Il était temps !

CHAPITRE XXIII.

TYPHON.

Quand le lieutenant arriva sur le pont, le sifflet de maître la Joie avait déjà rassemblé l'équipage.

La chaleur était lourde et insupportable, et on entendait gronder le tonnerre, non à coups redoublés et retentissants, mais avec un bruit sourd, égal et prolongé, comme le roulement d'un tambour couvert d'un crêpe.

La couleur de la lune devint de plus en plus opaque, et elle disparut sous une espèce de vapeur violette, qui, s'étendant avec rapidité sur le ciel, le voilà d'une terne demi-teinte, et donna un reflet pâle et rouge à tous les objets.

Et les longues lames qui, malgré le calme, se déroulaient pesamment sur la grève, dégageaient tant de lueurs phosphorescentes qu'elles semblaient couvrir d'une écume de feu les rochers noirs de la côte, qui gardaient, dans leurs cavités, des traces flamboyantes du passage des vagues.

Et les poissons, venant à la surface de l'eau, y glissaient, se croisaient et se fuyaient, en laissant, sur cette mer calme et polie, de longs sillages de flammes qui étincelaient en cercles,en lignes, en losanges rapides et éblouissants.

Et une forte odeur de bitume se répandit tout à coup dans l'atmosphère déjà imprégnée, surchargée de fluide électrique, et y dégagea une foule de miasmes sulfureux qui pétillaient comme des bulles d'air au fond de l'eau.

Et un éclair blafard sillonna le ciel, et un violent coup de tonnerre retentit au-dessus de la corvette.

— Messieurs les officiers, à vos postes! cria le lieutenant. Maître, les chaînes du paratonnerre sont-elles en état? Assurez-vous-en, c'est d'une haute importance! Je crains une trombe d'air, un typhon, dit-il à Merval. Cette rade fait entonnoir. Ah! j'aimerais mieux un coup de cape! Mais la brise ne se fait pas, et j'aime mieux entendre le vent parler. — Tout est paré là haut! cria une voix de la hune du grand mât.

Le sifflet de la Joie répondît que c'était bien.

— Merval, dit le lieutenant, veillez à...

Ici Pierre fut interrompu par un violent coup de tonnerre accompagné d'un éclair lumineux, ardent, qui sembla enflammer l'électricité depuis longtemps accumulée et condensée autour de *la Salamandre*.

En un instant, le sommet des mâts, l'embranchement des vergues, les chaines de haubans, enfin tout ce qui offrait la plus petite surface de fer, fut surmonté d'une flamme bleue, légère et rapide, qui, sans se fixer, voltigeait dans les ténèbres.

— C'est le feu Saint-Elme! dit le lieutenant. Veillez à la barre, timonier, car le temps devient bien noir.

En effet, l'air devenait tellement épais, tellement dense, l'obscurité si complète, qu'on ne se voyait pas.

— Allumez les fanaux! cria Pierre.

Mais à peine ce commandement était-il prononcé, qu'une immense colone d'air est portée sur la corvette avec la rapidité de la foudre et une détonation épouvantable.

La commotion fut affreuse; *la Salamandre* s'inclina sous le poids du vent, se pencha, et déjà sa lisse de tribord effleurait l'eau.

Pierre se précipita sur la barre.

Elle ne gouverne plus, commandant! — s'écria-t-il comme s'il eût interrogé son chef. Puis il reprit : — Bien, commandant! —A bas le mât d'artimon! Coupez, la Joie, coupez tout!

La Joie courait chercher une hache. — Arrêtez... cria Pierre; non, non, il gouverne. Brave navire! brave *Salamandre*! disait-il en voyant la corvette se redresser noblement.

Et ce fut un grand bonheur, car à peine eut-elle repris son

équilibre, que le typhon tomba sur elle avec toute sa violence, et semblait l'enfoncer au niveau de l'eau.

Les secousses étaient affreuses, saccadées; le fluide électrique sillonnait le pont dans tous les sens : les canons paraissaient enflammés, et le navire était comme entouré d'une auréole de feu; les mâts et les vergues semblaient les conducteurs d'une immense machine qui allaient puiser dans les nuages le bruit et les flammes. A ces terribles détonations se joignait une vibration métallique et perçante; les vergues craquaient sur leurs palans, et cette masse ignée paraissait d'autant plus éclatante que les ténèbres profondes entouraient et la mer et la côte.

Un moment, à la lueur funèbre qui entourait *la Salamandre*, on vit un canot qui faisait force de rame pour atteindre la corvette. Mais on ne le vit qu'un moment, car ce terrible phénomène dura à peine deux minutes; la nuée électrique passa rapide et laissa la rade dans l'obscurité la plus complète. Pas un seul mot n'avait encore été prononcé à bord, tant la surprise avait été violente, lorsque ce silence fut interrompu par ces paroles :

— Ohé! de *la Salamandre*! ohé!... — Qui vive? demanda le lieutenant. — Officier... embarcation du port. — Accoste, répondit-il. Puis s'adressant à la Joie : — Eh bien! maître, est-ce que le typhon vous a rendu sourd? n'entendez-vous pas? Un officier... Allons! allons! aux tire-veilles.

En effet, la Joie, comme le reste de l'équipage, avait été paralysé un instant par cet incident si peu prévu. Peu à peu le calme revint; on monta deux fanaux de la batterie. Le sifflet du maître se fit entendre, et Merval s'avança à la coupée pour recevoir l'étranger qui arrivait par un si mauvais temps. Le lieutenant était descendu chez le commandant, qu'il trouva couché sur un sopha, la tête sous les coussins et dans un état à faire pitié.

Merval n'attendit pas longtemps; l'étranger parut bientôt sur le pont accompagné d'un officier de marine et d'un enseigne qui devait compléter l'état-major de la corvette.

Merval les salua : l'étranger lui rendit son salut, et lui dit :

— Monsieur, je suis le passager qu'on attend : pourrais-je parler à votre commandant, et seriez-vous assez bon pour faire placer à bord mon valet de chambre et mes gens qui sont dans

Supplément gratuit quotidien du Journal L'ELECTEUR.

Misère se mit à genoux et tendit le dos.

cette chaloupe? — Je vais donner les ordres nécessaires, monsieur. Mais vous avez été bien heureux d'échapper à la bourrasque qui a pris une autre direction. — En effet, c'est fort heureux, monsieur. Mais veuillez me mener auprès du commandant.

Merval pria Paul de conduire le passager auprès du marquis.

Il était impossible de voir les traits de M. de Szaffie, car un grand manteau noir tout trempé d'eau de mer l'enveloppait presque en entier; seulement il paraissait de haute taille.

A peine l'étranger était-il descendu chez le marquis que Pierre reparut sur le pont.

Publication de la Librairie Capiomont aîné. Calvet et Cie. 10, rue Gît-le-Cœur, à Paris.

— Enfin, dit-il à Merval, voilà notre passager arrivé ; et si la brise se fait, nous quitterons cette diable de rade. Mais faites donc décharger cette chaloupe. — J'en ai chargé votre fils, monsieur, dit l'enseigne un peu piqué. — Vous voulez sans doute parler de l'aspirant de service, répondit froidement Pierre, qui, selon son habitude et son rigorisme, isolait toujours les liens de la famille de la subordination et de la hiérarchie militaires. Puisqu'il a manqué à son service, punissez-le, monsieur de Merval ; vous êtes son supérieur.

Et le bon lieutenant lui tourna le dos.

Paul était descendu pour rassurer Alice et madame de Blène, que cet événement avait beaucoup effrayées, et qui étaient dans des transes horribles malgré les protestations du vieux médecin.

Au bout d'un quart d'heure le marquis monta sur le pont.

— Ah ! on respire, au moins, dit-il, et j'en avais besoin. Ah ça ! lieutenant, nous partons demain matin : notre passager le veut ainsi. — Ah ! c'est différent s'il a le pouvoir de commander au vent de se faire du nord-ouest. — Mais si le vent le permet, mon ami, c'est bien entendu. — Du reste, c'est possible : car le temps se dégorge. il tombe quelques grosses gouttes de pluie, et nous pourrions bien avoir du nord-ouest. — Tant mieux. Avez-vous vu le passager ? — Non, commandant. — Il n'est pas causeur ; il m'a demandé son appartement, a fait venir son valet de chambre, m'a salué, et s'est retiré. — Quelle figure a-t-il ? — Mais très bien ; pâle, l'air un peu haut, un peu fier, de ces figures que... enfin il n'a pas ce qui s'appelle l'air d'un bon enfant. — Ma foi, commandant, peu m'importe : mais ce qui m'importe davantage, c'est que vous m'accordiez toute cette nuit. — Pourquoi donc faire, lieutenant ? J'ai une horrible envie de dormir. — C'est possible, mais vous ne dormirez qu'après avoir appris et m'avoir récité la manœuvre d'appareillage que vous commanderez peut-être demain ; il est impossible que vous vous en dispensiez. — Mais je dirai que je suis malade. — Avec le vieux Garnier, c'est impossible ; il vous dirait, il vous prouverait que vous mentez. — Mais... — Il n'y a pas de mais, commandant, ce sera ainsi. Mon poste est à l'avant, il faut que j'y sois. Une fois l'ancre levée, je reviendrai vous trouver. — Allons, comme vous voudrez, dit le bon Longetour en soupirant et disant à part lui : C'est en vérité une autre Elisabeth, que ce diable de lieutenant.

Et les matelots couchés dans les batteries, en voyant les lampes briller chez leur commandant, se dirent :

— Il est enragé, ce vieux gueux-là ; il est à embêter le lieutenant sur sa théorie, c'est sûr, pour voir s'il est fort sur la manœuvre.— As-tu vu, dis donc, Poirot, comme il a ordonné tout de suite de couper le mât d'artimon, quand la corvette a eu l'air de ne pas gouverner ? c'est un vieux dur-à-cuir qui ne boude pas. — Et qu'est-ce qui dirait ça à le voir avec sa redingote fourrée et son bonnet de loutre ? objectait un troisième. — Enfin la coque ne fait pas le navire, comme on dit, et nous allons d'ailleurs le voir travailler ; car on dit que c'est demain que nous filons notre nœud. — Ma foi ! tant mieux, car je commence à me scier ici.

Et bientôt, excepté les matelots de quart, l'équipage de *la Salamandre* fut enseveli dans un profond sommeil.

CHAPITRE XXIV.

MISÈRE.

La promenade que l'enseigne Merval faisait le lendemain matin de l'avant à l'arrière et de l'arrière à l'avant de la corvette fut interrompue par des cris perçants qui partirent de la poulaine.

— Qu'est-ce donc ? demanda l'enseigne au timonier. — Rien, monsieur ; c'est qu'on *s'amuse* avec Misère ; car le vilain rat sera sorti de la cale. — Ah !... fit l'enseigne ; et il continua sa promenade, après avoir recommandé de *s'amuser* moins haut.

La cale d'un navire est la partie la plus basse du bâtiment ; elle est dans toute son étendue divisée et subdivisée en plusieurs cavités, dans lesquelles on renferme les poudres, les cordages, le vin, le biscuit ; c'est enfin un immense magasin où l'on va puiser sans cesse ; c'est la ville souterraine qui nourrit la ville supérieure.

Ville peuplée d'un peuple à part, car les caliers qui l'habitent ne paraissent que très-rarement sur le pont, sont voués aux travaux les plus pénibles, et arrangent leur existence au milieu de ces ténèbres éternelles. Mais aussi, comme à terre et en mer on a toujours prêté un pouvoir surnaturel aux gens qui vivent dans l'isolement, à terre, ce sont les ermites, les bergers qui jouissent du don divinatoire ; en mer, ce sont les caliers.

— Quelqu'un sait-il l'avenir.

C'est un calier.

— Quelque chose s'est-il égaré ?

On s'adresse au calier, soit comme adepte de la science de l'avenir, soit comme très-apte, selon les esprits forts, à connaître les lieux de recels toujours fort multipliés dans les profondeurs du faux-pont.

— Enfin, quelque singulier présage météorologique vient-il surprendre les matelots ?

On en demande l'explication au calier, qui, au dire des marins, n'est soumis par aucune influence étrangère, parce que, ne voyant jamais le ciel et ne connaissant rien au temps, il doit apporter la plus grande naïveté dans ses prédictions.

La fosse aux lions, partie réservée de la cale, est ordinairement l'habitation, le boudoir, le cénacle du maître calier.

Il en était ainsi à bord de *la Salamandre* ; et maître Buyk le calier était tellement attaché à sa fosse et peu jaloux de jouir de l'air extérieur et de la vue de la nature, que, lorsqu'on passa la corvette au feu, au lieu d'aller à terre, il demanda la permission de rester dans un ponton pendant le temps du radoub, et revint vite prendre possession de sa fosse sitôt que la corvette fut sortie du bassin.

Or, maître Buyk, d'ailleurs devin fort habile et fort estimé à bord, participait, quant au moral, de la froide dureté du parquet de fer qui couvrait son plancher. Voyez plutôt. Sur un coffre assez bas, un homme accroupi tenait sa tête dans ses mains. C'était maître Buyk.

Il portait pour tout vêtement un pantalon de toile grise, et pas de chemise, selon son habitude, vu la chaleur étouffante qui règne dans cet espace étroit et presque privé d'air et de jour. Il paraissait d'une taille moyenne, maigre, mais merveilleusement musclé. La lueur du fanal qui éclairait la fosse ne jetait qu'une clarté douteuse et rougeâtre. Il leva sa tête. Ses cheveux étaient gris et rares ; ses yeux creux et ternes ; ses pommettes saillantes ; et, par négligence, il portait sa barbe longue.

— Misère ! cria-t-il d'une voix forte.

On ne répondit pas.

— Misère ! Misère ! Misère !...

Silence.

— Misère ! Misère ! Misère ! Misère !

A la quatrième fois, une voix faible et éloignée répondit avec un accent de terreur :

— Me voilà, me voilà, maître... Me voilà...

Et la voix approchait en répétant toujours : — Me voilà ! me voilà !

Enfin, un enfant de sept à huit ans saute d'un bond dans la fosse : — C'était Misère.

Maître Buyk était toujours assis. Il fit un signe de la main. Misère sentit un léger frisson courir par tout son corps en allant prendre dans un coin de la porte une espèce de martinet fait de plusieurs bouts de corde à nœuds bien serrés. Il le présenta au maître : puis il se mit à genoux et tendit le dos. Et c'était pitié que ce pauvre corps maigre, chétif, souffreteux, jaune et étiolé. Maître Buyk parla :

— Je t'ai appelé quatre fois, et tu n'es pas venu.

Et quatre coups fortement appliqués fouettèrent l'enfant, qui ne poussa pas un cri, pas une plainte, se releva, prit le martinet, dont il s'essuya les yeux sans que le maître pût le voir, le remit au clou, et revint se planter debout devant le maître.

— A présent, dis-moi : pourquoi as-tu tardé autant ? — Maître on me battait là-haut. — Tu mens ! tu jouais. — Je jouais ! maître, je jouais ! mon Dieu ! je jouais ! Qui donc voudrait jouer avec moi ? dit le triste et chétif enfant avec un accent d'amertume indéfinissable. — Les autres mousses me battent quand je leur parle ; ils me prennent mon pain, ils m'appellent rat de cale. Et tout à l'heure, maître on m'a fouetté là-haut parce qu'ils disent que dix coups de fouet à un mousse donnent du bon vent. — Oh ! maître, allez, vous m'avez bien nommé... *Misère* ! ajouta-t-il en soupirant, car il n'osait pleurer, et tout son corps meurtri et bleu tremblait comme la feuille : la chaleur était étouffante, et il avait froid. — Quel temps fait-il donc ? — Depuis hier, il vente du nord-ouest, maitre. — Et le vent du nord-ouest souffle toujours ? demanda Buyk d'une voix tonnante. — Oui, maitre, dit l'enfant tout peureux. — Il souffle du nord-ouest ! répéta le maître tout pensif. Oui, maitre. — Qui te parle ? Et ces trois mots furent accompagnés d'un soufflet.

Et en vérité, Misère était bien à plaindre. Ce malheureux avait été embarqué à bord par pitié ; sa mère était morte à l'hôpital, et maître Buyk l'ayant pour ainsi dire adopté, en avait fait son mousse, et lui faisait bien, je vous assure, payer le pain qu'il ne mangeait pas toujours, le pauvre enfant ! Enfin Misère était si chétif, si souffrant, que, pour cet être maladif, il eût fallu de l'air, du soleil, des jeux d'enfant, bruyants et animés, une bonne vie joyeuse et insouciante, du repos et du sommeil. Lui, au contraire, ne quittait la cale que le moins possible, tant il redoutait les autres mousses, qui le pourchassaient, le tourmentaient et le battaient. Aussi le seul plaisir du misérable, c'était la nuit pendant que son maître dormait, de se glisser comme une couleuvre sur le pont, de monter sur les bastingages et de là dans les porte-haubans.

Alors sa pauvre figure souffrante s'épanouissait, frappée, ranimée qu'elle était par ce bon air marin ; il éprouvait un bonheur d'enfant à voir les lames bondir, bouillonner, et se briser sur l'avant du navire en l'inondant d'une clarté phosphorescente ; à regarder les étoiles briller dans le ciel, à écouter la voix de la mer, et à rester une heure sans être battu. Mais ces moments de vif plaisir étaient courts et rares, tant il craignait de ne pas répondre à la voix terrible de maître Buyk. Aussi, par instant, le faible cerveau de ce malheureux se dérangeait. Alors, pâle et livide, un affreux sourire sur les lèvres, agrandissant ses yeux d'une manière horrible, il disait de sa petite voix grêle et stridente :

— Le rat de cale a de bonnes dents, et il rongera la noix.

Et en prononçant ces paroles inintelligibles, il tournait sur lui-même avec une effrayante rapidité ; puis enfin, épuisé, il tombait dans un sommeil léthargique, que son maître interrompait à grands coups de corde, le rappelant ainsi à lui-même. Toujours est-il que maître Buyk lui ordonna d'aller chercher maître Bouquin. Le mousse monta en soupirant dans la batterie, car il prévoyait ce qui l'attendait. En effet, à peine parut-il, que ce furent des cris accompagnés de coups.

— Ah ! te voilà, rat de cale ! A toi, rat de cale ! criait l'un. — C'est ce gredin-là qui mange les câbles et boit le goudron, disait un autre. — Tiens, Misère, mets ça dans la soute aux coups de poings ! — Au rat ! au rat ! au rat !

Et tous les marins, et surtout les mousses de la batterie, hurlant, trépignant, poursuivirent Misère, qui semblait glisser entre les canons comme une couleuvre, tant la peur lui donnait d'agilité.

Enfin il grimpa sur le pont pour trouver maître Bouquin. Nouveau malheur : maître Bouquin causait avec le lieutenant sur l'arrière ; et il savait à quoi il s'exposait s'il eût mis le pied sur cette partie du pont réservée aux officiers. Enfin le bonheur voulut que maître Bouquin finit sa conversation.

— Maître Buyk vous demande, maître Bouquin, dit le mousse.

— Ah ! c'est toi, mauvais rat ! J'y vais. Va lui dire, et empoigne...

Et maître Bouquin accompagna cette réponse d'un coup de pied, pour ne pas déroger à l'habitude contractée à l'égard de Misère, puis descendit dans la fosse aux lions en disant : — Que diable me veut-il, le vieux sorcier ? En voilà un qui peut se vanter d'être fameusement philosophe !

CHAPITRE XXV.

PRÉDICTIONS.

— Eh bien ! vieux caïman, tu veux donc faire un coup de gueule avec un ancien ! dit Bouquin en entrant avec précaution dans le réduit du calier. — Mais sacredieu ! ajouta Bouquin, il fait un noir dans ta cassine, un noir, que si l'on y bidonnait on ne saurait pas si on a bu deux bouteilles ou si on en a bu quatre. Mais puisque tu parles de boire, dit-il au calier qui n'en parlait pas du tout, alors affale ici un bidon de n'importe quoi ; car j'ai une toux sèche que le major m'a dit de soigner, et tu saisis que ce n'est pas dans mon intérêt, mais dans celui du major que nous chérissons tous comme un père, que je te demande à bidonner ; car, avant tout, il faut adoucir mon estomac qui est souffrante, et ça lui fera honneur, au major.

Et, comme preuve de son état maladif, maître Bouquin fit trembler, frissonner, résonner *la Salamandre* au bruit retentissant de ses vastes poumons. Maitre Buyk, absorbé dans ses calculs, ne répondit rien à Bouquin ; mais, allongeant le bras, il déposa près de son ami un glorieux bidon plein de vin. Ce silence était trop du goût de Bouquin pour qu'il songeât à l'interrompre, et l'on entendit un bruit sourd et mesuré comme celui d'une fontaine qui coule, preuve de l'empressement de Bouquin à mettre à couvert la responsabilité médicale du vieux Garnier. Quand Bouquin eut vidé à peu près le bidon, s'adressant au calier :

— Ah çà, vieux, que diable me veux-tu ? — Ecoute, Bouquin, dit l'autre avec une imperturbable gravité. Nous n'avons pas

Supplément gratuit quotidien au Journal l'ÉLECTEUR

M. Szaffie.

tiré l'horoscope du nouveau commandant, et ça se doit, puisque nous allons peut-être mettre à la voile aujourd'hui. — C'est juste, dit Bouquin, après avoir bu de nouveau, et en faisant claquer sa langue contre son palais. — Je t'ai donc fait descendre, Bouquin, afin d'avoir des renseignements sur lui. Va, je t'écoute, et tâche de te rappeler par quel vent il est venu à bord. Par une brise de sud-ouest à décorner les bœufs. — Va toujours, dit le calier. — Pour lors, c'est un grand, taillé en mât d'hune, qui porte des chaussons de lisière, une redingote jaune, et une casquette en poil, comme le portier de l'arsenal. — Et il vient f....

Publication de la Librairie Caplomont aîné, Calvet et Cie, 10, rue Gît-le-Cœur, à Paris.

comme ça sur le pont de *la Salamandre*, sur le pont d'une brave corvette de guerre! dit le calier exaspéré. — Pour ce qui est de ça, vois-tu, Buyk, je sens comme toi que c'est humiliant pour la corvette et pour l'équipage, qui n'est pas dressé aux redingotes jaunes. — C'est un navire perdu, dit sérieusement le calier. — Tu crois! — Et le lieutenant, qu'est-ce qu'il dit de cela? — Dame, il rage: d'autant plus que la vieille bête n'est pas commode et qu'elle a des dents. Ah! non, elle n'est pas commode avec ses chaussons de lisière; faut voir comme il tortille ça avec son air bon enfant. Et l'autre jour j'entendais le lieutenant dire très haut, comme pour que tout le monde l'entendît, que le commandant était un très-bon, mais un très-bon marin, seulement qu'il n'en avait pas l'air. Et au fait il a plutôt l'air de l'oncle à défunt Giromon qui donne de l'eau bénite à la porte de Saint-Louis. — C'est étonnant. — Et que le maître de timonerie, qui a vu un point que le commandant a fait, dit que c'est crânement bien entendu. Et ça nous passe, nous autres, car, si tu l'avais vu arriver à bord, il avait l'air de ces bourgeois qui viennent en rade pour voir les navires, et qui vous demandant un tas de bêtises. Pourtant c'est un vieux rageur, un dur à cuire; faut pas s'y frotter. — Son nom? — Et c'est un noble avec ça; un *rentrant*, le marquis de Longetour. — Ainsi, dit le calier, son nom commence par une L, il est venu par un vent de sud-ouest, et il est arrivé à bord?... — Un vendredi. — Un vendredi! — Et, au lieu d'aller à bord vers l'arrière, il a tout de suite été du côté de l'avant. — Diable! — Et, quand on a hissé le pavillon, la drisse a fait trois nœuds. — Oh! — Et c'était treize jours avant la trombe, par laquelle le passager que nous menons à Smyrne est arrivé... Tu sais, ce bel homme qui a l'air si fier? — Et sept jours avant que ce pauvre Giromon ait été assassiné par ces gueux de mangeurs d'huile. Sept jours... Ah! j'oubliais: le jour même où M. Paul est tombé dans le panneau du faux pont et a manqué se tuer.

A ces mots, maître Buyk fit un bond furieux sur son coffre.

— Assez, assez! s'écria-t-il; assez, Bouquin! Pauvre corvette, pauvre *Salamandre!* Vois-tu, Bouquin, ce marquis-là, c'est la mort de la corvette: et, en disant de la corvette, je dis de

M. Paul ; car l'un ne peut aller sans l'autre, puisqu'il est né le jour où elle a été lancée à l'eau. Oui, c'est sa mort à ce pauvre M. Paul, qui, je vous l'ai dit cent fois, est son ange gardien. Oh! pauvre *Salamandre*, dit tristement Buyk. Moi qui t'ai vu lancer; moi qui ai été lancé avec toi, puisque j'étais déjà installé dans ma fosse aux lions, tu n'en a pas pour bien longtemps encore.

— Ah ! bah, matelot, tu barbottes.

— Je barbotte ! dit sévèrement le calier, je barbotte !... Etait-ce vrai ou non quand, avant le combat de la corvette avec la frégate anglaise, je vous avais prédit que, si *la Salamandre* avait une avarie majeure, M. Paul en aurait une aussi, et, bien plus, aurait la même? Eh bien! quelle a été l'avarie majeure de *la Salamandre?*

— Dans les œuvres vives ; dans le flanc à babord, au-dessous du neuvième sabord. Je le vois comme si j'y étais ; et même que j'ai bien cru que nous allions boire.

— Eh bien ! n'est-ce pas au flanc et à babord, c'est-à-dire au côté gauche, que le pauvre M. Paul a été blessé ! Quand je vous dis, entêtés que vous êtes, que ce qui arrive à l'un doit arriver toujours à l'autre, et que ton marquis causera la perte de tous les deux. Mais il y a une chose à faire, une seule...

— Laquelle, matelot?

— C'est d'envoyer le commandant par dessus le bord, voir s'il peut s'habituer avec les poissons, et si les nageoires lui pousseront!

— C'est pas une idée ridicule ; mais pour ça, vois-tu, vieux, il y a là-haut quelque chose qui gêne.

— La Providence?

— Quelle bêtise ! Du tout : le lieutenant, qui nous ferait arranger la tête à la sauce aux cartouches, ce qui serait un manger délicieux pour les requins.

Et puis, vois-tu, maître Buyk, si ça est, ça sera, comme disait cet Ottoman avec lequel j'ai bu à Alexandrie, malgré sa... chose.. sa...

— Sa religion, tu veux dire.

— Oui, sa religion, qu'il enfonçait pas mal, l'Ottoman. Et c'est fameux, tu avoueras, Buyk, pour former des novices au feu, par exemple, que la religion de l'Ottoman. On leur dit : — Si vous devez être blessés, vous le serez : sinon, non. En avant ! et tape dessus. — Moi, je suis de l'avis de l'Ottoman, parce que c'est très clair. Si nous laissons nos os ici, ils y resteront; si nous ne les laissons pas, il n'y resteront pas..... Quant à faire baigner le commandant sans le prévenir, c'est une farce dont je ne me mêle pas, et je ne t'engage pas même, mon matelot, à dire ça tout haut, parce que je suis sûr qu'il y a des garcettes à bord, et que je te soupçonne d'avoir de la peau sur les reins. Mais j'entends le sifflet du vieux la Joie. Tiens, qu'y a-t-il donc ? Tout le monde sur le pont. Nous allons peut-être appareiller. A tantôt, vieux. Merci de la bonne aventure.

Et il laissa Buyk combiner de nouveau les renseignements qu'il venait d'avoir.

Et en effet on entendit à bord le bruit confus et agité qui remplit le navire, alors que tout l'équipage se hâte de monter sur le pont pour une manœuvre importante.

CHAPITRE XXVI.

L'APPAREILLAGE.

Ainsi que le lieutenant l'avait prévu, à la suite du typhon, la brise souffla du nord-ouest. Tous les préparatifs du départ et de l'appareillage furent faits; et quand Bouquin parut sur le pont, l'équipage de *la Salamandre* y était rangé ; les gabiers dans les hunes ; l'enseigne Merval, Paul, veillaient au cabestan, et l'on n'attendait plus que le lieutenant et le commandant. Le vieux Garnier, le commissaire et les deux enseignes étaient fort occupés du nouvel arrivant, M. de Szaffie.

— L'avez-vous vu, vous, docteur? demanda le commissaire. — Oui, ce matin, un instant.

— Quel homme est-ce ?

— Un grand, dit le nouvel officier, — un vieux enseigne appelé Bidaud, — un grand, l'air assez fier ; et puis... un regard... un drôle de regard.

— Les yeux gris comme Bonaparte, ajouta le docteur : c'est fort beau.

— C'est fort laid, interrompit Merval, qui vint prendre part à la conversation. — Je l'ai vu aussi moi, une minute, à la fenêtre de la galerie. Il a une tournure très-distinguée, une main de femme... mais je n'aime pas sa figure; il a l'air fat et impertinent.

— Non, répéta le docteur : il a plutôt l'air ennuyé.

— Et on pourrait dire un peu dur, un peu méchant, dit Bidaud. Et pourtant, quelquefois, on le croirait très bon enfant. Il n'est pas causeur, par exemple; et puis quand il parle... je ne sais pas, mais on dirait toujours qu'il se moque de vous.

— Allons donc! fit Garnier.

— C'est comme ça. Je l'ai amené de Toulon ici, docteur. Eh bien! il me disait noir, je répondais noir, parce que ça me semblait noir; et puis il me disait blanc, et ça me paraissait encore blanc... quoique le noir m'eût paru noir... et que le blanc...

— Ah! bien! dit le docteur en l'interrompant, monsieur Bidaud, je ne sais pas si c'est à cause du noir, mais ce que vous dites là est diablement obscur. — Avec son blanc et son noir, on dirait qu'il est gris, l'ancien. — Est-ce que vous comprenez, vous, Merval.

— Moi? pas du tout.

— C'est donc une charade, monsieur Bidaud? Alors le mot! le mot! cria le docteur.

Heureusement pour le pauvre M. Bidaud, le commandant et Pierre parurent sur le pont.

Le commandant, agrafé, serré dans son uniforme, pâle, abattu, l'œil éteint, dans un état à faire pitié; puis le lieutenant qui lui dit, après l'avoir salué militairement :

— Commandant, je vais exécuter vos ordres.

Et Pierre se rendit à l'avant de la corvette, ordonna de virer un cabestan pour mettre *la Salamandre* à pic sur ses câbles, laissant le marquis seul à seul avec son porte-voix qu'il retournait dans tous les sens. Il semblait au malheureux commandant que les yeux de l'équipage étaient fixés sur lui ; ses cheveux se dressaient, il avait des bourdonnements dans les oreilles, et il envoyait mentalement Elisabeth à toutes les légions de diables qui peuplent l'enfer. La voix du lieutenant se fit entendre. Voix cent fois plus horrible aux oreilles du marquis que toutes les trompettes du jugement dernier.

— Commandant, nous sommes tout à fait à pic, cria Pierre.

Le marquis eût voulu s'abîmer dans la mer ; le misérable ne se rappelait plus un mot de la leçon que Pierre lui avait donnée et répétée vingt fois pendant la nuit.

— Commandant, répéta Pierre, nous sommes à pic ! Ah ! vraiment ! Eh bien ! — Eh bien ! commandant ? demanda M. Bidaud. — Eh bien !... Et le malheureux Longetour tordait son porte-voix ; il était en nage, Il voyait tout tournoyer autour de lui. Enfin, il répondit avec effort : — Eh bien ! allons-nous-en. — Plait-il, commandant ? dit l'autre. — Oui, partons ! partons !

Pierre n'y concevait rien, et cria encore :

— Mais nous sommes à pic, commandant. Est-ce que nous ne dérapons pas ?

Cette interrogation fut un trait de lumière pour le commandant, qui se prit à crier de toutes ses forces :

— Dérapez ! certainement si, dérapez tout de suite. — Le malheureux ne se souvient de rien, se dit Pierre ; il faut en avoir pitié. Et, s'approchant du commandant, il lui dit tout bas : — Vous n'avez pas même de la mémoire, c'est une honte ! Remettez-moi votre porte-voix, vite ! La corvette abat à contre-vent. — Mais, mon ami, je sais... — Commandant ! commandant ! nous battons sur babord ! cria Merval avec une sorte d'effroi. — Votre porte-voix, monsieur ! dit encore Pierre à voix basse. — Mais pensez donc... aux yeux de l'équipage... Tenez... voilà que je me rappelle... Attendez-donc... Larguez !... — Mais nous culons vers la côte, commandant, crient Merval et Paul. — Vous m'y forcez, dit Pierre d'une voix étouffée ; je me perds pour vous.

Et Pierre, ne se possédant plus, repoussa le marquis, s'élança sur le banc de quart, et cria :

— Range à larguer, border et hisser les huniers, toute la barre à tribord !

A cette voix bien connue, à ce commandement bref, accentué, l'équipage agit avec un ensemble inconcevable, comme s'il eût été mû par un seul et même ressort. La corvette ne courrait plus aucun danger, et commençait à revenir sur tribord. Pour aider ce mouvement et rendre l'appareillage complet, il eût fallu faire border le grand et le petit foc. Pierre le savait mieux que personne pourtant il ne commanda pas cette manœuvre, descendit du banc de quart et dit tout bas au commandant :

— La manœuvre est mauvaise, monsieur ; mais le navire ne court aucun danger. Ordonnez de border le grand foc et l'artimon, de brasser babord derrière, en me faisant observer tout haut que j'ai oublié ce point important.

Le marquis, enchanté de prendre la revanche de son humiliation, emboucha son porte-voix, et cria ce commandement à peu près à la lettre. Il y eut bien quelques mots techniques d'écorchés; mais l'équipage, habitué à leur ensemble, comprit parfaitement, et exécuta la manœuvre en se disant pour la première fois :

— C'était bien la peine que le lieutenant interrompît le commandant pour oublier ça ! A quoi pense-t-il donc ? C'est ce vieux gueux-là qui n'oublie rien. Oh ! il entend la machine. Mais le lieutenant a tout de même eu tort d'interrompre le commandant : et il lui en cuira, c'est sûr.

La brise gonflant les larges voiles de *la Salamandre*, elle céda à leur impulsion, et eut bientôt doublé la pointe du golfe de Grimaud. Une fois la corvette en route, le commandant, sur un signe de Pierre, descendit dans sa chambre, et fut bientôt rejoint par son lieutenant.

— En vérité, monsieur ! lui dit Pierre, il est inouï que vous ayez aussi peu de mémoire. — C'est qu'aussi lieutenant, c'est difficile en diable ! Mais, grâce à vous, je m'en suis assez joliment tiré. Recevez mes remerciments ! — Il s'agit bien de remerciments, monsieur! Il faut, au contraire, me punir. Car, à cause de vous, pour la première fois de ma vie j'ai manqué à la discipline, en commandant à votre place sans que vous m'en eussiez donné l'ordre formel aux yeux de l'équipage. — Mais c'était pour le bien du service, mon ami. — Mais, monsieur, c'est d'un exemple effroyable. Comprenez donc bien qu'un équipage se verrait sur des brisants, à deux doigts de sa perte, convaincu de périr, que pas un homme, pas un officier n'a le droit de changer un mot aux ordres du commandant. Comprenez donc, monsieur, que ce que j'ai fait, moi, dans un motif louable, peut être fait dans un motif criminel ; que c'est déjà un malheur pour la discipline, et qu'une sévérité excessive peut seule en atténuer l'effet dangereux. — Mais il est singulier, mon ami, que vous vouliez m'obliger à vous punir quand... — Vous voulez donc me faire mourir à petit feu, avec toutes vos objections, monsieur ? Vous ne voulez donc pas comprendre qu'il ne s'agit pas de vous, mais de votre grade? de cela! cria Pierre en secouant avec violence l'épaulette du marquis; de cela, monsieur! que c'est pour vous et pour nous une question de vie ou de mort ; que, si une telle faute restait impunie, encouragé par ce mauvais exemple, demain l'équipage discuterait nos ordres, murmurerait, se révolterait peut-être, nous menacerait, et ferait la course avec la corvette. — Allons, allons! vous serez puni là, puisque ça vous fait plaisir.

Pierre haussa les épaules de pitié.

— Croyez-vous donc, monsieur, qu'il ne soit pas pénible, cruellement pénible, à mon âge, d'être porté sur le journal du bord comme insurbordonné; moi, monsieur, qui suis fanatique de la subordination! Mais peu importe, car l'exemple d'une punition sévère infligée à un officier pour une faute de discipline est salutaire pour l'équipage, et ne peut que rendre plus profond chez lui le respect inaltérable qu'il doit avoir pour la subordination. Et pourtant, monsieur, ce que vous allez écrire sur ce journal, et par mon ordre, brisera peut-être les seules espérances qui me restent! — Eh bien! alors? — Eh bien! monsieur, je sais sacrifier tout cela à l'honneur du corps auquel j'appartiens, et ma conscience me paye largement. Vous êtes en vue, vous, monsieur, et moi je suis obscur : s'il y a cinq cents lieutenants de vaisseau, il n'y a

Supplément gratuit quotidien du journal l'ÉLECTEUR

Alice passait des heures à écouter Paul.

que cinquante capitaines de frégate, qui doivent être, aux yeux des matelots, des hommes purs et choisis. D'ailleurs, monsieur, une tache paraît plus sale sur l'habit brodé d'un commandant que sur le frac bleu d'un officier sulbaterne. — Mais, mon Dieu ! puisque je vais vous punir, que diable voulez-vous de plus? — C'est bien heureux ! dit Pierre.

Et le marquis, écrivant sous la dictée du lieutenant, consigna dans son journal l'acte d'insubordination de Pierre, qui avait

Publication de la Librairie Capiomont aîné, Calvet et Cie, 10, rue Git-le-Cœur, à Paris.

osé, en plein pont, interrompre les ordres de son commandant, et qui, pour ce méfait, avait été condamné à quinze jours d'arrêts forcés.

Le même fait fut consigné à bord du journal de l'état-major. On jugera de l'importance de ces deux journaux quand on saura qu'ils sont scrupuleusement conservés à bord, et envoyés au ministre à l'arrivée du bâtiment en France, pour servir de renseignements sur la conduite des officiers et de preuves historiques à l'appui de la traversée et de la mission que le bâtiment avait à remplir. — Enfin, le vendredi 15 août 1815, *la Salamandre* sortit de la rade de Saint-Tropez sur les onze heures du matin ; et à cinq heures du soir on ne distinguait déjà plus les hautes terres de la Corse.

CHAPITRE XXVII.

BUENO VIAGE.

Glisse, vole, rapide sur la mer azurée, chère et digne *Salamandre* ! Adieu, vole, adieu ! Adieu, belle Provence, aux orangers si doux, aux couteaux si aigus, au climat si tiède et si voluptueux, aux habitants si hospitaliers ! adieu encore, adieu !

Tu vas à Smyrne, brave corvette, à Smyrne, splendide ville d'Orient, ville d'or et de soleil, ville aux kiosques verts et rouges, aux bassins de marbre remplis d'une eau limpide et parfumée, aux frais ombrages de sycomores et de palmiers, ville de harems et de paresse, ville d'opium et de café, ville complète s'il en fût !

Oh ! la vie d'Orient ! la vie d'Orient ! seule existence qui ne soit pas une longue déception ! car là ne sont point de ces bonheurs

Paris. Typ. Collombon et Brûlé, rue de l'Abbaye, 22.

en théorie, de ces félicités spéculatives; non! non! c'est un bonheur vrai, positif, prouvé.

Et qu'on ne croie pas y trouver seulement une suite de plaisirs, purement matériels. C'est au contraire la vie du monde la plus spiritualisée, comme toutes les vies paresseuses et contemplatives — Car enfin, connaissez-vous un Oriental qui ne soit pas poète? ne puise-t-il pas la poésie ou l'ivresse, — car l'ivresse est de la poésie accidentelle — ne puise-t-il pas la poésie à trois sources; dans son narguilek, dans sa tasse et dans son taïm?

La poésie du narguilek, poésie aérienne, diaphane et indécise comme la vapeur embaumée qui s'en exale. C'est une harmonie confuse, un rêve léger, une pensée que l'on quitte et qu'on reprend, une gracieuse figure qui apparait quelquefois nue, quelquefois demi-voilée par la fraiche fumée du tabac levantin.

Puis la poésie du café, déjà plus forte, plus arrêtée. Les idées se nouent, s'enlacent et développent, avec une merveilleuse lucidité, leur éclatant tissu. L'imagination déploie ses ailes de feu, et vous emporte dans les plus hautes régions de la pensée. Alors les siècles se déroulent à vos yeux, colorés et rapides, comme ces rivages qui semblent fuir quand le flot vous emporte. Alors les hautes méditations sur les hommes, sur l'âme, sur Dieu, alors tous les systèmes, toutes les croyances : on adopte tout, on éprouve tout, on croit à tout. Pendant ce sublime instant d'hallucination, on a revêtu tour à tour chaque conviction; on a été le Christ, Mahomet, César, que sais-je, moi?

Enfin la poésie de l'opium, poésie toute fantastique, nerveuse, convulsive, âcre, dernier terme de cette vie poétique qu'elle complète. Ainsi ce que Faust a tant cherché, ce qui a damné Manfred, l'opium vous le donne. Vous évoquez les ombres, les ombres vous apparaissent. Voulez-vous assister à d'affreux mystères? alors c'est un drame infernal, bizarre, surhumain, des êtres sans nom, des sons indéfinissables, une angoisse qui tuerait si elle était prolongée et puis, toujours maître de votre faculté volitive qui sommeille, d'une pensée, vous changez ce hideux tableau en quelque ravissante vision d'amour, de femmes et de gloire.

Et puis, avoir plané dans ces hautes sphères et goûté ces sublimes jouissances intellectuelles, vous prenez terre dans votre harem. Là une foule de femmes belles, soumises, aimantes ; car fussiez-vous laid et difforme, elles vous aiment : là des plaisirs sans nombre, variés, délicats et recherchés. C'est alors la vie matérielle qui succède à la vie intellectuelle. Alors, plongé dans l'engourdissement de la pensée qui se repose, vous devenez stupide, inerte ; tous vos sens dorment, moins un, et cet un s'accroît encore de l'absence momentanée des autres : aussi êtes-vous heureux, comme un sot ; et vous savez le bonheur des sots, *bone Deus !*

Et ceci n'est pas une vaine théorie, une utopie faite à plaisir. Le tabac ne trompe pas, le café ne trompe pas, l'opium ne trompe pas ; leur réaction sur notre organe nerveux est positive et physiologiquement prouvée et déduite. Il faut que notre organisation morale cède à leur influence : tristes ou gais, heureux ou malheureux, nos sensations intimes s'effacent devant une bouffée de tabac, dix grains de café ou un morceau d'opium.

Les femmes de votre harem ne vous trompent pas non plus. C'est un fait que leur peau fraîche et satinée, que leur chevelure noire et soyeuse, que leurs dents blanches, que leurs lèvres rouges : ce sont des faits que leurs caresses ardentes et passionnées ; car, élevées au sérail, vous êtes le seul homme qu'elles aient vu et qu'elles verront jamais.

Ainsi, si votre tabac, votre café et votre opium sont de qualité supérieure, si vous êtes assez riche pour mettre six mille piastres à une Géorgienne, trouvez-moi donc une seule déception dans cette existence tout intellectuelle, dont le bonheur entier, complet, ne repose pas sur des bases fragiles et mouvantes comme le cœur d'une femme ou d'un ami, mais sur des faits matériels que l'on achète à l'once et qu'on trouve dans tous les bazars de Smyrne et de Constantinople !

Et c'est dans ce pays par excellence, que tu conduis toute cette honnête société que tu berces dans ton sein, ma digne *Salamandre*.

Depuis cinq jours le ciel te bénit, car il est impossible d'avoir une mer plus calme, une brise plus favorable ; de mémoire de marin, on n'avait vu un temps aussi égal.

Le bon marquis s'habituait parfaitement à sa nouvelle existence. Pierre ordonnait la route, Pierre faisait les observations astronomiques, Pierre dirigeait la manœuvre, Pierre veillait à la rigoureuse discipline du navire ; en un mot Pierre faisait tout, mais toujours de façon à mettre son commandant en relief, lui faisant l'honneur de ce qui était bien, en cela admirable ministre responsable d'un roi infaillible.

Le vieux Garnier tourmentait toujours le commissaire, jurait blasphémait, tempêtait après ses enfants quand ils avaient le malheur de cacher une souffrance. L'enseigne Merval, n'ayant pu réussir auprès d'Alice, faisait de l'amitié avec madame de Blène. Le nouvel officier Bidaud mangeait, était de quart, et dormait.

On le sait, Paul aimait Alice, lui : mais l'amour de Paul était profond et religieux, car le souvenir de sa mère se rattachait à toutes ses pensées et venait épurer et sanctifier cette passion : passion tellement liée à son existence qu'il y croyait comme à sa vie, que c'était sa vie, que si, au milieu de ce te joie qui l'inondait, il eût pu songer à mourir, il n'eût pas dit — mourir — mais — ne plus être aimé d'Alice.

Enfin il s'était habitué à cet amour comme on s'habitue à exister, ne s'en étonnant pas plus qu'on ne s'étonne de vivre : et pourtant le pauvre enfant n'avait pas encore osé risquer un aveu, parce qu'il pensait que toute sa conduite était un aveu.

Alice, elle, recherchait Paul. Alice passait des heures à écouter Paul parler de ses projets, de son père, de son enfance. Les larmes lui venaient aux yeux en voyant cette âme si noble et si pure se peindre dans ses moindres mots. Alice admirait ce caractère si naïf, si plein d'illusions qu'elle partageait, ne croyant qu'à la vertu, et attribuant toujours le vice au hasard ou à la fatalité ; et puis, si brave, si hardi ! Paul pour la voir quelquefois à la fenêtre de sa chambre, ne se suspendait-il pas au bout d'une corde, au risque de se tuer ; et tout cela pour un coup d'œil, un sourire un signe de sa blanche main ?

En vérité, je crois aussi qu'Alice aimait Paul, car elle était tout heureuse d'un bonheur calme et serein. Seulement elle eut voulu un aveu, la jeune fille ; car elle surprenait souvent sa tante et le père de Paul échanger des regards singuliers. Elle eut voulu un aveu, car pour sa virginale ignorance, tout l'amour était là, dans le mot — je t'aime. — Jusque-là c'était peut-être de l'amitié; jusque-là elle pouvait douter. Et puis ce mot je t'aime — devait causer un tressaillement si vif, une émotion si profonde... Aussi la pauvre enfant ne soupirait qu'après l'aveu de Paul. Quant au passager que l'on conduisait à Smyrne, M. de Szaffie, il avait fait une singulière impression à bord.

Jusqu'alors cette petite colonie s'était entendue à merveille; chacun, comme on dit vulgairement, chacun avait fait son nid. On jouissait des qualités; on excusait les défauts; et ces mutuelles concessions rendaient la vie passable. Mais surtout ce qui caractérisait les rapports de cette société en miniature, c'était une confiance entière, un abandon sans bornes.

Du jour où Szaffie fut à bord cet état de choses changea. Non qu'il fût importun et tracassier; il était au contraire impossible de rencontrer un homme plus poli, de manières plus nobles et plus distinguées, rempli de tact et de goût, prévenant, sans morgue, oubliant sa haute position, et par cela même en assurant l'influence. Mais il y avait dans lui quelque chose d'inexplicable, de bizarre.

Il avait au plus trente ans. Sa figure était régulièrement belle, pâle et grave. Ses grands yeux avaient quelquefois une ravissante expression de grâce et de douceur, mais le plus souvent disaient un sentiment de tristesse amère et hautaine, sa taille était élevée svelte, admirablement bien prise : et le soin minutieux qu'il mettait à une toilette d'une simplicité élégante en eût fait au physique un homme accompli, si ces misérables avantages extérieurs n'avaient pas été effacés chez lui par l'éclat de la bizarrerie de sa conversation, qui absorbait tellement qu'on ne pensait plus qu'à l'entendre.

Mais ces moments étaient bien rares. Quelquefois pourtant sa figure s'animait; ses joues se coloraient, et alors les idées les plus ingénieuses, les plus complètes, les plus neuves, jaillissaient en foule. C'étaient des oppositions tranchées, heurtées : des larmes et des rires, la naïveté d'un enfant et la triste moquerie d'un vieillard : quelquefois d'effrayants paradoxes, d'effrayantes vérités sur l'homme, sur la femme : des railleries sanglantes sur le genre humain. Et alors, comme si l'auditoire lui eût manqué, il se taisait, retombait dans son silence, sa taciturnité habituelle, se levait et allait s'asseoir à sa place favorite, dans un canot amarré en dehors du couronnement de la corvette, où il passait des heures entières à méditer.

Cette bizarrerie était peut-être chez cet homme singulier la conscience de sa supériorité ; car rien ne lui paraissait étranger. Il avait parlé marine à Pierre, physiologie au vieux Garnier, peinture à madame de Blène, musique à Alice, mais toujours avec un ton si froid, quoique d'une exquise politesse, avec une indifférence si marquée pour la personne avec laquelle il s'entretenait, qu'on éprouvait une sorte de répulsion d'autant plus pénible que la première impression que Szaffie faisait prouver tendait à vous rapprocher de lui.

Toujours est-il que sa présence comprimait la gaieté et l'abandon. Une fois qu'il était sorti, les poitrines se dilataient, le sourire reparaissait sur les lèvres. Or, cinq jours après le départ de France, il était assez tard, on avait servi le café dans la galerie du commandant, qui avait convié une partie de son état-major ; et justement Szaffie venait de quitter l'appartement pour monter sur le pont.

Jamais sa raillerie n'avait été plus mordante, plus cruelle. Jamais il ne s'était d'abord élevé à une telle hauteur de sarcasme foudroyant, puis descendu à une philosophie, plus douce et plus consolante de façon que, sa pensée se neutralisant par ces deux systèmes, il avait laissé la société dans un état de doute et de stupeur inconcevable. — Diable d'homme ! où va-t-il chercher tout ça ? dit le bon marquis en frappant sur ses cuisses. — Je n'y comprends pas un mot, à cet être-là, reprit le docteur. Il vous attriste ou vous console ; on l'aime et on le hait, tout cela en moins d'un quart d'heure. Je voudrais bien le voir malade, car c'est au lit qu'on juge les hommes à fond. Oh ! s'il pouvait tomber malade ! — Et puis, dit Alice, il y a un tel dédain, une telle assurance dans ses convictions, qu'elles soient fausses ou raisonnables. Quant à moi, je suis loin de les partager toutes. Il y en a surtout qui montrent une âme bien ulcérée... ou bien vicieuse. Ne trouvez-vous pas, monsieur Paul ? — Mais oui, mademoiselle. Comme vous, je trouve que quelquefois il montre les hommes bien en laid. Et je le plains : car il ne sait pas voir tout ce qu'il y a de beau, de noble et de grand en eux. Les crimes et les vices, ce n'est que l'ombre du tableau. Mais, tenez, s'il connaissait mon père seulement, il ne douterait plus de l'humanité, dit l'enfant, qui fut payé de sa croyance filiale par un sourire d'Alice. — Le fait est, ajouta madame de Blène, qu'il a dans le regard quelque chose de saisissant dont on ne se rend pas compte. — Pour moi, reprit Alice, je le répète, je suis sûre que c'est un homme bien méchant ou bien malheureux.

Et elle resta pensive et rêveuse.

— Peut-être tous les deux, dit le vieux docteur ; et c'est ce que je saurai si le bon Dieu m'entend et lui envoie une bonne gastrite. — Ce n'est, ma foi ! pas ce qu'il mange qui le rendra malade, toujours ! dit le marquis. Excepté une espèce de pilaw à la turque que lui fait son cuisinier, il ne mange rien ; et il ne boit que ce diable de breuvage que son valet de chambre lui apprête : du thé froid mêlé avec un peu de vin de Champagne. — Quel ragoût! dit le docteur. C'est peut-être, voyez-vous, qu'autrefois il a trop vécu, commandant. — Que voulez-vous? ajouta philosophiquement le marquis : on ne peut pas être et avoir été... — Et pourtant, commandant, nous allons faire une partie d'échecs, et nous en avons fait une hier, Répondez à cela. — Ma foi ! docteur, je répondrai : jouons...

Et ils s'installèrent au damier, tandis que madame de Blène prit sa tapisserie. Paul était sorti pour prendre son quart. Alice s'appuya sur la fenêtre pour contempler le soleil qui se couchait pur et flamboyant à l'horizon. Szaffie aussi contemplait le soleil couchant.

Ses pensées devinrent sombres et poignantes.

CHAPITRE XXVIII.

SZAFFIE.

Pierre était de quart lorsque Szaffie monta sur le pont. Le bon lieutenant s'avança vers lui, et, après avoir échangé quelques mots, prétexta un ordre à donner pour quitter Szaffie, car il avait été frappé de l'expression qui assombrissait le pâle visage du passager. Le désir de la solitude était clairement écrit sur ce front soucieux, dans ce sourire amer qui arquait cette lèvre inférieure, rouge et mince. Aussi, à peine le lieutenant fut-il éloigné, que Szaffie monta sur le couronnement, et fut de là dans l'embarcation, où il s'assit. Puis, cachant sa tête dans ses mains, il parut absorbé dans une profonde méditation. Szaffie était alors plongé dans un de ces moments si rares de recueillement et de franchise intime où forcément on reste face à face avec soi en présence des faits et des souvenirs. Et, par une soudaine puissance intuitive, il put embrasser d'un coup d'œil sa vie présente et passée. D'une naissance distinguée, orphelin, il avait été mis fort jeune en possession d'une grande fortune. A son entrée dans le monde, il y fut accueilli avec une faveur incroyable. Sa figure, d'une rare beauté, sa richesse, un esprit d'une singulière étendue lui valurent des succès inouïs pour son âge. Aussi usa-t-il vite cette fraîcheur d'émotions, cette exaltation pure et chaste, ces croyances sublimes que Dieu met dans le cœur de chaque homme, admirables sensations que les uns ménagent jusqu'à la vieillesse, et que d'autres dissipent en un jour. Et Szaffie, lui, les ayant dissipées, sentit son âme vide et sèche qu'il n'avait pas encore vingt ans. Ces succès de femmes qu'il avait trouvés si faciles, il les méprisa ; il en chercha d'autres dans l'ambition, et, par une fatalité singulière que les mœurs de l'époque font peut-être comprendre, tout lui réussit encore dans cette nouvelle voie. Alors il commença de regarder les hommes et les femmes en grande pitié.

Car, par un singulier caprice de notre organisation, ce sont toujours les hommes qui ont le plus à se louer du monde qui exècrent le plus ce monde. On le conçoit : l'homme supérieur surtout, a de ces moments de tristesse amère, de découragement profond dont le caractère principal est un sentiment prononcé de mépris pour lui-même. Et quand il vient à penser que lui, lui si dégradé à ses propres yeux, est adulé, recherché, prôné par le monde, en vérité, il doit le dédaigner ou le haïr beaucoup, ce monde ! Et Szaffie, blasé sur tout, parce que tout lui avait réussi, tomba dans une mélancolie incurable. Ses pensées devinrent sombres et poignantes ; et, pendant deux années, il monta ou descendit tous les degrés qui mènent au suicide. Arrivé là, il réfléchit une dernière fois, fouilla encore son cœur, mais il le trouva mort, mort et insensible à tout. Une dernière fois il remonta des effets aux causes et rencontra, dans le bonheur qui l'avait poursuivi, la source des maux imaginaires ou réels qui le torturaient sans relâche. Alors, par un sentiment que l'on taxera si l'on veut de monomanie, il se prit à exécrer, à maudire ce monde qui, en le faisant si heureux, l'avait rendu si misérable. Et son cœur, qui ne vibrait plus aux mots d'amour, de vertu que d'ambition, eut un écho prolongé pour ce mot — haine. — Et Szaffie bondit de joie ; il avait découvert une nouvelle corde dans son âme, une mine féconde en émotions.

— Après tout, dit-il, que ce soit par l'excès du bonheur ou de chagrin, le monde m'a rendu misérable ; et il a usé toutes mes sensations ; j'en retrouve une, cuisante, aiguë, implacable : le monde en supportera la réaction.

Et désormais il n'agit plus que sous l'obsession de cette idée : faire tout le mal possible à l'humanité, — non ce mal physique que les lois poursuivent et condamnent, mais ce mal, cet assassinat moral qu'elles tolèrent, que la société encourage même quelquefois. Meurtrier spiritualiste, Szaffie voulait tuer l'âme et non le corps.

— On ne croit plus même à Satan, se dit-il ; j'y ferai bien croire, moi ! et par les seuls moyens donnés à l'intelligence et à la nature de l'homme.

Et ce nouvel avenir qu'il se créait excita puissamment l'imagination ardente et désordonnée de Szaffie. Il sentit qu'il avait plus que jamais besoin de tous ses avantages. Aussi reparut-il dans le monde plus beau, plus séduisant, plus complet qu'autrefois ; car cette idée fixe et dominante avait donné à ses traits une expression bizarre qui le distinguait encore davantage des autres hommes.

Quant à lui, son rôle était facile : sa haine de l'humanité, le mettant sans cesse en garde contre les faussetés humaines, lui assurait l'avantage de n'être jamais surpris par elles. Ainsi, la bassesse la plus sordide, l'ingratitude la plus flagrante, le caprice le plus révoltant, le trouvaient toujours insensible et prévenu : jugeant le monde d'après lui, il voyait les hommes et les femmes sous des couleurs si sombres, il leur prêtait des vues et des arrières-pensées tellement misérables, que la réalité était toujours au-dessous de ses soupçons. Mais, par une fatalité singulière, avec ce cœur flétri et désabusé, Szaffie avait conservé la tête d'un jeune homme, l'imagination d'un poëte, une de ces imaginations colorées et puissantes qui jettent sur tout un brillant manteau de poésie ; qui, jointe à une profonde dissimulation, lui donnait les moyens de jouer toutes les convictions, toutes les émotions pour arriver à son but. Et si jeune, si beau, si riche, dans une sphère sociale élevée, n'avait-il pas tous les moyens d'y parvenir ?

Et songer pourtant que cette jeune et charmante enveloppe, quelquefois si marquée de cette douce et triste mélancolie qui semble révéler une âme tendre et naïve ; songer que tout cela mentait ! — que cette jeunesse mentait, — que ces dehors séduisants, si pleins de vie et de sève, que cette parole chaleureuse et animée, que ces élans de naïve admiration pour la vertu ou du mépris pour le crime ; — songer que tout cela mentait ! — songer que c'est du fond de son âme vide et ténébreuse, de son âme haineuse, incrédule et glacée, que Szaffie dirigeait l'effet de ces mensonges si élégamment, si brillamment masqués !

Ainsi il ne croyait pas à l'amitié, non ! — et l'amitié le trouvait toujours facile, ouvert et bienveillant ; car de son puissant coup d'œil il découvrait vite dans chacun le vice ou la qualité qu'il cherchait à flatter ou à éteindre. Aussi toutes les séductions irrésistibles de son esprit, de sa fortune, de sa position, étaient tendues vers le côté faible du caractère de chacun, tel minime qu'il fût, persuadé que, pour qui sait *jouer des hommes*, tout humain a sa corde apparente ou cachée à faire douloureusement vibrer. Ainsi il ne croyait pas à l'amour qu'il avait réduit à n'être pour lui qu'un fait, défiant ainsi ses déceptions. Et pourtant le langage le plus pur et le plus brûlant, les séductions les plus ingénieuses, les soins les plus délicats, le dévouement le plus inouï, il employait tout pour arriver à son but.

Il ne croyait plus à l'amour ; et pourtant ses yeux humides se baignaient encore de larmes, son cœur bondissait, ses lèvres tremblaient ; et c'était le son de sa voix mélodieuse et douce : c'étaient des mots de passion, haletants, frénétiques, ivres ; des caresses âcres et corrosives, des baisers qui répondaient au cœur comme une étincelle électrique. Et puis, quand enfin une pauvre femme ainsi enivrée, fascinée, amoureuse, éperdue, oubliant tout pour lui, torturée par le remords, disait en pleurant d'affreuses larmes :

— Au moins, mon Dieu ! je suis aimée !

Encore tout chaud de ses baisers, Szaffie répondait à cela par quelque froid et cruel sarcasme qui dévoilait son âme tout entière. Ainsi il l'avouait : sa passion feinte, c'était un moyen ; la possession, encore un moyen d'atroce réaction sur une femme confiante et passionnée. Pas d'amour, plus même de désirs, seulement, sa victime était dans sa dépendance absolue, comme un homme dont on sait le secret et que l'on met vingt fois par jour face à face avec l'échafaud. Et le misérable jouissait des sanglots déchirants qui s'échappaient alors, avivait cette plaie morale qu'il faisait saigner, et aimait à voir ce cœur tout pantelant se tordre et éclater en cris de douleur, de remords et d'amour. Puis, quand il était las de l'irritation nerveuse que ce spectable affreux lui causait, il retombait dans son néant, comme ces corps inanimés que le galvanisme ne fait plus mouvoir. Et malheur ! les avantages physiques et intellectuels dont il était si admirablement doué ne lui donnaient que trop les moyens d'essayer son atroce système de désenchantement sur des êtres faibles confiants et inoffensifs, qu'il amenait à lui par cette puissance d'attraction dont quelques hommes sont doués.

Telle est l'analyse imparfaite de ce caractère, qui quelquefois, par une juste punition de Dieu, tombait dans de lugubres et poignantes réflexions. En effet, à ce moment, Szaffie, en contemplant l'abîme sans fond qu'il avait creusé lui-même dans son cœur, était saisi comme d'un vertige. Car il voyait son âme nue, froide et desséchée, son âme qu'il avait cruellement dépouillée de ses fraîches et naïves illusions du jeune âge, de ces illusions que Dieu nous donne, comme un prisme aux mille nuances, pour colorer de ses magiques reflets ce qu'il y a de désespérant dans la réalité. Car, dans ce ténébreux voyage de la pensée, Szaffie voyait son âme vide et sombre sans un souvenir sur lequel il pût se reposer ; sans une idée consolante à laquelle il pût s'arrêter comme à une fraîche oasis au milieu de cet immense et aride désert. Il ne trouvait rien dans son âme, rien que le néant et le désespoir ; car ayant brisé tous les liens qui pouvaient l'attacher à l'humanité, il se voyait à jamais seul au monde, seul avec sa haine. Et Szaffie leva la tête ; son visage était plus pâle que de coutume, et il y avait sur son front une effrayante expression de douleur incurable et profonde.

— Oh ! dit-il, vivre ainsi, est-ce vivre ! J'ai vécu d'amour !... Maintenant je vis de haine. Mais cette vie usée comme l'autre, une fois cette dernière sensation éteinte, car la haine s'use... — Eh bien ! après ?... se demanda-t-il. — Eh bien ! après... le suicide ! je ne l'aurai reculé que pour y revenir ! — Et après ? — Oh ! après... après... le néant ! — le néant ! horrible pensée !... ne plus être !... Et si pourtant ma vie, morne et glacée, m'était trop à charge ! ah ! ah ! atroce folie ! se jeter dans le néant pour échapper au néant ! — Oh ! si je pouvais croire à l'enfer !...

Et il cacha sa tête dans ses mains. Puis, relevant sa tête avec violence, dressant le front contre le ciel :

— Eh bien ! l'enfer, ce serait une sensation peut-être ! dit-il avec un affreux sourire. — Puis-je d'ailleurs, maintenant, aimer les autres quand je m'exècre moi-même ! Non, non ! dit-il, les dents serrées. Que ma destinée de mal s'achève donc d'abord ! Et après... Eh bien ! après, l'enfer ! s'il y en a... Mais non, il n'y en a pas ! reprit-il avec une expression de désespoir et de regret singulier.

Et ce caractère inflexible et dur comme le fer, s'élançant d'un bond au-dessus des pensées accablantes qui l'avaient abattu un instant, ne retira de cette méditation qu'un sentiment plus amer contre l'humanité. Il descendit sur le pont. L'enseigne Merval, qui avait pris le quart, s'approcha de lui.

— Eh bien ! monsieur, lui dit le frivole et insouciant jeune homme, seriez-vous poëte ? Cette belle nuit doit vous inspirer ?

Confiez-moi donc le sujet sur lequel vous venez de méditer. — Sur la charité évangélique, monsieur, répondit Szaffie avec un sourire qui glaça l'enseigne.

CHAPITRE XXIX.

BRANLE-BAS DE COMBAT.

Le lendemain matin, au lever du soleil, l'état-major de la corvette était déjà rassemblé sur le pont. Pierre braquait sa longue-vue sur un point assez éloigné. Auprès de Pierre, le commandant, l'œil fixe, le cou tendu, l'air inquiet, paraissait attendre avec anxiété le résultat des observations de son lieutenant. — J'en étais sûr, dit Pierre en fermant la lunette d'un coup de paume de main. Puis il se retourna vers le marquis. — Ah çà! commandant, lui dit-il, je dois vous prévenir d'une chose : c'est que depuis quelque temps les pirates algériens font la course, et qu'il serait possible... Eh bien ! eh bien ! qu'avez-vous donc ? Comme vous pâlissez ! — Non, mon ami. C'est nerveux, je sais ce que c'est. — Très-bien ! je vous disais donc qu'il serait possible que nous eussions à donner la chasse à quelque forban. Ainsi je vais faire, en tout cas, battre le rappel, ouvrir la soute aux poudres, et veiller à ce qu'on fasse le branle-bas de combat. — Ah ! mon Dieu ! mon Dieu ! le combat, nous sommes perdus ! dit le pauvre marquis à voix basse, les yeux effroyablement ouverts et frappant dans ses mains ; allons-nous-en ! — Oui, commandant, dit Pierre à voix haute ayant l'air de répondre à son supérieur ; et s'avançant vers Merval : Faites gréer les bonnettes, monsieur ! L'intention du commandant est que nous sachions au plus tôt à quoi nous en tenir sur ces voiles. — Oui, lieutenant, dit l'enseigne. Et il ordonna la manœuvre, qui fut exécutée à l'instant.

— Mais, dit le marquis pâle comme la mort en prenant le lieutenant par le bras, êtes-vous bien sûr qu'il n'y a rien à craindre, au nom du ciel? — Oui, commandant, reprit de nouveau Pierre de sa voix forte et tonnante. — Monsieur de Merval, ajouta-t-il, le commandant trouve que nous ne portons pas assez de toile, et que nous allons trop doucement. Faites, je vous prie, hisser les contre-cacatois.

La manœuvre suivit le commandement, et la corvette fila avec une étonnante vitesse. Et Bouquin dit tout bas à la Joie, qui remettait le grand sifflet dans sa poche :

— As-tu vu ce vieux serpent-là, avec son bonnet de poil ? En fait-il de la toile, en fait-il ! Le lieutenant aime bien la voile, mais c'est un mousse auprès du vieux. Eh ! mais... vois donc, matelot, vois donc : les boute-hors des basses vergues à toucher l'eau. Voilà un loup de mer ! Qui est-ce qui se douterait de ça ?

En effet la corvette s'inclinait et volait, rapide comme une flèche.

— Mais, Dieu du ciel, nous allons verser ! disait l'ex-débitant de l'air le plus piteux et le plus effrayé. — Un mot de plus, commandant, et je fais mettre les royales. — Je ne sais pas ce que vous voulez dire, par les royales ! reprit le pauvre marquis ; mais je comprends. Allons ! je me tais, je me tais. Mais est-ce que réellement vous allez faire ouvrir la *chose* aux poudres ? — C'est l'affaire d'un moment. Avez-vous quelque chose... dans la soute ? — Hein ? — Avez-vous des effets, des coffres sur l'endroit qui sert d'entrée à la sainte-barbe ? — Est-ce près de chez moi ? — Pardieu ! le panneau est sous votre lit. — Le paneau... de l'endroit aux poudres... ou... le panneau ! Comment ! je couche sur les poudres ! — Vous couchez sur la sainte-barbe : après ? N'est-ce pas la place d'honneur, monsieur ? Un capitaine de vaisseau n'est-il pas là convenablement placé pour faire sauter son navire, si la chance tourne ? — Sauter ! Qui parle de ça, sauter ? Ah ! mon Dieu ! nous sommes perdus ! — Tenez, commandant ! reprit Pierre à voix basse en conduisant le marquis dans sa chambre pour n'être entendu de personne, tenez, monsieur ! maintenant, voyez-vous, j'ai une peur, moi ! — Laquelle, lieutenant? —C'est que vous ne soyez lâche.—Monsieur !— Mais, soyez

Vue de Tripoli.

Publication de la Librairie Capiomont aîné, Calvet et Cie, 10, rue Gît-le-Cœur, à Paris.

tranquille ! tant que Pierre sera lieutenant de *la Salamandre*, tant qu'il pourra toucher la gâchette d'un pistolet, je vous réponds, moi, que vos épaulettes resteront pures... et malgré vous, encore ! — Que voulez-vous dire ? — Je veux vous dire que, si je vous voyais sur le point de faire une lâcheté... vous comprenez bien : une lâcheté ? — Eh bien ? — Eh bien ! je vous tuerais ! — Mon Dieu ! mon Dieu ! — Oui, je vous tuerais ! Je serais fusillé, mais votre uniforme serait sans tache ! — Mais au nom du ciel ! — Au nom du ciel, pensez bien à tout ceci ! J'ai les yeux sur vous, et je vous donne ma parole d'honneur, ma parole de marin, que je le ferai comme je vous le dis. Et Pierre n'a jamais manqué à un serment ! Ainsi écoutez-moi. Nous allons atteindre cette voile là-bas ; ce n'est peut-être rien, c'est peut-être beaucoup. Je vais, d'après vos ordres, ordonner le branle-bas de combat ; dans une demi-heure, nous serons à portée du canon, et il est possible que ça chauffe ! vous sentez-vous le courage de répéter les commandements que je vous soufflerai ? — Quand ? — Quand le combat sera engagé, s'il y a combat. — Mais, dans le combat, je ne puis donc pas rester ici, tranquille ? — Ah ! bien ! Puisqu'il en est ainsi, monsieur, qu'il y ait combat ou non, dès que nous serons à portée de canon, je vous ferai prévenir. Vous monterez sur le pont ; arrivé là, vous regarderez les boussoles et la mâture, et puis vous me direz : — Lieutenant, commandez la manœuvre ; et que Dieu fasse que nos canons trouvent à qui parler ! ou autre chose, à votre choix, mais dans le même sens : et alors, vous vous percherez sur votre banc de quart, d'où vous ne bougerez pas que le feu ne soit terminé. Et songez-y bien, monsieur : au moindre signe de peur, à la moindre hésitation, je serai là, et je vous veillerai, dit Pierre en portant son index auprès de son œil gauche qui parut flamboyer au pauvre marquis. Maintenant, commandant, reprit-il respectueusement, je vais m'occuper de tout, et j'attendrai vos ordres. — Mais...

Pierre sortit en faisant un profond salut.

CHAPITRE XXX.

LA VOILE

En sortant de la chambre du commandant, Pierre rencontra son fils dans la batterie.

— Eh bien ! père, est-ce vrai ? dit l'enfant rayonnant de joie. Un combat ? — C'est possible, mon ami et, à cause de cela, tu vas descendre avec moi un instant dans ma chambre.

Ils descendirent.

— Paul, dit le lieutenant en prenant un sabre suspendu au-dessus de sa couchette, tu prendras ce sabre ; entends-tu ? c'est une excellente lame turque, montée à l'espagnole, avec une coquille et une garde qui couvrent la main et l'avant-bras. Dans un combat d'abordage, c'est une arme précieuse. — Mais père, et toi ? — Tu sais que j'ai le sabre de ce pauvre Brémont, qui est excellent. Tes pistolets sont-ils en état ? — Oui, père. — Va me les chercher : que je les voie. — Mais mon père, ils sont en état. — Paul, allez me les chercher. — Oui, père, dit l'enfant en embrassant Pierre

Pierre le suivit des yeux ; puis, les levant au ciel :

— Mon Dieu ! dit-il avec une admirable expression de ferveur; mon Dieu, ne nous séparez pas encore !

Paul revint avec ses pistolets.

Il fallut voir avec quel soin Pierre en fit jouer les ressorts et les batteries.

— Cette détente est trop molle, dit-il.

Et il jeta un des pistolets sur son lit, en prit un autre au faisceau d'armes, l'examina soigneusement, et le remit à son fils. — Tiens, mon ami. Et mets deux balles, entends-tu ? Et surtout, ménage tes coups : pas d'imprudence, comme la dernière... — Mais l'arme blanche, père ? — L'arme blanche... l'arme blanche, monsieur, ne vaut pas l'arme à feu quand on vise juste. Et puis surtout, Paul, restez à votre poste... Vous m'entendez, à votre poste dans la batterie, et non sur le pont. — Mais, père... — Monsieur...— Oui, oui, père ; j'y resterai. Mais toi ? — Moi, mon poste est à l'arrière, comme toujours, à la manœuvre. — C'est bien en vue, père. — Vilain jaloux ! dit le bon lieutenant en souriant.

A ce moment un timonier descendit.

— Lieutenant, l'officier de quart vous fait prévenir que l'on est presque à portée de canon de la voile en vue. — Dites que je vais monter, répondit Pierre. — Allons ! mon enfant, embrasse-moi, et soyons hommes.

Il faut avoir serré sur son cœur un père ou un ami dans une circonstance pareille, pour savoir ce qu'il y a de profonde et intime tendresse dans cet embrassement qui peut être le dernier.

Quand Pierre et son fils parurent sur le pont, on ne vit pas la plus légère trace d'émotion sur leur physionomie.

— Eh bien ! lieutenant, dit Merval en lui passant la longue-vue, nous savons ce que c'est.

En effet, après avoir assuré le pavillon de *la Salamandre* d'un coup de canon à poudre qui resta sans réponse, on avait essayé d'un second à boulet, qui réussit mieux.

— C'est heureux, dit le lieutenant en voyant un pavillon rouge se hisser lentement à la corne d'un grand brick étroit, hardi, élancé. — Bouquin a bien visé, car le boulet s'est logé en plein bois, dit Merval. Mais voyez donc : voilà le goëland qui abaisse ses ailes et qui met en panne. Il veut nous envoyer un canot, sans doute, lieutenant ! — C'est possible, et je vais prévenir le commandant.

On n'a pas oublié la conversation du malheureux marquis et de Pierre. Selon les intentions de ce dernier, l'ex-débitant était monté sur le pont en grand uniforme, avait tant bien que mal balbutié la phrase que Pierre lui avait apprise, et grimpé sur son banc de quart. Roide, immobile, les yeux fixés sur Pierre qui ne le quittait pas du regard, il attendit. Certes, si le marquis méritait une punition, il la reçut ample et large pendant la demi-heure d'incertitude qui le tint en suspens, n'ayant d'autre distraction que celles causées par Pierre, qui venait de temps à autre lui dire à l'oreille :

— Songez à ce que je vous ai promis. A la première hésitation, vous entendez...

Et, après cette communication amicale, Pierre le saluait profondément comme s'il se fût entretenu de choses importantes de service. Et l'équipage, voyant la roideur et l'impassibilité du marquis au milieu du mouvement inséparable des préparatifs d'un combat, prit aisément cette pétrification pour le sang-froid et l'habitude du danger. Aussi Bouquin dit-il à la Joie en lui montrant le marquis :

— Il est bien mal ficelé en uniforme : il a l'air d'un moule à f..... bête,mais c'est un chien qui ne doitpas bouder au feu. Planté comme un mât, il ne bougera pas de son banc de quart, le vieux gueux, il ne bougera pas : le lieutenant a beau lui parler à l'oreille, rien du tout, il ne remue pas seulement la tête.

Au premier coup de canon que *la Salamandre* tira pour assurer son pavillon, le malheureux marquis, quoique prévenu, fit un effroyable bond sur son banc.

— Ah ! le vieux caïman ! dit Bouquin en tirant la Joie par sa veste. Ah ! le vieux gueux ! le v'là qui saute de joie de voir commencer la danse *de prends garde à la peau !* Est-il enragé pour le feu, hein, la Joie ? Sois calme, sois calme : on va la danser, et la mitraillade aussi, vieux enragé, vieux mangeur de boulets, va !

Mais heureusement pour le mangeur de boulets, l'enragé, l'amateur de la mitraille et de *la prends gardes à la peau*, le feu ne continua pas ; au contraire, comme on l'a vu, le brick hissa son pavillon après l'invitation un peu brusque que lui fit *la Salamandre*, et envoya un canot à bord de la corvette. Alors Pierre, s'approchant du marquis, lui dit à l'oreille :

— Sauf le saut du banc de quart, je suis assez content. Descendez chez vous.

L'ex-débitant ne se le fit pas dire deux fois.

Dans ce canot, manœuvré par quatre hommes fort proprement vêtus à l'égyptienne, c'est-à-dire vêtus d'une chemise, d'une calotte rouge, d'une culotte qui ne vient qu'aux genoux, il y avait un monsieur d'une quarantaine d'années, assez chargé d'embonpoint, habillé d'un gilet chamois et d'une redingote olive ; il était coiffé d'une casquette bleue, je crois. Il monta lestement à bord, salua l'enseigne Merval qui était au haut de la coupée, et lui dit en fort bon français, avec un accent qui trahissait un peu son origine normande :

— Pourrai-je savoir, lieutenant, en quoi je puis vous être utile? — Vous avez bien longtemps tardé à hisser votre pavillon, monsieur, fit observer Pierre, étonné de voir ce gros homme, bas Normand, naviguant sous le pavillon turc. — Ma foi ! lieutenant, reprit l'autre, je dormais. Mon second est malade, et, avant que j'aie pu me faire entendre de ces animaux-là — il montra les Egyptiens — il s'est passé juste le temps de recevoir un de vos boulets — il ôta sa casquette dans ma préceinte. — Mais vous êtes Français, monsieur? demanda Pierre. — Oui, lieutenant, natif de Vire. — Et comment naviguez-vous sous pavillon turc? — Mais je suis Turc aussi. — Monsieur, répondez sérieusement, c'est un officier de la marine royale de France qui vous interroge. — Mais, mon Dieu! lieutenant, je suis Turc, en cela que j'ai apostasié. — Ah ! vous êtes renégat, dit Pierre avec une expression méprisante. — Pour vous servir, dit l'autre en ôtant sa casquette. — Et vous allez où ? demanda Pierre. — A Gibraltar, porter des grains d'Odessa. Voici mes lettres, mes papiers, lieutenant, visés par le consul anglais à Constantinople.

Tout était parfaitement en règle.

— Je vais, monsieur, si vous le permettez, dit Pierre, envoyer un de mes officiers pour visiter votre brick. C'est un engagement pris entre les trois puissances, afin d'atteindre, si l'on peut, Sam-Baï le pirate. — Que Dieu !... Je veux dire que Mahomet vous aide, lieutenant ! Mais quand vous voudrez visiter mon bord, je suis prêt, car j'ai hâte d'arriver. — Monsieur de Merval, dit Pierre, prenez le canot major, armez-le en guerre, et veuillez aller examiner ce brick ; vous me ferez votre rapport.

Le sifflet de la Joie retentit. On mit l'embarcation à la mer, on l'arma, et Merval, accompagné du renégat, quitta la corvette.

— Lieutenant, je vous présente mes civilités, dit le bas Normand en saluant Pierre. — Adieu, monsieur, dit celui-ci avec une froideur glaciale ; et il ajouta tout haut : Merval, laissez la moitié de votre monde armé dans le canot, et à la moindre démonstration hostile un signal. Ce brick, vous le savez, est sous nos canons, mais n'importe, de la prudence.

Et l'embarcation quitta *la Salamandre*, Pierre la suivit des yeux. Au bout d'une demi-heure elle revint, et Merval monta à bord.

— Eh bien ! Merval ? demanda Pierre. — Eh bien ! lieutenant, il n'y a pas un mot à dire : il est chargé de blé jusqu'à sa chambre; seulement l'équipage est nombreux, voilà tout. Son second est un Italien, renégat comme lui, il était couché et fort pâle. Il m'a répondu en assez mauvais français aux questions que je lui ai faites, et tout se rapporte à ce que ce gros homme nous a dit. — Vous n'avez pas vu d'armes ? — Non : quelques fusils, voilà tout. C'était assez propre dans sa cabine. Pour un renégat, il a l'air d'un assez bon homme ! — Oui, oui ; mais je n'aime pas l'apostasie : ce n'est qu'un calcul, et c'est bas. — Je suis de votre avis. Mais le voilà qui demande s'il peut partir, dit Merval en montrant à son supérieur un signal du brick. — Faites lui signe que oui, dit Pierre.

Et une flamme bleue et jaune fut hissée à la corne de *la Salamandre*. A peine ce signal eut-il été aperçu par le brick, qu'il démasqua son grand hunier, et commença à voguer doucement, profitant de la brise qui était assez fraiche. Puis, quand il fut hors de portée du canon de la corvette, il laissa tomber d'un coup toutes ses voiles, déferla tout, depuis ses royales jusqu'aux basses voiles, avec une prestesse, une précision admirables, orienta grand largue une des armures les plus favorables à la vitesse, et se prit à fuir avec une vélocité prodigieuse.

— Voilà un brick de commerce qui navigue et manœuvre mieux que bien des bâtiments de guerre, dit le lieutenant en secouant la tête. — Prenons-nous la chasse ? demanda Merval. — Du tout, il est en règle. Et d'ailleurs, quelque bonne marcheuse que soit *la Salamandre*, ce brick-là lui rendrait les huniers. Il n'y faut plus songer maintenant. — Pourquoi diable aussi se sauve-t-il si vite ? dit Merval. — Ma foi, je n'en sais rien, répondit le lieutenant en descendant chez le marquis lui rendre compte de l'événement.

Et le digne homme, tout content d'avoir échappé au danger qu'il redoutait, demanda à Pierre s'il ne pouvait pas doubler la ration des matelots.

— C'est justement demain dimanche, dit Pierre ; très-bien, commandant, ça égayera leur bal, car ils m'ont demandé la permission de danser, et je la leur ai accordée en votre nom. — Et vous avez bien fait, dit l'ex-débitant.

La nouvelle des intentions généreuses du commandant ayant vite circulé, chacun fut penser gaiement au bal du lendemain.

CHAPITRE XXXI.

PARADOXES.

Il y avait quelque chose de tristement bouffon dans le désappointement de l'équipage de *la Salamandre* et de son état-major, qui s'attendaient à un combat sanglant. C'était comme un drame sans dénoûment, un amour brisé avant sa dernière phase, une ambition qui avorte ; c'était enfin une de ces déceptions si communes qui viennent brutalement railler les prévisions les plus sagement assises.

Et de fait, ces préparatifs de guerre, ces émotions instinctives de craintes, que les plus braves partagent toujours quand va se résoudre une question de vie ou de mort ; ces témoignages de grave et profonde tendresse qu'on ne se donne qu'en ces moments

Supplément gratuit quotidien du Journal L'ELECTEUR.

Oui, je vous maudis, parce que je ne puis plus vous aimer.

solennels, tout cela aboutissant à un bas Normand renégat qui faisait paisiblement son commerce de blé. Tant d'exaltations bouillantes obligées de se refroidir tout à coup ! Il y avait là, je le répète, quelque chose de triste pour des hommes qui, ayant fait d'avance le sacrifice de leur vie, ayant surmonté ce qui coûte le plus, le premier moment, n'avaient plus qu'à espérer des chances favorables d'un combat, si rare en temps de paix. Aussi, tous les fronts étaient-ils sombres et plissés. Paul surtout ne cachait pas son chagrin : perdre une si belle occasion de se distinguer, et aux yeux d'Alice encore ! Le pauvre enfant exhalait ses

Publication de la Librairie Capiomont aîné, Calvet et Cie, 10, rue Gît-le-Cœur, à Paris.

plaintes avec une amertume qui frappa Szaffie. Szaffie avait déjà remarqué le caractère de Paul; cette nature primitive, franche et passionnée, contrastait tellement avec les organisations bâtardes et flétries qu'il avait rencontrées jusqu'alors, que l'envie lui vint de creuser ce cœur si neuf et si candide.

Oui, Szaffie, poussé par une infernale méchanceté, voulut dessécher — d'autres diraient éclairer — cette jeune âme, parce que la sienne était desséchée; arracher ce pauvre enfant à ses illusions si poétiques, à travers lesquelles il ne voyait dans le monde que des sentiments purs, des affections douces. Parce que lui, Szaffie, n'y voyait plus que haine, vices et crimes.

Car, ainsi qu'on l'a dit ailleurs, il s'attachait à tuer l'âme et non le corps. Il appelait cela faire *voir vrai* ?

Et tel est le néant de la justice des hommes, qu'ils punissent de mort pour avoir fait au corps une blessure qui se guérit ou qui tue à l'instant, mais qu'ils laissent impunément torturer, déchirer une âme, y filtrer goutte à goutte un poison violent qui la brûle à petit feu, qui la change en une plaie incurable qui saigne jusqu'au tombeau. Assassinez le physique, on vous tue! Assassinez le moral, on vous laisse calme, on vous loue même quelquefois. Et ceci est infâme! infâme... Car au moins, pour un coup de poignard, deux heures d'agonie, et tout est dit. Mais arracher d'un cœur neuf et convaincu sa naïveté et sa conviction, mais c'est un coup de poignard qui dure toute la vie! Mais dire à cet homme qui s'agenouille et s'écrie :

— Mon Dieu, je traîne une vie amère et atroce; ma mère est morte, mes enfants sont morts, ma femme est morte; mais je souffre tout, parce que tu es juste, parce qu'un jour, si j'ai souffert sans me plaindre les épreuves que tu me fais subir, je reverrai là-haut et ma mère, et ma femme, et mes enfants. Aussi, je ne désire pas la mort, mais si tu me l'envoie, je la bénirai !...

Mais lui répondre, à ce maleureux : — Dieu, s'il existe, ne t'entend pas; il s'occupe de la création et non de la créature. Ta famille est morte ? Néant après toi ! néant ! Cabanis et Bichat l'ont prouvé. Toujours et partout néant ! comprends-tu bien ? Ainsi, au lieu d'espérer, oublie. La mort est la fin de tout. Si tu souffres trop, tu as la Seine! Ne te plains donc pas, Sybarite !

Eh bien! celui qui aura froidement tué cette âme si pleine de vie et d'espérance, celui qui poussera mathématiquement cet homme au suicide, irréfragable conséquence de la mort morale et de l'extinction de toute croyance, déduction positive qui s'applique à l'homme ou au corps social tout entier... eh bien! celui-là sera-t-il moins coupable que l'homme ardent et jaloux qui tue sa maîtresse ou son ennemi? Et c'est sous le poids de ce désenchantement atroce que Szaffie voulait étouffer l'âme de Paul.

Ce combat si impatiemment attendu et qui trahit tant d'espérances, fut son point de départ. Sa raillerie cruelle et puissante trouva dans cet incident une image fidèle des déceptions qui torturent notre existence. Et Paul lui parla de la gloire.

Alors Szaffie lui peignit la position de son père, de Pierre Huet, brave, loyal, couvert de blessures, vieux de victoires et de services, voyant d'un seul bond un homme stupide et lâche se placer au-dessus de lui... Paul, ne sachant que répondre à ces faits, lui dit son glorieux et noble état, qui récompensait bien de l'injustice des hommes : alors Szaffie lui en montra les privations, la monotonie, le despotisme qui réagissent sur les plus douces affections de la nature, qui changeait les relations de père à fils en soumission d'esclave en maître. Et le pauvre enfant, voulant sortir de ce cadre étroit d'individualité où Szeffie le serrait comme dans un étau, avec son enthousiasme de crédulité poétique et touchante, lui parla d'amour, de génie, d'amitié... Alors Szaffie, avec des chiffres d'un positif effrayant, lui répondit :

— La vertu? c'est de l'or ou un tempérament plus ou moins négatif. Le crime? une organisation voulue par la forme du crâne. L'amour? un appareil nerveux. Le génie? un cerveau plus ou moins développé. Et tout cela encore est soumis au bas et ignoble pouvoir de l'ivresse. De sorte que le souffle de Dieu, l'émanation divine, ne peut lutter contre l'influence d'un produit matériel, d'une coupe de vin. De sorte que l'amour le plus exalté, l'amitié la plus vive, le génie le plus puissant se fondent et s'effacent sous le souffle glacé de la fièvre.

Et cette hideuse théorie épouvanta l'enfant; car Szaffie colorait son tableau de couleurs si sombres, de faits si cruellement probables, d'une éloquence si âcre et si incisive, que le malheureux Paul fut comme étourdi, comme saisi de vertige.

Pour un moment, il devint comme ce fou dont parle je ne sais plus quel poète, qui, possédé par le démon du savoir, ne voyait plus la peau délicate et rosée de la femme, ses yeux purs et transparents, sa chevelure de soie... non, cette ravissante enveloppe lui échappait... mais de son regard aigu et acéré il découvrait les veines sanglantes qui se croisaient sous cette peau, les nerfs qui agitaient ces yeux, les muscles rouges qui faisaient mouvoir ce corps. Horreur! là il ne voyait qu'un cadavre animé... Mais il voyait vrai; il voyaient le fond des choses, comme on dit. Et Paul aussi commença à voir vrai, à voir le fond des choses, et ainsi à douter. Et le scepticisme est un pas immense vers le désanchantement. Et Paul resta immobile, atterré, fasciné par l'effrayante conversation, par le regard profond de Szaffie. Oui, Paul, au lieu de croire, commençait à douter. Cette raillerie si mordante, si algébrique, devait laisser des traces éternelles dans son esprit vif, impressionable et intelligent.

Oh! malheur! Plaignez Paul, qui jusqu'alors avait échappé à cette éducation abstraite et positive, dernier degré d'une extrême civilisation qui se consume par ses propres lumières, et qui a dépouillé notre société de ses dernières illusions.

Et ceci est un mal irréparable; car qui retrouvera jamais une croyance perdue? Qui ne donnerait tout le froid et profond savoir du sceptique pour l'émotion du petit enfant qui joint les mains devant le Christ, et lui demande pardon d'une faute ou une vieillesse heureuse pour sa mère? Qui ne donnerait l'implacable raison, la science désespérante du matérialiste, pour la conviction consolante de celui qui croit à un autre monde peuplé de tout ce qui nous fut cher? Qui ne changerait cet amer mépris du monde, cette insensibilité triste et moqueuse qui nous met au-dessus de toute déception, pour ce temps de crédulité naïve où nous nous laissions tromper avec tant de bonheur?

Oh! que l'âme est vide et desséchée, alors! Oh! voir dans tout intérêt, calcul, arrière-pensée... Ne croire à rien, n'aimer rien, être forcément méchant ou malheureux! Que cette vie est atroce! Et penser pourtant que Paul avait fait le premier pas dans cette vie! et que ce premier pas est tout! car je ne sais quelle pente fatale de notre esprit nous fait courir au devant du malheur avec une désolante frénésie; nous fait oublier en un instant des années de bonheur et d'espérance, pour nous vouer volontairement à un avenir de larmes et de chagrins! Oh! serait-ce donc que l'implacable ambition de quelques-uns irait chercher un aliment jusque dans le désespoir!

Plaignez Paul! car au moins Szaffie, desséché par le savoir, blasé par le plaisir, avait encore sa haine pour vivre! Il avait substitué quelque chose à ce qu'il voulait détruire chez Paul! Parce que Szaffie avait une âme fortement trempée, un de ces caractères absolus, entiers, que Dieu jette sur la terre organisés et complets, pour le bien comme pour le mal extrême. Parce que maintenant l'âme de Szaffie, c'était l'immense cratère d'un volcan; il avait tout englouti : fraiches eaux, gazons, verdure et doux ombrages, mais il pouvait au moins vomir la lave brûlante qui bouillait dans ses entrailles.

Mais l'âme de Paul! mon Dieu! l'âme de Paul, ce n'était qu'une frêle et tendre fleur qui, arrachée de sa tige, flétrie, fannée, devait tomber et mourir. Aussi le malheureux enfant sentit son cœur se briser; ses yeux se mouillèrent de larmes cruelles, et il dit à Szaffie :

— Ah! monsieur, monsieur! pourquoi, grand Dieu, m'avez-vous dit cela? Si vous saviez le mal que vous me faites!... Quel affreux système que le vôtre!

Alors Szaffie, avec sa merveilleuse facilité à heurter les émotions, à renverser les idées qu'il avait fait naitre, lui répondit que ce système accablant n'était pas le sien, mais celui de quelques hommes assez malheureux pour ne croire à rien. — Quant à moi, ajouta-t-il avec un sourire sardonique, je crois au progrès, à la perfection infinie de l'humanité.

Mais ce dernier système fut accusé si faiblement, fut empreint de teintures si pâles et si froides, et l'autre, au contraire, si vigoureusement coloré, que, sombre, imposant, terrible, il resta de toute son effrayante hauteur dans l'esprit de Paul, Szaffie le laissa seul.

Délivré de l'obsession de cet être infernal, Paul essaya de

sortir des ténèbres où son âme était douloureusement plongée : l'enfant évoqua sa tendresse pour son père, son amour pour Alice. Ces doux et tendres souvenirs vinrent bien luire à sa pensée, comme des rayons d'espérance et de consolation; mais, ainsi qu'un oiseau dont l'aile est brisée, le malheureux faisait de vains efforts pour atteindre à cette plénitude de bonheur, à cette sérénité d'âme qu'il éprouvait naguère.

C'est alors que Paul eut vaguement la conscience de ce que serait sa vie désormais. Effrayé, éperdu, par un instinct sublime, il courut chez son père. Un factionnaire était à la porte de sa chambre. On sait que Pierre avait ordonné à son commandant de le punir de quinze jours d'arrêts forcés pour son acte d'insubordination admirable. Les quinze jours n'étaient pas écoulés.

— Je veux parler à mon père, dit l'enfant d'une voix altérée. Monsieur Paul, le lieutenant a défendu de laisser entrer personne. C'est la consigne des arrêts forcés et du commandant. — Mais, dit Paul en tremblant de douleur, je vous dis que je veux parler à mon père. — Lieutenant, cria le marin, c'est M. Paul qui veux vous parler. Faut-il le laisser passer? — Monsieur, dit Pierre à son fils en paraissant à la porte avec une expression de mécontentement, monsieur, ne savez-vous pas la consigne? — Père, par pitié!... père... que je te parle... Oh! j'ai à te dire... Enfin... je souffre bien, père...

A cette voie émue, entrecoupée, le bon lieutenant fut sur le point de faiblir. Déjà il levait la main pour ordonner au marin de laisser passer, mais son inflexible attachement à la discipline le retint.

— C'est impossible, Paul, dit-il; et si vous souffrez, voyez mon vieil ami Garnier.

Et il eut le courage de fermer sa porte.

— Oh! mon Dieu! mon Dieu! dit Paul.

Et il tomba, assis sur l'escalier du faux pont, sa tête cachée dans ses mains. Puis comme frappé d'une idée subite :

— Au moins Alice m'entendra peut-être, dit-il. Et il disparut.

CHAPITRE XXXII

AMOUR.

Le commandant faisait sa partie d'échecs avec madame de Blène. Alice était assise rêveuse dans la galerie. Grâce à la forte préoccupation des joueurs, Paul passa presque inaperçu. Il s'approcha d'Alice. Elle fut frappée de sa pâleur et de son émotion.

— Grand Dieu ! monsieur Paul ! qu'avez-vous dit ? lui dit-elle.

— Oh ! mademoiselle Alice ! dit Paul, ayez pitié de moi ! La jeune fille tressaillit. — Ayez pitié de moi ! — C'est presque un aveu. — Expliquez-vous, monsieur Paul, répondit-elle avec intérêt. Expliquez-vous... Qu'avez-vous ? — Oh ! j'ai besoin de bonheur, mademoiselle, j'ai besoin de me rattacher à mon père... à vous... Car je sens qu'une effroyable fatalité m'entraîne et m'emporte.... Oh ! prouvez-moi qu'il y a du vrai dans la vie... que tout n'est pas mensonge, haine et désespoir... Oh ! aimez-moi... Par pitié... aimez-moi, ou je meurs !

Ce langage contrastait tellement avec le caractère de Paul, qu'Alice fut émue jusqu'au fond du cœur.

— Mais quelles horribles pensées viennent donc vous accabler, monsieur Paul ? vous, si confiant dans l'avenir, si heureux, si sûr de votre bonheur ? — Oui, oui, je l'étais il y a deux heures, mais maintenant... *il* a tout changé... C'est *lui*, *lui* seul !... mais quelle affreuse puissance a t-il donc cet homme ? — Mais, au nom du ciel ! de qui parlez-vous ? demanda Alice. — De Szaffie ! répondit Paul avec un accent de terreur.

Alice frissonna de tout son cœur.

— Oui, continua Paul, c'est lui, c'est Szaffie... Cet homme étrange a une éloquence si funeste... Je sentais toutes ses paroles m'arriver-là, à mon âme, aiguës, pénétrantes et froides... Les leçons de mon père, les derniers vœux de ma mère, tout s'effaçait de ma pensée... Sa voix s'étendait sur tout comme un voile... Et j'étais là, haletant, éperdu, attiré vers lui... l'écoutant avec terreur et avidité... voulant fuir et ne le pouvant... sentant le poignard arriver à mon cœur, et n'ayant pas le courage de faire un mouvement pour l'éviter... Mais tout ceci est faux; c'est un rêve, une vision... Non, le bonheur existe... car vous êtes là, mademoiselle... La vertu existe... car j'ai vu mon père... Oh! oui, il me trompait... N'est-ce pas, qu'il me trompait, quand il me disait qu'il n'y avait pas de bonheur sur la terre?... Il y en aurait tant pour moi si... — Vous m'aimez, car... — Tenez, mademoiselle, je n'ai plus la force de vous le cacher, je vous aime. Oh! je vous aime! Que cet aveu ne vous irrite pas... Pardon! dit le pauvre enfant, oh! pardon! cet aveu, je ne vous l'aurais peut-être jamais fait... Mais je souffre tant... Oh! tenez, prenez cet anneau... c'est celui qui tomba de la main de ma mère quand elle m'embrassa pour la dernière fois... Oh! prenez-le! c'est mon trésor... C'est mon bien le plus précieux; et ne doit-il pas être à vous, si vous m'aimez!... dit-il en le lui offrant avec une timidité charmante. — Alice! Alice! dit madame de Blène, viens donc décider entre le commandant et moi. — Paul, mon ami, alors vous viendrez à mon secours, dit le bon marquis.

Ces mots rappelèrent Paul à lui : Alice prit l'anneau en tremblant, le mit à son doigt, jeta sur Paul un regard enchanteur et entra dans la grand'chambre. . . . .

Et la nuit, bercée dans son lit, Alice ne dormait pas. Son cœur battait : elle éprouvait un sentiment d'angoisse et de douleur inexplicable, et se disait avec effroi :— Quelle infernale influence a-t-il donc! Avoir d'un mot changé l'âme de Paul! Cette âme formée par l'amour d'un père, épurée par les vœux d'une mère mourante... Quelle puissance!

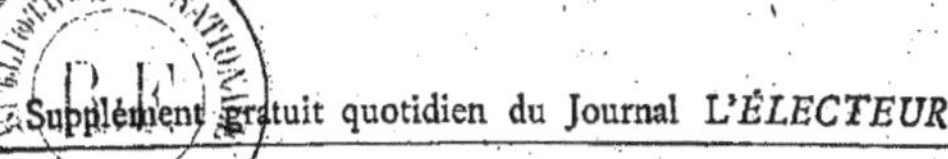

Supplément gratuit quotidien du Journal *L'ÉLECTEUR*.

Vous fûtes l'ange que le damné voit du fond de l'enfer

CHAPITRE XXXIII.

AMOUR ET HAINE.

Oh ! que la nuit est belle sur les flots assoupis de la Méditerranée ! La nuit alors que le navire insouciant laisse flotter ses grandes voiles blanches au souffle indécis d'une brise expirante !

Publication de la Librairie Capiomont aîné, Calvet et Cie, 10, rue Git-le-Cœur, à Paris.

alors que la mer le balance comme un enfant au berceau! alors que les étoiles brillent sur le fond bleu des vagues comme autant de paillettes d'or tombées du ciel ! alors que la lune sillonne au loin ses reflets d'une lumière éblouissante et nacrée !

Et le silence de ces nuits, que je l'aime!... Que j'aime le sourd et mélancolique murmure de la mer qui dort! Que j'aime à entendre l'aspiration éloignée du cachalot qui vient jouer sur les ondes et lancer de brillants jets d'eau tout blanchissants d'écume! Que j'aime le sillage harmonieux du navire, qui bruit faible et doux comme les feuilles sèches sous les pas légers d'une femme !

Que j'aime à voir *la Salamandre* s'avancer silencieuse au milieu de ces imposantes harmonies de la mer et des cieux! Que j'aime à voir, sur le couronnement de la corvette, Alice, vêtue de blanc, qui seule, immobile au milieu des ombres transparentes de la nuit, laisse errer au loin son humide regard!

La journée de la veille lui paraissait un songe. Et elle y rêvait.

— Paul m'aime! pensait-elle. Il m'aime, il me l'a avoué. Et cet aveu, qui doit toujours irriter; m'a-t-on dit, ne m'a laissé qu'une impression douce et calme. — Aimer! n'est-ce donc que cela? — Est-ce que je l'aime, lui? Oh! oui! je le crois, car sa figure est si douce; il est si bon, si brave, si noble; il aime tant son père! Il se souvient tant de sa mère! Quand il m'en parle, sa voix est si touchante, si pénétrée!... Et me parler de mère, à moi, c'est remuer tout ce que j'ai de tristesse et de mélancolie dans l'âme. Et puis cet anneau, c'était à sa mère. Il me l'a donné, parce qu'il m'aime et que je l'aime; — car enfin je l'aime, —oui. Et je pensais pourtant que ce mot bouleversait tout notre être. Je croyais que ce mot changeait notre vie, nos sens, changeait tout, tout, jusqu'à notre langage; tout, jusqu'à l'air que nous respirions, jusqu'à la nature que nous voyions. Et pourtant je ne sens en moi aucun changement : je vis, je respire comme avant; c'est le même ciel, ce sont les mêmes eaux. C'est toujours moi, je me touche, c'est toujours moi... Alice. — Et je l'aime! — oui, car pour lui je n'ai que des vœux de bonheur. Si je pense à son avenir, c'est pour prier Dieu de le lui rendre calme et prospère... Et hier, combien je souffrais de le voir chagrin! de voir ce pauvre enfant, si pur et si heureux, souffrant et abattu par l'influence de...

Et ici Alice s'arrêta, rougit, et resta un moment pensive. Puis elle reprit :

— Oui, oui, je l'aime, je le vois bien, en comparant ce que j'éprouve pour les autres à ce que je ressens pour lui. Enfin ce jeune enseigne est beau comme Paul, brave comme lui ; mais il n'a rien dans le cœur, mais c'est une âme vulgaire et commune... Aussi, bonheur ou malheur pour lui, peu m'importe. Sa voix m'est indifférente, et j'aime la voix de Paul. Il ne me laisse ni un souvenir ni un regret, au lieu que j'aime à voir Paul, à être près de lui... J'aime sa présence, à lui, tandis que...

Ici Alice s'arrêta de nouveau ; car, par une crainte inexplicable, deux fois elle avait fui devant une idée à laquelle elle revenait involontairement.

— Eh bien ! après tout, reprit-elle comme surmontant un senment de honte envers elle-même, pourquoi donc reculerais-je devant cette pensée ? Eh bien ! oui... il est un être que je hais ; sa vue me fait mal, sa voix m'irrite ; je le hais, oh ! oui, je le hais !... Et que je voudrais aimer Paul autant que je le hais, *lui !*

— Oh ! c'est la haine qui change le cœur mieux que l'amour ! C'est la haine que j'ai pour *lui* qui m'a changée ! Quand je pense... à *lui*, ce ciel me paraît triste et sombre ; cette mer, lugubre. Enfin, si moi, moi craintive et timide, si je pense à *lui*, c'est pour le maudire. Et pourtant, que m'a-t-il fait ? Je ne sais. Mais ses égards me fatiguent, sa politesse exquise et froide me blesse et me torture. Il est si haut, si fier, *lui*, et Paul est si bon ; et puis ses éternels sarcasmes contre les hommes, les femmes ; ses plaisanteries amères sur le bonheur et l'amour. Que me fait tout cela, à moi ? Et ses regards ont une expression si sévère... Car je le regarde... et c'est malgré moi : c'est en me maudissant *lui* et moi. Et sa figure pâle et triste me suit partout... depuis que je l'ai vu, depuis que je le hais !

Oui, il était là, appuyé sur cette échelle, quand je suis montée sur le pont pour la première fois. — Il avait l'air sombre et pensif ; il m'a saluée profondément, et jamais je n'oublierai l'expression de ses grands yeux, qui se sont arrêtés un instant sur moi...

pour ne plus s'y fixer depuis. Jamais je n'oublierai l'expression de ce regard long, arrêté, profond, — que j'ai senti presque physiquement...

Et je me le rappelle, Paul fut étonné comme moi de ce qu'il y avait d'étrange et de peu commun dans cet homme. Je dis à Paul combien son abord m'avait frappée. Il avait éprouvé la même impression que moi. Et chaque jour depuis... oh! chaque jour ma haine s'est augmentée. Oh ! je donnerais la moitié de mon existence pour quitter ce bâtiment, pour être arrivée, pour ne plus le voir... jamais... ne plus le voir! Mais, mon Dieu ! l'oublierai-je ?

Et Alice tomba dans une douloureuse rêverie...

— Seriez-vous souffrante, mademoiselle ! dit une voix douce.

Et Alice frissonna. C'était lui, c'était Szaffie. Pour la première fois, il lui parlait à elle, à elle seule; pour la première fois, sa voix avait un accent d'intérêt pour elle. Elle se sentit mourir; le cœur lui manqua.

CHAPITRE XXXIV.

CROYEZ-VOUS QUE JE SOIS HEUREUSE?

Alice, ne pouvant surmonter son émotion, s'appuya sur le bastingage de la corvette.

— Mademoiselle, oserais-je vous offrir mon bras? dit Szaffie en s'approchant. — Non, non, monsieur ! répondit d'abord Alice avec une expression d'effroi involontaire. Puis elle ajouta : — Mille graces, monsieur.

Elle voulait aller rejoindre madame de Blène. Impossible ! Alice se sentait clouée là. Szaffie salua respectueusement en entendant le refus, et dit :

— Je vois, mademoiselle que ma présence est importune, et que l'éloignement que je vous inspire vous empêche d'accepter de ma part même le plus léger service. Je me retire. Mais, permettez-moi, mademoiselle, d'envoyer quelqu'un auprès de vous, car, ajouta-t-il avec un profond accent d'intérêt, vous paraissez bien souffrir. Et il me serait pénible de vous voir manquer des soins nécessaires, parce que c'est moi qui vous les offre. — Monsieur, je me trouve mieux, beaucoup mieux. Mais je ne sais qui a pu vous autoriser à penser... — A penser... que vous me haïssiez, Alice? répondit Szaffie. Mais une sympathie rarement déçue, une voix secrète qui nous avertit alors que le sentiment que nous éprouvons nous-mêmes est partagé. Et vous voyez que cet instinct ne n'a pas trompé, Alice.

La jeune fille croyait rêver; Szaffie l'appelait — Alice — tout d'abord, lui adressant la parole avec cet abandon qui n'existe qu'au bout de longues années d'intimité ou après les preuves d'une affection mutuelle. Elle ne sut que répondre. Elle se troubla, sentit son cœur battre et bondir. Mais Szaffie ne parlait plus, qu'elle écoutait encore, il reprit :

— Enfin j'ai su que vous me haïssiez, Alice, parce que du jour où je vous ai vue, moi aussi je vous ai haïe.

Alice tressaillit.

— Oui, car vous vîntes me rappeler cruellement des émotions perdues, des croyances détruites à jamais, des songes passés de bonheur et d'amour. Oui, Alice, car vous fûtes l'ange que le damné voit du fond de l'enfer. Aussi chaque jour ma haine s'augmenta de chacune de vos perfections, de chacun de vos charmes. Oui, je vous maudis, parce que je ne puis plus aimer.

Alice pâlit.

— Il faut un cœur pour aimer, Alice; il faudrait un cœur digne du vôtre, un cœur ardent et jeune, une âme pure où votre âme, si elle s'y réfugiait, trouvât les mêmes pensées douces et consolantes, comme un oiseau du ciel qui ne quitte son nid que parce qu'il sait retrouver ailleurs le même soleil, les mêmes parfums et les mêmes fleurs! Mais dans mon âme, Alice, ajouta-t-il avec un sourire amer, oh! vous ne trouveriez que haine, mépris et incrédulité. C'est un gouffre effrayant qu'un cœur vide et desséché, Alice... Pauvre ange, vous y tomberiez abîmée dans le néant et le désespoir!

Puis, prenant la main d'Alice, dont les yeux étaient mouillés de pleurs il continua d'une voix douce et pénétrante :

— Mais je pense avec joie et tristesse qu'il est un avenir de bonheur pour vous. Oui, il existe, Alice, une âme sœur de la vôtre, un cœur qui peut vous rendre ce que vous lui donnerez : un enfant à l'aurore de la vie, comme vous ; pur, confiant et sensible comme vous, beau comme vous. Et il vous aime. Et vous, Alice, aimez-le ; il faut l'aimer...

Pourtant, Alice, si de nouvelles douleurs pouvaient avoir place dans mon cœur, elles augmenteraient comme mes jours : mais mon cœur est plein.

Car, savez-vous, enfant, ce qu'il y aurait de profonde amertume à se dire : — Le voilà donc enfin, ce bonheur ineffable, le voilà donc réalisé par d'autres que par moi, ce rêve de toute ma vie, ce rêve que je ne puis seulement plus rêver! — Oh! Alice, vous comprendriez ma haine, si vous souffriez ce que je souffre!

Une larme tomba sur la main d'Alice qui, respirant à peine, s'écria involontairement :

— Et qui vous dit, mon Dieu! que je suis heureuse, moi?

Et elle fondit en larmes, car cette scène était au-dessus de ses forces. Aussi, au moment où madame de Blène montait sur le pont, Szaffie n'eut que le temps de lui dire : — Je crois, madame, que mademoiselle votre nièce est indisposée. — Me voilà, me voilà, dit le bon docteur. Mais descendons en bas, car l'air du soir vous aura frappée, mademoiselle!

CHAPITRE XXXV

LE FIANCÉ.

Alice, cachant ses larmes, était descendue dans sa chambre ; et, désirant être seule, avait supplié sa tante de s'éloigner, voulant dormir un peu, disait-elle.

— Oh ! malheur, malheur à moi ! murmura-t-elle, malheur à moi ! Qu'ai-je entendu ? Et je ne suis pas morte... là... à ses pieds ! — il ne peut m'aimer, m'a-t-il dit. Il m'ordonne d'en aimer un autre ! — il ne peut m'aimer ! — Est-ce donc que mes regards lui ont appris que j'avais de l'amour pour lui ? Oh ! mon Dieu ! quel serait donc mon sort si je l'aimais, lui ? Je serais donc humiliée, repousée, méprisée ! Il faudrait donc me traîner à ses pieds et lui crier : Grâce ! grâce ! Et si je l'aimais, moi, si je l'aimais de toutes les forces de mon âme ; si, par une inexplicable influence, cette âme si triste et si souffrante m'attirait à elle ; si j'espérais cicatriser ses plaies douloureuses ; s'il y avait autant de pitié que d'amour dans mon cœur !

Il ne peut m'aimer ! Et si... mais cette pensée me fait rougir, comme si une autre bouche que la mienne la proférait... Et si, par une contradiction fatale, par un affreux caprice de ma destiné, je... je l'aimais peut-être, moi, parce qu'il ne peut pas m'aimer ! Mais non, oh ! non, mon Dieu ! Je suis folle. Mon Dieu, pardonne-moi : l'âme créée à ton image ne peut être faite aussi basse, aussi misérable ; non, c'est erreur de mon imagination ; je suis malade, j'ai la fièvre, je suis folle, folle, en délire. Car enfin Paul peut bien m'aimer, lui ! Paul qu'il m'ordonne d'aimer, c'est une âme candide, bonne, noble. Je l'aimerai, oui, oui, je l'aime déjà ainsi! Paul... Paul! où êtes-vous? je n'aime que vous, Paul!...

Et Alice était dans un état d'exaltation difficile à décrire.

— Alice! Alice! dit une voix basse.

La jeune fille tressaillit; cette voix venait de la fenêtre ouverte. Paul y parut.

— Ciel! Paul! Monsieur Paul! dit-elle en s'y précipitant; comment êtes-vous là? — Oh! mademoiselle, n'est-ce pas ma place de chaque instant quand je suis libre? Que vous soyez ici ou non, n'y viens-je pas? Car pour moi vous êtes toujours là, vous ou votre souvenir. Oh! laissez-moi là, — dit l'enfant à genoux sur le sabord. — M'avez-vous entendue, monsieur Paul — Il est donc vrai! je ne m'abusais pas; c'était votre voix; vous m'avez appelé!

Et il fut dans la chambre. Alice ne pouvait nier.

— Ecoutez, Paul; vous m'aimez? — Vous avez l'anneau de ma mère, mademoiselle. — J'en suis digne, Paul; car je vous aime, Paul, je vous aime!

L'enfant fut à ses pieds.

— Ecoutez-moi, dit-elle d'une voix émue et précipitée. Quoique la fortune de mon père soit considérable, quoique nous soyons bien jeunes tous deux, je suis sûre d'obtenir son consentement à notre mariage. Il faut que votre père fasse la demande de ma main à ma tante; et elle y consentira. Alors, Paul, vous ne me quitterez pas d'un moment, vous aurez le droit de ne pas me quitter; car nous serons fiancés ici, et vous serez près de moi, toujours, toujours près de moi. Entendez-vous, Paul! le voulez-vous?

Paul était fou, ivre, délirant de joie, son rêve se réalisait; cette femme adorable qu'il devait aimer au nom des vertus de sa mère, sa croyance, son Dieu, la voilà : c'est Alice, Alice, qui lui disait : Je te préfère, toi, pauvre enfant. Elle l'aimait; elle le lui disait...

Aussi, Paul ne trouva pas un mot à répondre. — A genoux devant elle, les mains jointes et serrées, on eût dit qu'il priait.

Puis un déluge de larmes vint baigner ses joues, et il ne peut que dire : Oh! Alice! — oh! ma mère! tu m'as entendu!

Et Alice était haletante. Par cette démarche inouïe, inattendue, elle croyait échapper à l'amour qu'elle éprouvait pour Szaffie,

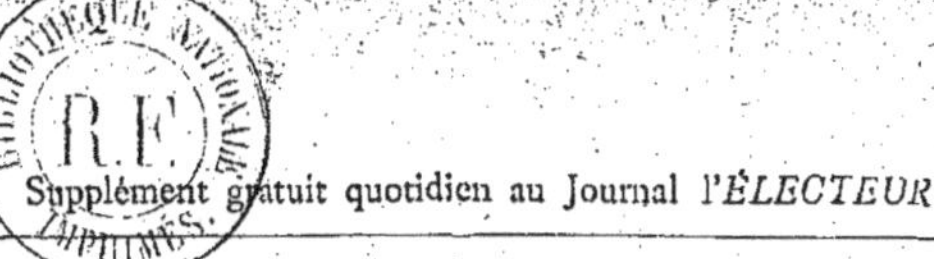

Supplément gratuit quotidien au Journal l'ÉLECTEUR

Le rat passé au grès.

sans pouvoir se rendre compte de sa violence. Cet aveu élevait entre elle et lui une barrière qu'elle n'oserait désormais franchir. Fiancée, vouée à Paul de sa propre volonté à elle, — il y aurait crime, infamie à le tromper, pensait-elle, et je suis incapable de tomber jusque-là.

— Comment, Alice ! vous m'aimez ! — Oui, je vous aime, je n'aime que vous, Paul, que vous !... Et vous m'aimez, vous ? Oh ! dites-le, ce mot ; répétez-le, que je l'entende... Oh ! vous pouvez m'aimer, n'est-ce pas ? Ce mot me fait tant de bien !

Publication de la Librairie Capiomont aîné, Calvet et Cie, 10, rue Git-le-Cœur, à Paris.

Dites-moi aussi que je vous aime ; que c'est de mon gré que je vous l'ai dit, et que, si je vous avais menti, je serais infâme : entendez-vous bien, Paul ? infâme... infâme ! — Je ne comprends pas, Alice. — Non, non : je vous aime ! N'êtes-vous pas l'époux de mon choix ? votre mère et la mienne sont là-haut qui béniront notre union... Mon Paul, mon bon Paul !

Mais Paul, entendant marcher dans la galerie, baisa la main d'Alice, et disparut par le sabord.

— Au moins, dit la jeune fille, cette affreuse pensée ne m'obsédera plus, me voilà plus tranquille : je l'*oublierai*. — Oh ! ma tante, que je souffre ! dit Alice à Madame de Blène, qui entra dans sa chambre.

CHAPITRE XXXVI.

LE RAT PASSÉ AU GRÈS.

Il s'était écoulé quelques jours depuis qu'Alice avait avoué à Paul qu'elle l'aimait. Seulement elle le pria de ne pas encore parler de la demande à son père. Mais Paul ne la quittait pas selon son désir. Sans cesse auprès d'elle, heureux, ravi, il avait tout à fait oublié la conversation de Szaffie, et la joie qui inondait son âme avait effacé les pensées cruelles et sombres qui l'avaient un instant agité.

Szaffie, lui, parut fort rarement sur le pont et même chez le commandant. Il se renferma dans sa chambre, prétextant une indisposition légère : ce qui combla d'abord les vœux du bon docteur, qui n'attendait, on le sait, qu'après cela, pour *connaître* Szaffie. Mais l'espoir du vieux Garnier fut déçu, et Szaffie refusa ses soins. Seulement une fois, Szaffie s'était approché d'Alice pour lui dire : — Alice, vous êtes heureuse, je le vois ; vous l'*aimez*... Ne vous l'avais-je pas conseillé ! Et c'est là le bonheur, n'est-ce pas ? Et il s'éloigna. Alice ne répondit rien, mais elle pâlit extrêmement.

— Il me l'a conseillé ! pensait-elle. Ne croit-il pas que c'est parce qu'il me l'a dit, que j'aime Paul ? Je l'aime, parce qu'il est bon, brave et loyal... Je l'aime, parce que cet amour fait mon bonheur.

Puis, après quelques minutes de silence, joignant ses mains avec force :

— Oh ! mourir ! mourir ! dit-elle en regardant le ciel.

Et pour la première fois, peut-être, les attentions de Paul lui parurent pesantes ; sa présence la gêna. Elle aussi prétexta une indisposition pour rester dans sa chambre.

— Et vous avez tort, dit le vieux docteur ; car, voyez-vous, c'est aujourd'hui dimanche. Nous avons bal ce soir, et ça vous aurait amusée, car nos marins dansent entre eux. C'est bien naturel, un jour consacré au plaisir.

Ceci ne décida pas Alice, qui descendit chez elle. Et au fait, comme avait dit le docteur, ce jour était consacré au plaisir. Et une des preuves convaincantes de cette liesse était des cris perçants qui retentissaient à l'avant de la corvette.

— Grâce ! grâce ! disait une petite voix faible, tout entrecoupée de larmes. — Passez-le au grès, le vilain rat ! passez-le au grès ! répétait-on en chœur. — Oh ! vous me faites du mal ! continua la petite voix. — Pourquoi donc, scélérat, n'es-tu pas venu laver ton groin avec les autres mousses ? Tu rongeais quelque chose dans la cale, hein ? — Mais, mon Dieu ! sitôt que maître Buyk me l'a permis, j'y suis allé. — C'est pas vrai ! Au grès, au grès, le rat ! — Oui, oui, au grès, le rat, au grès ! répétèrent en chœur une douzaine de voix au-dessus desquelles les cris aigus des mousses perçaient affreusement. — Mon Dieu ! mon Dieu ! que vous ai-je donc fait, pour me faire tant de mal ? cria Misère. — Tu nous as fait que tu nous embêtes, et qu'on a bien le droit de s'amuser un peu, et que nous voulons voir de quelle couleur devient la peau d'un rat quand on la frotte avec du grès.

Cette plaisanterie fit rires aux larmes l'auditoire, qui couvrit de bravos et de cris la voix du malheureux. Misère se débattait au milieu d'une foule de matelots et de mousses. On l'avait déshabillé en entier, sauf son pantalon, et on s'apprêtait à lui frotter le corps avec du sable et de l'étoupe. Enfin deux vigoureux matelots le saisirent, et tinrent immobiles ses pauvres membres si chétifs et si grêles, puis on l'étendit sur un mât de rechange.

— Tenez, tenez! Parisien, dit le pauvre petit misérable à l'un de ses bourreaux et tremblant de frayeur, Parisien, ne me faites pas de mal, et je vous donnerai mon pain et mon vin. Je n'ai que ça, mon Dieu! je n'ai que ça à moi ; mais je vous le donnerai, si on ne me le prend pas.

— Je crois bien, vilain rat; tu irais grignoter un biscuit dans les soutes.

Ici, nouveaux rires fous.

Et on jeta sur Misère une couche de sable fin et blanc.

— Oh! vous m'en jetez plein les yeux. Vous m'avez aveuglé. Grâce, grâce! Que vous ai-je fait? dites-le moi! Que vous ai-je donc fait? mon Dieu! mon Dieu! mon Dieu! cria l'enfant d'une voix déchirante et colère. — Frottez, frottez, maintenant, il va devenir rouge; parce que, voyez-vous, le rat marin, c'est comme le homard : ça devient rouge à la cuisson, et ça va lui cuire, allez! dit le Parisien.

Nouveaux rires. Et l'on commença de frotter tout le corps de Misère avec de l'étoupe imbibée d'eau de mer ; mais cette eau âcre et mordante, se mêlant à ce sable fin et tranchant, causait au malheureux une atroce douleur : car cette boue corrosive entrait dans les écorchures qu'il faisait çà et là.

— Voulez-vous me laisser! voulez-vous me laisser! hurla l'enfant. — Ah! il est encore fameux, le moussaillon! Quand tu seras lavé, rat... — Dieu! Dieu! que je souffre!.Oh! Parisien, je vous en prie, Parisien, laissez-moi! je ferai tout ce que vous me direz de faire. Tenez! j'en mangerai, du grès, si vous voulez, Parisien : j'en mangerai, dites? voulez-vous? Mais pas ça, oh! pas ça!... Par pitié!... Oh! grâce!... Tenez! mais voyez donc... ma poitrine est au vif.

Le frottement continua ; que dis-je? il redoubla !

— Vous ne voulez donc pas me laisser ! Mon Dieu ! si ma mère était là ! si ma mère n'était pas morte ! dit l'enfant.

Et sa figure prit une singulière expression. La douleur devint aiguë et nerveuse.

— Ah ! ma mère ! ma mère ! on me torture... Viens me défendre, ma mère.

Et le malheureux perdait la raison. La souffrance était au-dessus des forces de cet être si débile et si frêle.

— Ah çà, est-il bête, ce vilain rat ! Est-ce qu'il est fou ? Il n'y a pas de *rate* ici : entends-tu, sauvage ? — Ah ! la voilà, ma mère, la voilà qui vient ! Faites-moi souffrir... Oh ! bien, bien ! vous me déchirez tout le corps ; ma mère vient, et vous allez voir !

Et il riait, le misérable.

— Il est fou !... Regarde donc ses yeux, Parisien, dit un matelot ; on dirait du feu !

Misère était tombé, en effet, dans un de ces accès de démence qui suivaient toujours le mauvais traitement dont on l'accablait. Ses yeux brillèrent, s'agrandirent d'une manière effroyable, devinrent fixes, et un sourire pareil au sourire sardonique du mourant retroussa ses lèvres blafardes. Les matelots le tenaient toujours, mais ils ne frottaient plus.

Misère continua :

— Ma mère, c'est moi ; entends-tu, c'est ton petit Georges, qu'ils appellent Misère... je sais bien pourquoi... et qu'ils battent toute la journée. Tu viens, n'est-ce pas ? Tu m'apportes des habits, car j'ai froid ; du pain, car ils me prennent le mien, et j'ai faim... Dis ? tu me réchaufferas dans ton lit, auprès de la grande cheminée ? dis, ma mère, n'est-ce pas ? Et puis le matin, tu me donneras du gâteau de blé noir, que tu faisais pour ton petit Georges ? Et puis, le dimanche, tu me feras prier le bon Dieu et baiser l'enfant Jésus, dis ? car ici j'ai oublié de prier. Mais non, non, tu ne peux pas venir : tu es morte, toi... comme mon père, qui est mort... Il n'y a que votre petit Georges qui ne soit pas mort. Mais on le tue un peu tous les jours, entends-tu, ma mère ? Ils m'envoient à toi, à toi !

Et Misère ferma les yeux. Les matelots se regardèrent. Leur conduite n'était pas dictée par une atrocité froide, c'était gaieté brutale. Ils jouaient avec ce malheureux comme un enfant joue avec un pauvre oiseau qu'il martyrise. Ceux qui tenaient Misère avaient les larmes aux yeux ; ils le lâchèrent et l'assirent sur la drôme. Ce mouvement rappela l'enfant à lui, sans le rendre à la raison. Il se leva d'un bond ; et, tournant comme un bateleur avec une étonnante rapidité, il se mit à crier d'une petite voix aiguë :

— Le rat... le rat... a de bonnes dents... Il a rongé, rongé la noix, rongé... rongé.

Et il faisait claquer ses dents les unes contre les autres avec une incroyable vivacité. Puis, toujours tournant, il arriva au panneau de l'avant, se jeta au bout d'une corde et disparut. Quelques minutes encore on entendit ces mots, pendant que Misère disparaissait dans les profondeurs de la cale :

— Rongée, rongée, la noix... Rongée, car le rat a de bonnes dents, rongée...

Puis la voix s'éteignit. C'est que Misère était arrivé au fond de la cale.

Quoique le malheureux fût dans un état de démence complète, pourtant une idée fixe, une idée de vengeance le dominait ; et, pour l'exécution de cette idée seulement, il paraissait avoir conservé toute sa raison. Or Misère se glissa dans une soute ; et, s'approchant d'un tonneau qu'il déplaça, il s'accroupit près de la muraille de la corvette. Et, au moyen d'une tarrière et d'une scie qu'il avait dérobées, il finit d'entamer la coque du navire, et d'y faire une ouverture de quatre pieds de longs sur deux de large. Il travaillait à ceci depuis bien longtemps ; c'était ce qu'il appelait *ronger la noix*.

A ce moment, le mince doublage de cuivre qui enveloppait le navire en dehors empêchait seul l'eau d'entrer dans la corvette. Mais au moyen d'un coup de ciseau donné dans la première planche de ce cuivre, les autres pouvaient se détacher immédiament, et donner entrée aux lames qui devaient faire sombrer *la Salamandre*. Misère prit le ciseau ; mais il s'arrêta. Car il pensa au bal du soir. Il attendit donc.

CHAPITRE XXXVII.

LE BAL.

Le soir, les matelots un peu ivres, très-gais, très-bruyants, montèrent sur le pont; puis deux Bretons de Ploërmel emboucherent le bignoux national, espèce de cornemuse à deux becs, fort peu harmonieuse, mais aigre et criarde. Et, pour le bal, la hiérarchie militaire avait presque entièrement disparu; le mousse figurait modestement face à face avec le quartier-maître, qui l'avait souvent châtié; les novices recevaient les soins empressés des gabiers, et maître la Joie lui-même, avec une gravité singulière, lançait des pas de bourrées vis-à-vis de maître Bouquin, qu'il avait choisi pour danseuse, et que, dans un accès de gaieté surprenante, il appelait joyeusement madame *Bouquine*.

Quelques vieux, vieux flambarts qui n'aimaient plus la danse, ou qui ne trouvaient pas les danseuses à leur goût, contemplaient ce spectacle, accroupis sur les bastingages, fumant leur pipe, et pour toute conversation se renvoyaient d'effroyables bouffées de tabac alternativement par la bouche et par le nez. Le bon commandant souriait à ce tableau pastoral, content de la gaieté de ces braves gens; et seulement contrarié d'être agrafé dans son uniforme. — Gageons, Pierre, dit le vieux Garnier au lieutenant, gageons que j'invite le commissaire à danser. — Vous n'êtes pas galant, docteur, dit madame de Blène. — Oh! madame, je suis trop vieux, et je laisse cet honneur au commandant ou au premier lieutenant. — Oh! vous voyez, commandant, dit madame de Blène, il faut envier le bonheur de la médiocrité; car, si le pouvoir a ses charmes, il a aussi ses ennuis. — Madame, répondit le marquis, se rappelant la galanterie du dernier siècle ; madame, en attendant les ennuis je jouis des charmes.

Et il lui prit galamment la main.

— Oh ! quelle folie, commandant ! danser à notre âge !... — Le cœur ne vieillit pas, objecta spirituellement M. de Longetour. — Le cœur, bien, commandant, le cœur... mais il s'agit des jambes. — Oui, mais vous donnez du cœur aux jambes, riposta le marquis avec cette piquante étourderie qui rappelait les beaux jours du maréchal de Mirepoix.

Il n'y avait rien à répondre à cela ; il fallait se rendre... Madame de Blène se rendit.

— Mais vraiment, commandant, je refuse ; ma nièce est souffrante... — Du tout, dit le docteur ; je viens de chez le commandant, j'ai écouté à sa porte, et elle dort... elle dort parfaitement. Ainsi, madame, pas d'excuse... — Commissaire, voulez-vous me faire l'honneur de danser cette contredanse avec moi ? — Allons donc, vous plaisantez, dit le commissaire. — Mais du tout ; il faut bien faire un vis-à-vis au commandant et à madame... et vous êtes fort bien. Oui, commissaire ; il ne vous manque, par exemple, qu'un bolivar et des marabouts. — Mais j'y pense, dit Merval, si on réveillait mademoiselle Alice. — Au fait, dit le bon lieutenant qui cherchait Paul des yeux.

A ce moment le bignoux avait cessé sa musique discordante, les danseurs reprenaient haleine, et il régnait un de ces brusques silences qui surprennent quelquefois les assemblées les plus tumultueuses. Alors on entendit un éclat de rire grêle, mordant, qui semblait venir du ciel. Puis ces mots tombèrent du haut des mâts :

— Ah... ah... ah... le rat a de bonnes dents ; il a rongé... rongé la noix : la noix est rongée ; gare au trou... Le rat avait de bonnes dents !...

L'équipage, l'état-major, tout le monde resta pétrifié, tâchant de découvrir de quel endroit venait cette voix étrange. Puis on entendit comme le bruit d'un poids assez lourd qui tombait à la mer. Le lieutenant courut au couronnement, regarda et s'écria :

— Un homme à la mer... Puis, immédiatement après, avec le plus grand sang-froid. — Aux pompes ! Gréez les pompes !

Supplément gratuit quotidien du Journal L'ÉLECTEUR.

Où allez-vous donc, Monsieur? — Parbleu! nous coulons, je me sauve.

Il est impossible de décrire l'effet que produisirent ces paroles, répétées de bouche en bouche.

— Aux pompes! aux pompes! cria encore le lieutenant en se précipitant vers l'avant. — Voulez-vous donc couler sans avoir essayé d'échapper à la mort?

A peine ces mots étaient-ils prononcés, que le calier, maître Buyk, parut sur le pont.

— Il y a, cria-t-il, quatre pieds de bordage en dérive, et la cale s'emplit! — Aux pompes... tout le monde aux pompes! répéta le

Publication de la Librairie Capiomont aîné, Calvet et Cie, 10, rue Gît-le-Cœur, à Paris.

lieutenant. Les embarcations à la mer, et peine de mort pour le premier qui abandonnera le navire avant son tour.

Cette voix connue et le sifflet de maître la Joie mirent autant d'ordre qu'on en pouvait espérer; les pompes furent mises en jeu, et on s'occupa de mettre les embarcations à la mer. A ce moment, Paul allait quitter le pont; son père l'aperçut.

— A votre poste, monsieur... A l'avant! lui dit-il. — Mais, mon père; Alice... — Monsieur! m'entendez-vous? répéta Pierre d'une voix tonnante.

Paul ne put répondre un mot : et, entraîné par cette habitude d'obéissance passive, il courut à son poste. Il rencontra la tante d'Alice, madame de Blène, qui faisait tous ses efforts pour rompre la couche épaisse des matelots qui lui barraient le passage. Ces braves se pendaient aux cordes des pompes.

— Vous ne pouvez passer, madame, lui dit-il. Mais au nom du ciel! ma nièce... Alice... — Elle est en sûreté, madame! Si la corvette coule, on sauvera d'abord les femmes. — Mais, mon Dieu ? mon Dieu! je veux la voir, je veux passer. — C'est impossible, madame : vous arrêteriez le service, et le peu de chance de salut que nous avons dépend des pompes. — Allons, allons, mes garçons, courage, dit Paul en donnant l'exemple d'une prodigieuse activité.

Le lieutenant, son porte-voix à la main, était calme au milieu de cet affreux danger; de minute en minute il se penchait pour voir les progrès de l'eau qui gagnait déjà la batterie, et de temps à autre donnait les ordres nécessaires pour éviter la confusion. Et cet admirable équipage avait été si bien habitué par lui à une exacte et sévère discipline, que cette manœuvre, d'où dépendait la vie de tous, était faite avec autant de silence, de sang-froid que s'il fût agi d'un simple exercice. Le lieutenant, absorbé par une surveillance de toutes les secondes, n'avait pu s'occuper du commandant, qui perdait la tête et était complétement démoralisé.

Pierre chercha des yeux l'ex-débitant. On venait alors de mettre la yole à la mer. Le marquis, s'en étant aperçu, enjambait déjà le plat-bord pour s'y jeter, lorsque Pierre l'arrêta par un pan de son habit.

— Où allez-vous donc, monsieur ? lui dit-il. — Parbleu! je me sauve, vous le voyez bien. Lâchez-moi donc, nous coulons. — Misérable ! murmura le lieutenant en le ramenant de force sur le pont. — Je suis votre commandant, et je vous ordonne de me laisser, dit l'autre en se débattant. — Mais tu ne sais donc pas, malheureux, que le premier homme qui abandonne le bord avant les femmes et les mousses, est puni de mort? Tu ne sais donc pas que le commandant est le dernier, entends-tu, le dernier qui doive quitter son bâtiment? — Mais je ne veux pas mourir, moi! Eh bien! oui, j'ai peur, là! je suis indigne de commander; je donne ma démission. Laissez-moi me sauver! répondit le marquis.

Et l'ex-débitant tâchait d'échapper aux mains de Pierre, qui tremblait que l'équipage ne s'aperçut de ce débat.

— Sauve qui peut! sauve qui peut! cria enfin le marquis en délire à un moment où la corvette s'inclina et parut s'abimer. — Tais-toi! dit Pierre en mettant violemment la main sur la bouche du marquis; tais-toi, infâme! Ce cri de lâcheté est toujours puni de mort! il va l'être, car je t'ai promis que tu ne déshonorerais pas tes épaulettes!

Et Pierre, exaspéré, furieux, tira son poignard pour en frapper le commandant. Heureusement la lame glissa et ne fit qu'effleurer le bras du vieillard.

— Lieutenant, eh bien! lieutenant! dit la Joie en se précipitant sur Pierre. — Le misérable veut m'assassiner! cria le marquis pâle et tremblant.

Pierre revint à lui, et continua, avec un accent de colère simulée :

— Pourquoi, aussi commandant, ne voulez-vous pas sauver mon fils, et lui donner l'ordre de s'embarquer dans la yole?

Par cet admirable mensonge, par cette interprétation naturelle donnée à sa conduite, Pierre sauvait l'honneur de son commandant, mais il se perdait.

— Mais vous savez, lieutenant, que les officiers s'embarqueront toujours les derniers, et M. Paul est officier, dit la Joie en tenant toujours Pierre par le milieu du corps. — Retirez-vous, maître, dit Pierre à la Joie en paraissant se remettre; mon amour pour mon fils m'a emporté. Je suis coupable, commandant, je me résigne à mon sort. Voici mon poignard.

Le marquis, stupéfait, prit machinalement le poignard. A ce moment, maître Bouquin accourut tout essoufflé.

— Commandant, c'est tout au plus si les pompes franchissent, lui dit-il.

Maître Buyk, après s'être affalé le long du bord, tâche de clouer une plaque de plomb sur la voie d'eau.

— Voici les ordres du commandant, reprit froidement Pierre : que les pompes ne s'arrêtent pas. M. Merval, faites brasser le grand hunier sur le mât ; nous allons mettre en panne pour nous reconnaître un peu. Faites continuer les préparatifs que l'on a commencés pour mettre la chaloupe à la mer, monsieur Bidaud, et allez à la cale voir ce que l'on gagne d'eau. Maître Bouquin, que l'ordre règne dans la batterie ; faites veiller des hommes aux palans. Si la circonstance l'exigeait, nous nous allégerions de notre artillerie, et vous, maître calfat, entendez-vous avec le maître charpentier pour remédier au plus tôt à cette avarie.

Et ces détails, arrêtés, minutieux, ces ordres précis et exacts, étaient donnés de sa voix ordinaire sans la plus légère émotion. Mais le danger paraissait toujours imminent.

CPAPITRE XXXVIII

NAUFRAGE.

Après avoir longtemps pleuré, charmée, obsédée par le souvenir de Szaffie qu'elle ne pouvait fuir, maudissant l'amour profond qu'elle ressentait pour lui ; ayant vingt fois invoqué la mort, Alice s'était endormie, abattue, brisée par la douleur.

Eveillée par le tumulte qui régnait sur le pont, elle entendit ces mots affreux : — La corvette périt... nous coulons.

— Mon Dieu ! qu'est-ce que cela ? s'écria-t-elle en se levant à demi.

La porte de sa chambre s'ouvrit.

— Au nom du ciel ! ma tante !

C'était Szaffie.

Il ferma la porte, puis :

— Nous sommes perdus, Alice ; avant dix minutes, la corvette sera engloutie. — Que dites-vous ? — Une voie d'eau vient de se déclarer ; nous périssons, voyez !

En effet, le sabord, qui ordinairement s'élevait à deux pieds hors de l'eau, était descendu d'un pied et s'abaissait encore.

— C'est vrai, nous allons mourir ! dit Alice pensive.

Et ses joues devinrent pourpres, et un éclair brilla dans ses yeux humides de leurs dernières larmes.

— Mourir ! dit-elle encore, le ciel m'a donc entendu.

Et son visage rayonna. Szaffie, s'approchant d'elle, prit ses mains brûlantes dans les siennes.

— Et c'est parce que nous allons mourir, Alice, que je suis venu mourir près de toi. Et je donnerais ma vie pour cette mort... dût ma vie recommancer longue et prospère.

A ce moment, un effroyable cri d'angoisse retentit sur le pont, et le sabord s'abaissa jusqu'au niveau de la mer.

— Entends-tu, Alice? dit-il en la serrant contre lui avec passion. — Oh! j'entends bien, Szaffie. Je vais donc mourir enfin, et avec vous! — Oui, avec moi.

Et sa bouche s'attacha sur la bouche d'Alice. A cette impression profonde, électrique, à ce baiser mordant, la tête d'Alice se perdit. Le feu lui resta aux lèvres, tout son être se concentra sous cette caresse ardente, et elle tomba anéantie dans les bras de Szaffie.

— Oh! bénie soit la mort qui vient! murmurait-elle; si elle me donne le temps et la force de t'avouer que je t'aime, Szaffie, que je t'aime, toi qui ne peux plus aimer; mais au bord de la tombe on peut faire cet aveu sans être infâme, n'est-ce pas? — Oh! Alice! — et il la couvrait de baisers délirants. — L'amour, le bonheur, nous aura tués avant la mort qui vient... Oui; mais, avant de mourir, crois-tu que j'aie le temps de te faire oublier une de tes douleurs, d'effacer un de tes chagrins, à toi que j'adore et que je croyais haïr? Te haïr! toi, mon démon et mon ange! toi, mes larmes et ma joie, toi! Oh! dis que tu ne souffre plus, dis que tu me pardonne ma haine. Car ma haine, reprit-elle avec exaltation, ma haine, mais je la comprends maintenant, mais c'était de l'amour brûlant et comprimé; mon âme, mon Szaffie, c'était de l'amour, entends-tu bien? de l'amour! — Et moi aussi, Alice, mon Alice, ma haine c'était de l'amour, c'était la rage de ne pouvoir dévorer de baisers tes yeux, ta bouche, tes cheveux, toi, toi, tout toi, Alice!

Et Alice, frémissante, enivrée, se tordait sous les caresses passionnées de Szaffie.

— Oh! Szaffie, soupirait-elle d'une voix éteinte, tu l'as dit: ces ardentes voluptés m'auront tuée avant les flots, merci au ciel. — Oui, Alice, merci au ciel ou à l'enfer. — Le ciel et l'enfer, c'est toi, Szaffie; car tu m'enivres et tu ne m'aimes pas, mon amour!... Mais que m'importe? je t'aime, moi, je meurs avec toi: oh! mais j'aurais voulu mourir pour toi. Veux-tu que je me perde à jamais pour toi, dis? Veux-tu que je blasphème Dieu à ce moment terrible! Veux-tu que pour toi je me damne pour l'éternité? Croiras-tu que je t'aime, après cela ? dit Alice les dents serrées. — Oui, dit Szaffie en se dressant avec une effroyable expression d'ironie, oui, blasphème, blasphème !

A ce moment une nappe d'eau déferla dans la chambre par le sabord.

— Oh ! Szaffie ! s'écria Alice épouvantée. Et elle l'étreignit violemment de ses deux bras, colla sa bouche à la sienne, tomba dans un spasme nerveux, et s'évanouit.

Szaffie l'emporta rapidement dans la batterie ; puis s'arrêtant :

— J'espère, malgré tout, qu'il n'y a aucun danger pour nous ; du moins le lieutenant m'avait bien assuré qu'il n'en existait plus quand je suis descendu chez elle.

Puis la regardant avec un sourire :

— Encore une qui à son réveil ne croira plus à l'amour ; — verra vrai. — Que de chagrins je lui épargne ! Désabusée si jeune !... Quel avenir de coquetterie, si elle comprend sa position ! Mais où trouver madame de Blène pour lui remettre ce précieux fardeau ?

CHAPITRE XXXIX.

LE JOURNAL.

En effet, quand Szaffie descendit chez Alice, les pompes commençaient à franchir ; on avait réussi à fermer les fenêtres de l'arrière, et l'on avait fait incliner la corvette sur le flanc opposé à la partie attaquée, afin de remédier à l'avarie. Au bout d'une heure, le calme étant rétabli à bord, *la Salamandre* en bonne route ; Pierre donna ses dernières instructions à Merval, et descendit chez le marquis.

A sa vue, le commandant eut un cruel serrement de cœur.

— Monsieur, lui dit Pierre, pardonnez-moi, car j'ai été sur le point de commettre un crime ; mais vous l'avez voulu...

Le bon Longetour, se levant, répondit :

— Vous auriez dû respecter mes cheveux gris, lieutenant, seulement mes cheveux gris ; car je sens bien que, comme comman. dant, je ne mérite que votre mépris ; que vous faites tout ce que vous pouvez pour excuser mes bévues aux yeux de l'équipage. Je sais que, grâce à vous, je passe même pour entendre quelque chose à mon affaire ; qu'au moment même où ma lâcheté vous révoltait, vous vous êtes sacrifié pour moi : je sais tout cela, mon ami : aussi je dois excuser un moment de vivacité. Donnez-moi donc votre main ; allons, et n'en parlons plus. — En vérité, monsieur, dit Pierre en lui serrant la main, je n'ai pas le courage de vous en vouloir ; et, pourtant, savez-vous ce dont vous serez cause ? — Non, mon ami ; du tout, du tout. — Grâce à vous, monsieur, mon enfant, mon pauvre Paul, sera bientôt orphelin. —

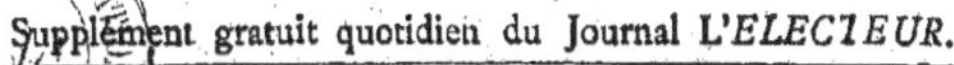
Supplément gratuit quotidien du Journal L'ELECTEUR.

C'était un prince riche, jeune et beau.

Grand Dieu ! expliquez-vous. — Voulez-vous lire ceci ? dit Pierre en présentant au marquis un livret de marin.

Le commandant le prit et commença :

« Tout officier qui, dans un combat ou dans un naufrage, refusera d'exécuter un ordre du commandant :

« Tout officier qui portera l'épée ou la main sur son supérieur pendant le service, sera... »

Le commandant ne put achever, pâlit, et fut obligé de s'appuyer sur le dos de son siège. Pierre reprit le livret et continua sans émotion :

« Cet officier sera puni de mort. » Et il posa le livret sur la table.

Le commandant tomba anéanti dans son fauteuil ; Pierre croisa ses bras et lui dit.

— Vous voyez, monsieur, la loi est formelle à cet égard. Or, j'ai porté mon poignard sur vous : tranchons le mot, j'ai voulu vous assassiner, vous, commandant du navire, en plein pont, à la vue de tout l'équipage, dans un de ces moments où il faut que la discipline la plus sévère, la plus absolue, règne à bord. Je vous le répète, la loi est formelle : Peine de mort ! — Mais c'est impossible ; mais, excepté la Joie, personne ne vous a peut-être vu... mais d'ailleurs je ne porterai pas plainte. Ainsi... — Tout s'est passé devant nos matelots ; et vous ne porteriez pas plainte, que le bruit public m'accuserait, que moi-même, monsieur, je me constituerais prisonnier. — Et moi, monsieur, je dirais hautement au conseil : Tout ceci est arrivé parce que je me suis conduit comme un lâche, parce que j'ai voulu abandonner mon bord, et mon lieutenant s'y est opposé : c'est donc moi qui mérite la mort. Car enfin je n'ai pas l'habitude du feu ni de l'eau, c'est vrai, s'écria le digne marquis en se levant ; j'ai peur d'un naufrage ou d'un boulet, c'est encore vrai, mais il ne sera pas dit que j'aurais été assez misérable pour laisser fusiller un brave militaire, un père de famille, un loyal marin comme vous, Pierre.

Et, pour péroraison, l'excellent homme se jeta tout en larmes dans les bras du lieutenant, qui, tout ému, lui répondit :

— Remettez-vous, commandant. Vous êtes bon, sensible, vous avez des qualités que je respecte ; dans toutes les positions du monde, excepté dans celle de capitaine de frégate, vous seriez très-bien, très-honorablement placé. Enfin, c'est un malheur, la faute est faite : il n'y a aucun remède. Mais je vous jure, sur Dieu et l'honneur, que je n'aurai pas dans le cœur le moindre sentiment de haine contre vous à mon dernier moment. — Mon Dieu ! mon Dieu ! disait le bon commandant en pleurant à chaudes larmes : malheur, malheur à moi !... Encore une fois, Pierre, reprit le marquis en essuyant ses pleurs, ce ne sera pas, ça ne peut pas être.

Pour toute réponse, Pierre prit le journal du commandant, et écrivit ce qui suit :

« Aujourd'hui, le nommé Huet (Pierre), âgé de quarante-deux ans, né à Quimperlé, chevalier de la Légion d'honneur, lieutenant de vaisseau, embarqué comme second à bord de la corvette de S. M. *la Salamandre*, s'étant oublié jusqu'à porter un coup de poignard à moi, capitaine des vaisseaux du roi, commandant ladite corvette, dans l'exercice de mes fonctions, revêtu de mon uniforme, ce crime ayant été commis parce que je me refusais à donner l'ordre de faire sauver son fils, aspirant à bord : j'ai convoqué pour demain un conseil extraordinaire, afin de connaître de ce délit, et prendre des mesures convenables ; le prévenu étant en cas de récidive, et ayant déjà gravement manqué à la subordination, en interrompant mon commandement en plein pont. Et j'ai ordonné provisoirement que ledit Pierre Huet cessât ses fonctions et fût retenu prisonnier dans sa chambre jusqu'à nouvelles informations.

« Fait à bord, le, etc.

« Signé : le capitaine de frégate, commandant la corvette de S. M. *la Salamandre*. »

Puis Pierre se leva et dit au commandant.

— Voulez-vous signer ceci ? Je l'ai rédigé moi-même, parce que vous n'auriez pas su la forme de cette déclaration. — Jamais, jamais, s'écria le marquis après avoir lu. — Votre résistance est inutile ; car, à l'heure qu'il est, dit Pierre, d'après mon ord.e, le lieutenant Bidaud consigne la même chose sur le journal de l'état-major, qui fait foi comme le vôtre. — Alors, dit le marquis, je vais écrire au bas... toute la vérité... — Monsieur, s'écria

Pierre, devenant rouge de colère, oserez-vous donc consigner l'acte de lâcheté la plus inouïe sur un des journaux de la marine française ? Savez-vous peut-être que ces journaux-là seront peut-être un jour de l'histoire, monsieur ? — Vous y consignez bien un mensonge ! — Ce mensonge ne me déshonore pas. On pourra lire sur le journal de *la Salamandre* : — Pierre Huet, entraîné par son amour pour son enfant, s'est oublié jusqu'à frapper son commandant ; il a été puni et il est mort en brave. — Mais on n'y lira pas : — Un commandant de la marine française est le seul, est le premier qui ait crié « sauve qui peut » à son bord. — Non, non ! dût la foudre m'écraser à l'instant, vous n'ajouterez pas un mot, et vous signerez ceci sans tarder. Car enfin, pensez-vous, monsieur, que, depuis une heure, vous parlez supplice avec un condamné à mort ? Et, dit Pierre en se calmant, j'aime mieux un autre sujet de conversation.

Le commandant signa ; il sanglotait.

—Bien, dit Pierre. Maintenant j'ai une grâce à vous demander : c'est que mon fils ignore ce qui s'est passé ; son âge l'empêche de faire partie du conseil, et je connais l'équipage, mes bons flambarts, le pauvre enfant ne saura rien avant notre arrivée à Smyrne où se trouve la division qui fournira le conseil supérieur destiné à me juger en dernier ressort ! Encore un mot, commandant. Depuis cinq ans, je soutiens un vieux matelot invalide, brave et honnête homme, qui n'a que moi au monde pour s'intéresser à lui. Il se nomme Gratien, et demeure à Brest. Promettez-moi de me remplacer auprès de lui, car, sans cela, il mourrait de faim. Allons, c'est dit, adieu, commandant. Je me rends dans ma chambre; je dirai à Paul que vous m'avez ordonné les arrêts pour une faute de service, M. Bidaud fera la route et le point ; il en est, je crois capable.

Pierre sortit, et le marquis resta plongé dans de douloureuses réflexions

CHAPITRE XL.

PRESSENTIMENTS

Enfin nous voici encore une fois en route, chère et digne *Salamandre*. Tu as été, il est vrai, un peu retardée par le vouloir de Misère.

Pauvre Misère, dors en paix dans ta sépulture transparente. Ton idée était bonne, mais, enfant, tu t'es trop hâté d'en annoncer l'exécution. Deux minutes de silence, et tes projets réussissaient au gré de tes jeunes désirs. Pourquoi te jeter à la mer, ne pas attendre, ne pas rester à la cime du grand mât? Peu à peu tu aurais vu s'abîmer la corvette, et cette foule qui t'avait battu si souvent! cette foule que toi, faible enfant, tu dominais de la hauteur du grand mât et de ta vengeance! Jeunesse, amour, beauté, gloire et génie, tout s'engloutissait sous tes pieds, et toi qu'on méprisait, toi mousse, toi géant, tu contemplais d'en haut cette longue et douloureuse agonie. Et puis le mât, à son tour, s'abaissant, disparaissait peu à peu. Et enfin arrivait le moment où, seul, sur l'immensité de la mer, effleurant son niveau, tu aurais paru marcher sur les flots, à l'instar de saint Jacques, et pu crier miracle. Et dire pourtant que tu as maladroitement sacrifié tous ces avantages au plaisir de lancer, du haut de ton mât, je ne sais quel pitoyable jeu de mots sur une noix rongée par un rat.

Enfin, vogue, vogue, bonne *Salamandre*. Nous approchons de la côte d'Afrique, et la brise se fait.

Qui croirait, à te voir si tranquille, si calme, qu'il y a dans ton sein des passions qui fermentent, des cœurs qui se brisent, des pensées de mort, des cris et des larmes? Mon Dieu! tout cela ne rend ni ta coque moins noire, ni ton gréement moins fin, ni ta voilure moins élégante !

Qu'on s'égorge, qu'on pleure du sang, ton enveloppe, nette et froide, ne trahit rien. Et pourtant, peut-être, ainsi que ces fées des ballades si fraîches, si roses, qui, vêtues d'or et d'azur, forment des danses magiques sur le lac solitaire, effleurant à peine sa surface limpide du bout de leurs pieds blancs et délicats ; et qui pourtant, gonflés de rage et de fureur, se changent en larves et en goules hideuses, dès que la lune se lève sanglante derrière les noirs sapins de la forêt... Ainsi peut-être ce monde en miniature qui, il y a peu de jours, se pressait, s'agitait, s'aimait ou se cherchait à ton bord ; ces dévouements, ces amitiés, ces amours, tout cela n'attend-il peut-être aussi qu'une lutte sanglante, pour fouler aux pieds, comme dans la ballade, fleurs et parfums, écharpes flottantes et brillants insignes, pour changer en cris de meurtre et de désespoir ces doux mots qu'on se dit si bas, ces protestations qu'on se fait si haut, pour changer en morsures cruelles et acérées ces douces morsures que fait une bouche caressante, et qui laissent, sur une peau satinée, des traces si chères aux amants.

Mais que dis-je, bonne *Salamandre* ? Peut-être est-ce, au contraire, un soleil radieux et pur qui se lèvera au lieu de cet astre funèbre de la nuit ; un soleil étincelant qui pétille et scintille sur les vagues en mille reflets brisés, rompus, ardents, éblouissants, un soleil bienfaisant qui réchauffe de sa lumière dorée la nichée de petits alcyons, que la mer emporte et balance dans leur nid tout tapissé des lichens verts à fleurs roses.

Car, enfin, ainsi que disait Paul à Szaffie, tout n'est pas hiver et ténèbres, il y a un printemps et un soleil aussi, ou mieux des compensations.

Car si Alice est encore en proie à un spasme nerveux et violent qui l'agite depuis que Szaffie l'a emportée mourante dans la batterie pour la confier aux soins empressés de sa tante chérie ; si Alice, n'ayant plus sa raison, tressaille et rit douloureusement au milieu d'un effrayant délire ; si Paul, respirant à peine, les yeux baignés de larmes, a passé le jour et la nuit entière assis à sa porte, prêtant l'oreille et sentant son cœur se briser à chaque cri convulsif que poussait la malheureuse jeune fille, qui, selon sa promesse, doit être sa fiancée, à lui, l'amant de son choix, car elle doit être sa fiancée, à moins de passer pour infâme : elle l'a dit... si Pierre Huet, seul dans sa chambre, sa tête appuyée dans ses mains, songe que dans un mois il sera fusillé comme un criminel, parce que son supérieur s'est conduit comme un lâche ; si le pauvre marquis, contemplant avec horreur sa position, se voit, lui, bonhomme sans méchanceté, cause la mort de son lieutenant, qu'il aime de tout son cœur et qu'il tremble de ne pouvoir sauver !... si l'équipage, muet et morne, paraît frappé d'avance du coup qui doit atteindre Pierre, Pierre que les matelots plaignent sans l'excuser, tant est enraciné chez eux, grâce aux efforts constants du lieutenant, le respect dû au chef et l'horreur de l'insubordination ; si ces braves gens regardent Paul d'un œil d'intérêt en suspendant la conversation commencée quand il s'approche d'eux, de façon que le pauvre enfant est le seul à bord qui ignore le futur sort de son père ; si le bon vieux Garnier, tout en prodiguant les soins les plus paternels à mademoiselle de Blène, se dit : — Ceci n'est pas clair ; il y a quelque infamie là-dessous ; Pierre est incapable d'avoir manqué à ce point au commandant... et cependant on l'a vu... Pauvre... pauvre Pierre ! qui aurait pensé que tu dusses finir ainsi... fusillé comme un chien ! — si le commissaire, l'enseigne Merval et Bidaud, quoique sympathisant peu à ces douleurs si généralement senties, ne pouvant échapper à cette tristesse contagieuse répandue à bord depuis les derniers évènements, sont aussi taciturnes et moroses, comme pour ne pas contraster avec l'affliction générale ; si, enfin, tant de calamités et de lugubres réflexions assombrissent l'intérieur autrefois si gaie de *la Salamandre* : par cette loi de compensations, Szaffie est froid et impassible, et promène partout et sur tout son regard d'aigle. Comme dans sa haine profonde il enveloppait le genre humain, tout ce qui, directement ou indirectement, affligeait le genre humain, était pour lui une joie et un sujet d'étude. Et je ne sais par quelle infernale prévision il pressentait d'affreux événements... Le ciel était sombre et couvert ; le vent commençait à souffler, la mer à mugir sourdement... et, comme ces tigres qu'une inconcevable faculté guide et attire autour du logis des mourants, Szaffie se promenait sur le pont de la corvette, en y évoquant déjà dans sa pensée de funèbres images. Ses pas semblaient arrêtés et lourds comme ceux de la statue du Commandeur de *don Giovani*. Il était pâle, et un sourire sardonique errait sur ses lèvres minces et rouges.

— Je n'ai jamais cru aux pressentiments, disait-il; mais qui m'expliquera pourquoi j'ai la conscience d'être à la veille ou au moment de quelque effroyable catastrophe? Chose bizarre! j'éprouve une sensation intime, poignante, aiguë, dont je ne puis me rendre compte . . . .
Et si j'allais mourir... Mourir! déjà mourir!... Ce serait affreux... Oh! non, non; je me fie à mon étoile. Et puis Satan en pleurerait, comme disent les bonnes gens, ajouta-t-il en riant.

CHAPITRE XLI.

THÉORIE

La brise soufflait toujours violemment du nord, le ciel était obscur, la mer grosse, et le vent soulevait les longs cheveux bruns de Paul, qui, appuyé sur une des caronades de la batterie, paraissait abîmé dans une contemplation douloureuse. Sa figure, ordinairement rose, calme et souriante, était d'une pâleur mortelle; des larmes séchées luisaient sur ses joues, et ses yeux ardents ne quittaient pas un anneau qu'il tenait à la main.

La tête du pauvre enfant s'égarait; c'était l'anneau de sa mère qu'Alice venait de lui rendre en ajoutant : — Je n'en suis plus digne, Paul, oubliez-moi!

Et Szaffie entra chez le commandant.

Derrière Paul, le contemplant, immobile, était Szaffie.

Il s'approcha.

— Qu'avez-vous, Paul? vous paraissez accablé.

Paul tressaillit, cacha son anneau, et répondit : — Je n'ai rien, monsieur. —Votre figure est altérée, pourtant. Est-ce parce que le commandant a puni votre père de quelques jours d'arrêts? —Paul, on le sait, ignorait la scène du coup de poignard et ses conséquences. — Mais, reprit Szaffie, c'est une suite de la hiérarchie militaire : le lâche punit le brave, c'est dans l'ordre. Votre père se sacrifie pour ce vieillard imbécile. Car je sais tout; et, pour prix de son sacrifice, il sera peut-être perdu un jour. Mais tout cela suit la marche naturelle des choses humaines, Paul. — C'est vrai, monsieur: vice, crime, infamie, voilà les seules choses qui ne trompent jamais, qu'on retrouve telles qu'on se les est figurées. — Oh là! Paul! que veut dire ceci? La sagesse vous est venue vite depuis l'autre jour, enfant. — Oh! c'est que maintenant, ajouta Paul avec un sourire amer et poignant, c'est que maintenant je suis digne de vous comprendre. Oui, je commence à douter de tout, de moi-même. — Paul, c'est un grand pas. — Oui, à douter de tout, monsieur, à me demander s'il n'est pas possible qu'un serment fait sur la cendre d'un mort, sur un souvenir sacré, ne soit pas... Mais, dites-moi, vous que l'expérience a dû instruire, dites-moi : pour être aimé d'une femme, ce n'est pas assez que d'être loyal et dévoué, de ne vivre que pour elle, de voir en elle son avenir, sa croyance, son Dieu? Ce n'est pas assez, n'est-ce pas? Mais par pitié, répondez, répondez? — Ecoutez-moi, Paul. Supposez par la pensée un homme d'un génie immense, d'une beauté parfaite, d'une richesse royale, d'une âme sublime. Eh bien! Paul... — Hélas, monsieur! faut-il donc tout cela pour être aimé? — Il faut tout cela, Paul, pour se voir souvent sacrifié à un être dégradé, stupide et difforme. — Oh! monsieur, c'est une cruelle raillerie. — Je ne raille pas, je parle vrai! Paul, il n'est pas donné aux passions de l'homme ou de la femme de s'arrêter à un terme, tel complet qu'il soit; l'activité de l'esprit humain ne s'éteindrait pas même dans la possession d'un être idéal. Ainsi, Paul, une femme arrivant à rencontrer une perfection, ne s'en tiendra pas là : par cela même qu'elle n'aura plus rien à chercher au-dessus, elle cherchera au-dessous, et se jettera dans les contrastes. Or, une fois aux contrastes, les plus tranchants sont les meilleurs; c'est l'histoire de la femme de Joconde : — car, sous un vernis de fadeur et de légèreté, il y a là une vérité bien profonde et bien vraie, soit qu'on l'explique au physique ou au moral. Avez-vous lu Joconde, Paul? — Non, monsieur. — Eh bien! Joconde était un prince riche, beau, aimable et spirituel. Il quitte sa femme pour faire un voyage ; elle était encore chaude de ses baisers d'adieu qu'il revient à l'improviste,

— et la trouve couchée avec un laquais crétin, idiot et difforme. C'est, comme je vous le disais, l'irrésistible besoin des contrastes. C'est encore cet ancien symbole du fruit défendu, appliqué au moral ; c'est encore l'amour de l'imprévu, du bizarre, qui leur fait mettre des pagodes et des monstres sur leur cheminée ou dans leur lit. — Oh ! c'est horrible ! horrible ! dit Paul en cachant sa tête dans ses mains. — Et, je vous le répète, ce que je dis de la difformité physique, s'applique bien mieux encore à la difformité morale : mais c'est une recherche. — Pour en revenir à l'homme complet que nous supposons, figurez-vous, Paul, notre type idéal, notre grand homme, amant passionné d'une femme jeune et belle : mais cette femme aura mille moyens de fouler aux pieds cet homme dont la supériorité l'écrase et la blessera toujours : et elle les emploiera. Car il n'y a chez la femme qu'un sentiment profond et inaltérable, c'est celui de l'amour-propre.

Songez donc, Paul, que d'un baiser elle pourra faire un sot, un crétin, plus grand que lui grand homme ; plus grand, Paul, surtout à ses yeux à lui, qui se verra sacrifié, qui verra un crétin jouir du bonheur qu'on lui refuse.

Alors, Paul, voyez les tortures, écoutez les cris, les sanglots de ce grand homme, qui aime avec plus de frénésie encore depuis qu'on le délaisse ! Le voilà qui renie sa gloire, son nom célèbre, son génie, sa beauté, sa richesse ; le voilà qui se maudit, lui Byron, lui Bonaparte, lui Dante, lui... que sais-je, moi ? Le voilà qui s'abhorre, le voilà, par l'infernal caprice de cette femme, amené, lui si grand, à donner avec délices, son sang, son âme, s'il le pouvait, pour être stupide pendant une heure, une seconde, toute sa vie ! puisque sa maîtresse aime les gens stupides, et qu'elle n'aime plus les grands hommes.

Et vous croyez, Paul, qu'il existe une femme capable de résister à la jouissance de se dire : — Par un caprice frivole, caprice né en lissant mes cheveux ou en chiffonnant une écharpe ; moi, moi femme faible, obscure et sans nom, j'ai amené l'homme qui fait l'orgueil, l'éclat et la gloire d'une nation, d'un monde, d'un univers ! à maudire ces dons divins, l'envie des hommes, l'admiration des autres femmes, à les maudire et à crier, les mains jointes, à genoux, les yeux en larmes : Mon Dieu ! mon Dieu !

fais-moi donc aussi abject que tu m'as fait puissant ; et elle m'aimera peut-être ! — Non, non, aucune fille d'Ève ne résisterait à cette tentation, Paul ! — Mais, au nom du ciel ! que faire ? que croire ? — Un vieux vers hindou le dit : *S'attendre à tout, pour ne s'étonner de rien.* — Mais c'est le doute, cela : c'est l'incrédulité qui ronge le cœur. — Oui, Paul : tant qu'on a un cœur. Mais après ? Mais quand on en a plus de cœur ; quand, flétri, desséché, il est mort, insensible et froid, on défie le monde de ces déceptions : car alors ce cœur n'est plus qu'un cadavre que l'on expose aux tortures sociales — et l'on rit. — Mais c'est infâme ! cria Paul comme en délire. Pour être aimé, la vertu, l'honneur, l'amour, la pureté, ne sont donc rien. Il faut donc de la corruption, des vices ? — Oui, Paul, le vice, le vice élégant plaît beaucoup aux femmes. Le vice suffit pour une liaison ordinaire ; mais pour une grande, une frénétique passion, une passion chaude et ardente, il faut le crime. Une âme corrompue, insolente et sceptique les intrigue et les amuse : une âme criminelle les effraye. Or, chez elles, l'amour est presque toujours terreur ou curiosité. Lauzun et Richelieu pour le vice, les héroïques brigands des Calabres et de l'Espagne pour le crime, voilà mes exemples, Paul. — Ainsi, dit Paul dont le cœur se contractait affreusement, pour être heureux avec elles... — Oh ! Paul, vous demandez là beaucoup. Pour être heureux, il faut voir dans la femme un fait : par amour-propre ne posséder qu'une fois, défiant ainsi ce qu'on appelle une trahison ; dire après : Merci ou adieu ; et changer souvent. — Mais si l'on aime, si l'on aime avec délire, avec passion ? — Vous me demandez le moyen d'être heureux, Paul ? les vrais bonheurs sont négatifs, sont dans l'insensibilité morale : aussi faut-il dépouiller vite, et user, n'importe sur qui, ce superflu de passion, de délire, comme vous dites. — Mais, au nom du ciel ! que reste-t-il donc, alors ? Il reste des sens à satisfaire, tant qu'on a des sens ; et quand on en a plus, le passe-temps d'analyser de sang-froid ces êtres si inexplicables, en les faisant passer à votre gré, ou au leur, par toutes les émotions, des plus douces aux plus cuisantes ; puis, de leur raconter, après, comment votre passion n'a été qu'une étude psychologique ; comment de leur âme, que vous rendiez heureuse ou souffrante, vous aviez fait un livre où vous lisiez; et que, tout étant lu, il fallait fermer le livre ou le déchirer.

Paul était dans un état impossible à décrire. Pour la seconde fois, cet homme implacable le tenait sous son infernale obsession. Mais, ce qui faisait entrer plus avant au cœur de Paul l'amertume de ces effrayants paradoxes, c'était le souvenir de la conduite d'Alice et un soupçon vague, un instinct indéfinissable qui lui disait qu'elle si pure, si aimante, devait pourtant servir d'appui, d'exemple à cet atroce système ; aussi, éperdu, fasciné, il tenta un dernier effort, avec cette rage froide du joueur qui, avec son dernier louis, met sa vie sur une carte.

— Monsieur! dit-il à voix basse et sourde, sortons des généralités, arrivons à une chose personnelle, à moi. Tenez, monsieur! j'aimais une jeune fille, belle, pure et chaste. Oh! je l'aimais avec cette passion, même avec respect : car je l'aimais au nom de ma mère, monsieur! Comprenez-vous bien : au nom des vertus de ma mère?

Un jour que je souffrais, oh! je souffrais beaucoup! j'avais besoin d'épancher ma douleur, de dire à quelqu'un : Pitié pour moi! J'allai chez mon père. Il ne voulut pas me voir. Alors, j'allai chez elle, et, vous le savez peut-être, jamais on ne désire tant d'être aimé que quand on souffre. Mon aveu s'échappa avec mes larmes, et elle ne me repoussa pas; au contraire, quelques jours après, elle me dit : Paul, je vous aime ; Paul, c'est de mon plein gré que je vous dis que je vous aime; Paul, c'est au nom de l'anneau de votre mère que je vous nomme mon fiancé devant Dieu! Aussi, Paul, si je vous trompais, je serais infâme : entendez-vous? Paul, infâme!

Enfin, monsieur, vous jugez de mon délire, de ma joie; je n'osais espérer autant d'elle, moi. Je ne le lui demandais pas. Pourquoi me l'eût-elle dit, si ce n'eût pas été vrai? Elle n'avait aucune raison pour me tromper; n'est-ce pas? Et pourtant, ce matin, oh! ce matin. Et Paul cacha sa tête dans ses mains.

— Eh bien! Paul? dit froidement Szaffie; ce matin, Alice vous rend votre anneau, et vous dit : Paul, oubliez moi.

Paul se dressa, comme s'il eût été mordu par un serpent.

— Vous le savez? — Oui. Ne vous ai-je pas dit que le cœur de la femme est ainsi fait? Paul, vous êtes jeune, vous avez une âme noble, confiante, pure et naïve. Vous croyez à tout, vous admirez tout; mais ici il y a un homme qui n'a plus aucune conviction consolante, qui ne croit à rien, qui ne peut aimer rien, qui hait l'humanité tout entière d'une haine implacable.

Et Szaffie semblait grandir à mesure qu'il développait ainsi son odieux caractère.

— Et tu as pensé être aimé, enfant dévoué et plein de cœur, quand il y avait près de toi un homme flétri et corrompu? Tu as pensé être aimé, quand une femme avait choisi entre un ange ou Satan? — Mon Dieu! mon Dieu! ma tête se crève... Que voulez-vous dire? bégaya Paul; quel est cet homme, ce Satan? — Moi! — Vous!

Et Paul tomba renversé sur une caronade. Puis, se relevant d'un bond, il serra violemment le bras de Szaffie, et s'écria :

— Tu mens! ou si c'est vrai, je te tuerai! — Enfant, dit Saffie en se dégageant de la main de Paul, je t'instruis, je t'éclaire, je joins l'exemple au précepte : et tu veux tuer ton bienfaiteur! c'est mal. Voici quelqu'un, calme-toi; songe à la réputation de mon Alice!

Et Szaffie entra chez le commandant.

CHAPITRE XLII.

INCERTITUDE.

— Commandant! disait le vieux Bidaud, mon estime m'éloigne de quinze lieues du banc de Térim. — Et la mienne de deux lieues tout au plus, commandant, reprenait Merval. — Et ce diable de lieutenant qui me force de le mettre aux arrêts, et qui n'est pas là! Il est vraiment d'un égoïsme trop cruel, pensait le marquis. — Et vous, commandant, votre estime où vous met-elle? — Mon estime? — Oui, commandant.

Et le marquis se vouait à Satan.

— Mon estime?... Attendez donc... — Voilà votre routier, commandant. Faut-il voir?... — Non! non? dit vivement le marquis. Mon estime se rapporte à celle de M. Bidaud... Oui, oui, elle s'y rapporte parfaitement.

Ma foi, tant pis! pensa-t-il. C'est le plus vieux : ce doit être le plus savant ; et ça me tire d'embarras. D'ailleurs, donner gain de cause aux jeunes, c'est d'un mauvais effet.

— Ainsi, commandant, vous approuvez ma route! dit le vieux Bidaud. — Il suffit, commandant, répondit Merval en se retirant.

C'est à ce moment que Szaffie entra dans la chambre du commandant.

— Bonjour, commandant. — Bonjour, mon cher passager. — Mademoiselle de Blène va-t-elle mieux? demanda Szaffie en montrant du doigt la porte de la chambre des dames, qui communiquait dans la galerie du commandant. — Mais le docteur dit que l'irritation nerveuse est presque calmée. C'est la peur. Elle est, du reste, bien reconnaissante de ce que vous l'avez sauvée;

car, dans son délire, elle ne faisait que vous appeler. Dame! c'est que, sans vous, elle courait risque d'être noyée dans sa chambre, ajouta le bon marquis d'un air d'intérêt. Mais un bienfait n'est jamais perdu, comme on dit. — Vous avez bien raison commandant. Mais j'entends du bruit chez ces dames. — C'est probablement madame de Blène qui amène sa nièce dans la galerie pour prendre un peu l'air.

En effet, Alice, pâle, souffrante, entra appuyée sur le vieux Garnier et sur le bras de sa tante.

— Doucement, doucement, disait le bon docteur. Vous êtes encore si faible, mademoiselle, et...

Alice poussa un cri violent de surprise. Elle venait de voir Szaffie.

Madame de Blène la retint heureusement, tourna la tête, et voyant Szaffie :

— Mon Dieu! monsieur, pardon; mais votre présence a été si sensible à ma pauvre Alice... — Je vais me retirer, madame. — Non, monsieur. Je vous doit tant, elle vous doit tant, pour le secours que vous lui avez porté, votre vue lui sera bien douce : c'est seulement la première émotion qu'elle n'a pu surmonter.

En effet, Alice revint à elle, et son premier regard chercha Szaffie, et s'arrêta sur lui avec cette admirable expression de tristesse, de résignation, de bonheur et d'amour, qui révèle un de ces chagrins dont les femmes sont si heureuses. Szaffie détourna les yeux, s'approcha d'elle, et s'informa de sa santé avec sa politesse accoutumée, sèche et glaciale. Pas une émotion, pas un de ces regards rapides et profonds qui disent tant de choses; rien dans la voix, pas une larme dans les yeux; rien, que le savoir-vivre d'un homme du monde avec une femme indifférente pour lui.

— Ce n'est plus rien, maintenant, dit le docteur. Mademoiselle est remise; tout cela était nerveux, et sans danger. Mais permettez-moi, madame de vous quitter... Mes enfants m'attendent.

Le bon docteur sortit.

— Allons, allons! tout va bien, dit le marquis. Nous arriverons bientôt à Smyrne sans encombre. En attendant, madame de Blène, si nous faisions notre partie comme toujours? Ces diables

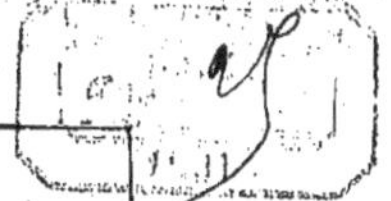

Madame de Blène.

d'événements nous ont interrompus. — Allez, ma tante, répondit Alice, qui vit l'incertitude de madame de Blène ; je me sens très-bien. D'ici, je vous vois et je vous entends. Si j'ai besoin de quelque chose, je vous le dirai.

Madame de Blène alla dans la grande chambre, qui n'était séparée de la galerie que par une légère cloison, dans laquelle s'ouvraient deux portes.

Szaffie resta seule avec Alice.

— Oh ! Szaffie ! dit la jeune fille en cachant sa tête dans ses mains. — Souffrez-vous, mademoiselle ? répondit-il avec son sang-froid de glace. — Vous me le demandez, Szaffie ? dit Alice à voix basse. Que me reste-t-il, maintenant ?... le déshonneur. — Ne trouvez-vous pas, mademoiselle, que, dans le cœur des femmes, l'amour ne tient qu'une place bien secondaire ? D'abord la vertu ; d'abord les convenances ; d'abord les devoirs ; d'abord... que sais-je, moi ? Et puis, après tout cela, vient l'amour : et encore elles l'appellent déshonneur. En vérité, les femmes emploient ce qu'elles ont de plus vif dans l'esprit ou dans l'âme, non à aimer, mais à organiser leurs passions, à s'arranger un amour commode et discret, une affection tranquille, qui vient à son tour, après les devoirs ou les plaisirs. Il y a un jour, une heure pour cela. On lit sur son memento : A telle heure, oublier mes devoirs de fille ou d'épouse. Cette heure passée, on se remet à adorer son mari, ou à dire : Mère, bénis ta fille ! Alice croyait rêver. Cette raillerie froide et calme la confondait. La pauvre enfant ne sut que répondre. — Moi, reprit Szaffie, si j'avais à être aimé d'une femme, je voudrais que rien ne passât avant son amour pour moi. Cet amour, d'abord avoué haut, au grand jour ; fille ou femme, peu m'importe. Il faudrait qu'elle sacrifiât à cet amour, réputation, convenances et vertu.

— Grand Dieu ! Szaffie, dit Alice à voix basse ; est-ce donc ainsi qu'il faut vous aimer ? — Oui, — dit Szaffie avec une expression de hauteur et de raillerie. — Eh bien ! dit Alice, ainsi je vous aimerai, Szaffie. Oui ! reprit-elle ; et ses yeux se remplirent de larmes. — Oui, si vous le voulez, je le dirai à la face du ciel... Je dirai : Je l'aime ; je n'aime que lui. Je me suis perdue pour lui : j'ai oublié vertu, honneur, devoirs ; et maintenant son amour, c'est ma vertu, c'est mon honneur, c'est tout moi. Oui, je le dirai, Szaffie : je suis fière d'être heureuse par lui, et méprisée pour lui ! s'écria Alice rayonnante

Et elle prit la main de Szaffie, qu'elle voulut baiser. Il la lui retira.

— Et qui vous dit que vous seriez aimée ?... que vous êtes aimée ? lui demanda-t-il amèrement. — Oh ! comme tu disais, Szaffie : *cet instinct qui nous avertit que notre sensation est partagée.* C'est l'amour qui me dit cela ; l'amour et le souvenir de ma faute... Non, non, Szaffie, de mon bonheur, voulais-je dire. — Mais l'amour te trompe, jeune fille ! — Je ne vous comprends pas, Szaffie, dit Alice tremblante. — Eh bien ! comprends-moi donc...

Ici la porte de la galerie du commandant s'ouvrit avec fracas, et le lieutenant parut.

— Enfer ! malédiction ! dit-il ; ce misérable Bidaud a fait une erreur de calculs ! nous devons être sur le banc Terim. Votre routier, votre routier, commandant ? vite ! vite !

Et Pierre, sans répondre aux interpellations du marquis, d'Alice, de Szaffie, prit un compas, fit un calcul, et s'élança sur le pont. On a dit que Pierre, confiné aux arrêts, avait remis le soin de faire la route à l'enseigne Bidaud, qu'il croyait capable. Celui-ci, soit erreur, soit ignorance, calcula mal, et se crut beaucoup plus éloigné du banc qu'on ne l'était réellement. Pourtant, depuis deux ou trois heures, la couleur de l'eau changeait visiblement ; on prenait une foule de poissons, et les longues herbes qui flottaient de toutes parts annonçaient que l'on naviguait sur un haut-fond. Paul avait été retiré de l'état de stupeur dans lequel la conversation de Szaffie l'avait plongé par maître la Joie, qui lui dit, en lui touchant respectueusement le bras :

— Monsieur Paul, je viens de lire mon flambeau de la mer, et il me dit que nous courons sur le banc Térim... Voyez donc cette eau, ces herbes... Cordieu ! monsieur Paul, le lieutenant serait mieux ici que dans sa chambre !

Paul regarda l'eau, et comprit tout le danger qui échappait aux yeux de l'enseigne Bidaud, persuadé que l'on était bien loin de ce dangereux parage. Paul, cette fois, rompit la consigne, et prévint son père, qui, effrayé, monta sur le pont, de là chez le commandant, pour s'assurer de l'effrayante position du navire. Par son ordre, maître Bouquin avait jeté la sonde. On faisait à bord un grand silence ; car cette épreuve était décisive.

— Eh bien ! dit Pierre avec anxiété à Bouquin, penché en dehors du porte-haubans. Combien ? — Nous sommes par dix-huit brasses, lieutenant, dit le marin en retirant la sonde.

Il y eut un moment, sur la figure si impassible de Pierre, une expression rapide de douleur, de résignation, de désespoir. Pourtant il sauta sur son banc de quart, et commanda avec son sang-froid habituel. Seulement son ton bref, pressé, impératif, annonçait que la manœuvre était d'une haute importance.

— Range à hâler bas les bonnettes! cria-il ; et venez au vent, timonier, Bouquin, quelle est la sonde ? — Quinze brasses, lieutenant. — Au vent, monsieur; tout au vent! Entendez-vous? cria-t-il avec une vivacité extraordinaire. Et il attachait ses yeux ardents sur la voilure. Loffez! loffez tout!

On était sur le banc Térim. Il n'était plus temps. La corvette en loffant donna presque aussitôt un coup de talon. Elle courut encore un moment, et donna un second, enfin un troisième. Elle s'arrêta dans un endroit où la sonde n'annonçait pas cinq mètres d'eau. La dernière secousse répondit profondément au cœur de chacun.

CHAPITRE XLIII.

LE BANC DE SABLE.

Au premier coup de talon que donna la corvette en s'échouant sur le banc de sable, l'équipage poussa un grand cri d'étonnement. Au second coup, on fit silence. Au troisième, on ne cria pas, mais un sourd gémissement s'échappa de toutes les poitrines. Il y avait pourtant encore de l'espoir, dans ce long soupir. Mais au quatrième coup, quand *la Salamandre*, brusquement arrêtée au milieu de sa course, craqua dans sa membrure, désunie par les secousses profondes et sourdes qui faisaient osciller sa quille, comme le corps d'un énorme serpent qui se remue ; alors un seul cri, un cri déchirant, immense, retentit au-dessus du bruit des lames qui grossissaient et venaient déferler sur les flancs de la corvette.

Et puis l'équipage se tut, car ce cri était celui de l'instinct vital qui avait prédominé un instant sur l'habitude et la volonté. Ce cri, poussé par l'homme et non par le marin, avait été la dernière expression d'une nature qui devait faire place à l'abnégation du soi, au dévouement et au sang-froid, au milieu des affreux périls que cet événement présageait. L'équipage revint donc calme et impassible ; le siflet de maître la Joie retentit, et chacun se rendit à son poste, sans craindre et sans mépriser le danger. On attendait le lieutenant, qui était descendu chez le commandant. Alice et sa tante s'y trouvaient, et étaientdans un état de stupeur difficile à décrire.

— Mesdames, dit Pierre, tout n'est pas entièrement perdu ; mais il y a beaucoup à craindre ! Veuillez descendre dans le carré, sous la conduite du docteur.

Alice et sa tante descendirent.

— Monsieur, dit Pierre à Szaffie, le concours d'un homme de cœur ne peut qu'être fort utile dans telle circonstance. Voulez-vous bien monter sur le pont ? — A vos ordres, monsieur, dit Szaffie. Seulement je prends quelques papiers.

Il entra un instant dans sa chambre, prit une bourse, une boîte de vermeil assez grande, et monta sur le pont.

Pierre resta seul avec le commandant, pâle, défait, entièrement démoralisé.

— Monsieur, lui dit Pierre, par votre ignorance vous venez de faire échouer la corvette, en donnant raison à Bidaud contre Merval. La route que ce dernier officier indiquait était la seule. la bonne. Ceci n'a rien d'étonnant et devait arriver... Ah ! monsieur ! monsieur ! les protecteurs imprudents qui vous ont nommé vont peut-être avoir à se reprocher d'affreux malheurs. Enfin, le mal est irréparable; mais, comme je n'ai pas d'envie de vous voir recommencer la scène de l'autre jour, vous ne quitterez pas cette chambre.

Le bon marquis fut allégé d'un poids énorme.

— Vous allez vous coucher dans votre cadre. Je dirai qu'à la dernière secousse, un de vos meubles vous a grièvement blessé, que vous ne pouvez paraître sur le pont. — Lieutenant, nous sommes donc perdus ?... — Ça se peut. Mais comme vous pouvez avoir peur et monter en haut, je vais vous enfermer ici. Quand il n'y aura plus que vous et moi à bord, alors je viendrai vous ouvrir, et nous nous embarquerons les derniers ; c'est dans l'ordre. — Mais, mon Dieu ! dit le marquis en se dressant sur son séant ; si...

Pierre était déjà dehors, et le marquis entendit le bruit des serrures des trois portes, que le lieutenant ferma successivmeent. Quand Pierre reparut sur le pont, il était revêtu de son grand uniforme, comme en un jour de combat ou de fête.

Il monta sur le banc de quart.

— Enfants ! dit-il, tout n'est pas désespéré. Il faut de l'ordre dans ce que nous allons tenter pour relever la corvette. Le commandant vient d'être dangereusement blessé et ne peut paraître; mais j'ai reçu ses instructions, et il veille sur vous. Si nos efforts ne peuvent rien, alors, ayant fait notre devoir, nous abandonnerons la corvette, en sauvant les femmes, les malades, les mousses, les novices d'abord, puis vous, puis les officiers, et moi et le commandant les derniers. Je compte sur vous, comptez sur moi.

Puis, se retournant vers le timonier.

— Maître, dit-il, hissez le grand pavillon de France.

Et le drapeau blanc déroula majestueusement ses larges plis, au milieu du profond et religieux silence de l'équipage. Pierre le montra aux marins, et dit : — Mes braves matelots, pensez à cela. — Blanc ou tricolore, c'est toujours la France... Soyez-en dignes. — Vive la France ! — Vive la France ! cria l'équipage tout d'une voix avec l'exaltation du sang-froid, si l'on peut s'exprimer ainsi, et chacun se mit à l'œuvre.

Le banc sur lequel la corvette avait échoué étant composé de vase et de petits coquillages, elle resta quelque temps immobile dans le sillon qu'elle y avait creusé. Si la brise n'augmentait pas, si la mer ne devenait pas trop grosse, on pouvait donc espérer quelques chances de succès. Aussi, grâce à l'inconcevable activité de Pierre, qui paraissait se multiplier, on commença les importants travaux du sauvetage dans un morne et religieux silence.

On allégea la corvette de tous ses poids, de son artillerie ; les voiles furent amenées avec précipitation, on dépassa les mâts de perroquet, on recala les mâts de hune, et tout fut disposé pour retirer *la Salamandre* de ce dangereux écueil. Le calier l'avait bien prédit. — Matelot, disait Bouquin à la Joie, la corvette est f... — Que veux-tu ? répondit la Joie en faisant étalinguer un câble, que veux-tu ? les corvettes, comme les matelots, c'est pas éternel ; c'est comme les verres : si ça ne se cassait pas, ça durerait trop longtemps. — Tiens, la Joie, il y a là-bas un nuage roux qui me fait loucher. Ah ! le gueux, est-il vilain ! C'est du vent, c'est sûr. — Ne le regarde pas, et aide-moi à raidir l'étai de grand mât. — Oui, matelot ; mais ça porte malheur au lieutenant d'avoir voulu poignarder le commandant. — Ça lui porte bonheur, dis donc. Comment, Bouquin ! dans un naufrage, il peut se noyer, et j'aime mieux ça que de le *fusiller* ; c'est bon pour les soldats. — Allons, la Joie, on a mouillé l'ancre là-bas : nous allons voir si l'on peut dégager la corvette ; ça va se décider, matelot, voilà l'instant décisive, comme dit c't'autre. Et puis, comme dit l'Ottoman, si ça se fait, ça se fera ; si ça ne se fait pas, eh bien, ça ne se fera pas.

Paul, Merval, Bidaud, étaient dans la batterie à l'avant, et avaient exécuté les ordres de Pierre : — au moyen de câbles que l'on fit mouiller à une longue distance de *la Salamandre*, on vira au cabestan qui, faisant rappel sur les ancres, devait attirer peu à peu le navire sur la partie déclive du banc et le remettre à flot. En effet il avança de quelques pieds. Mais malheureusement, ce fond de vase n'offrant pas de tenue aux pattes des ancres, elles ne purent mordre ; elles cédèrent, et *la Salamandre* ne bougea plus. Pierre fit alors poser deux béquilles ou mâts de chaque côté pour la soutenir, dans le cas où elle viendrait à chavirer. Puis, voyant l'horizon se marbrer de nuages rougeâtres et rapides, il reconnut que le vent se faisait, car les lames devinrent plus creuses en déferlant sur ce haut-fond.

La Salamandre, immobile jusqu'alors, commença à ressentir quelques légères secousses que lui imprimait la force croissante des vagues. Pierre regarda encore un moment à l'horizon, consulta la boussole, et se dit : — Tout est fini ; à juger du vent, il nous reste à peine une heure pour construire un radeau, et c'est notre dernière espérance. Ce qu'il y avait de bizarre dans cette affreuse position, c'est qu'aux yeux mêmes des marins le danger ne se présentait pas sous une forme menaçante : le ciel était encore pur ; la mer assez belle, la corvette presque immobile. Ce n'était pas enfin un de ces naufrages déchaînés et impétueux, où les lames furieuses vous emportent et vous brisent sur des rochers aigus. Non, c'était un naufrage calme et effrayant comme une colère froide, un naufrage dont il était possible de calculer les chances et les progrès avec une exactitude presque mathématique; c'était une mort dont on pouvait préciser l'heure. On pouvait se dire : — L'horizon est à dix lieues, le grain s'y forme, dans une heure il tombera à bord et alors cette mer si unie se gonflera fouettée par la force du vent, déferlera sur ce haut-fond, et à chaque lame la corvette sera enlevée, puis précipitée sur le banc de toute la hauteur de ces énormes vagues. Or, au bout de dix minutes, ce sera fini de *la Salamandre*.

Ce raisonnement détermina Pierre à ordonner la construction d'un radeau. Szaffie observait tout avec un sang-froid imperturbable : il souriait presque, car il prévoyait quelque drame effrayant; et, quoiqu'il dût y avoir son rôle comme le reste des passagers, il ne le redoutait pas ; car le seul côté favorable de son affreux caractère était un courage indomptable et un profond mépris de la mort, que sa vie explique peut-être.

— Peut-être aussi, pensait-il, vais-je voir enfin la civilisation aux prises avec la nature brute, les sentiments les plus purs luttant contre l'instinct animal. Peut-être vais-je savoir à quel degré de notre échelle organique l'esprit le cède au corps, l'âme à la bête. Oh ! ceci sera bien curieux.

Et il promenait sur tout son regard pénétrant.

— Enfants, avait dit Pierre, il ne faut pas vous le cacher, il ne reste aucun moyen de sauver la corvette. Travaillons à un radeau, c'est notre seule chance de salut pour gagner la côte.

L'équipage vit clairement que tout était perdu. Il eut bien un moment de regret intime de quitter cette bonne *Salamandre* qui les berçait depuis si longtemps ! mais la nécessité l'emporta, et les marins se mirent à travailler au radeau avec cette insouciance

Chose singulière, Alice avait toute sa raison.

qui les caractérise. Dans le radeau, il ne voyaient qu'un navire moins commode, voilà tout.

— J'y suis pas encore embarqué, à bord d'un radeau ; et vous, Parisien ? demanda un novice. — J'y suis embarqué deux fois. Une navigation superbe. De l'air, oh ! une très bonne air; c'est pas comme dans ces gredins de faux-ponts où l'on étouffe. Et puis au ras de l'eau, garçon, on est au ras de l'eau; ce qui fait qu'on peut s'amuser à tirer les requins par la queue, et que de son lit on n'a qu'à allonger le bras pour prendre des bonites à la main : et tu m'avoueras que c'est flatteur.— Veux-tu te taire, Parisien, et travailler, carogne ? dit la Joie ; et toi, eh ! novice !... Regardez-moi ce b... là ! il est adroit de ses mains comme un castor de sa queue. — C'est que tout le monde, objecta le Parisien, d'a pas l'agrément d'avoir vu le jour dans la capitale, et d'être un malin, un crâne, un fameux, un...

Un glorieux coup de poing du maître interrompit cette vaniteuse nomenclature.

— Tu ne veux donc pas mordre ta langue, chien de nègre marron, caïman, et travailler au radeau, puisque nous n'avons plus que ça. On t'a bien nommé *Parisien*, va ? Veux-tu travailler sans parler, que j'te dis ? — On y va, on y va, maître, dit l'incorrigible Parisien ; j'ai entendu : vous m'avez dit ça sur l'oreille gauche, en rabattant du côté de la joue.

Et la construction du radeau avançait rapidement : au-dessous des mâtures dont l'assemblage composait sa masse, Pierre fit placer quelques rangs de barriques vides pour le soutenir et l'élever au-dessus du niveau de l'eau. Il fit ensuite déposer de menu bois entre les charpentes et par-dessus les pièces principales, de manière à établir une plate-forme, la plus unie possible, qui fut recouverte de planches ; ensuite, des chandeliers de bastingage, installés tout autour du radeau, devaient supporter des filières en corde, faisant garde-corps.

Enfin, quelques pierriers y furent descendus pour servir de signaux ; on y planta, le plus solidairement que possible, un petit mât de hune, garni d'une voile de perroquet ; on munit encore le radeau de poudre, d'une boussole, d'un compas, et cette frêle machine fut amarrée par un grelin à l'arrière de la corvette. A peine ces travaux étaient-ils terminés, que la mer, qui avait considérablement grossi pendant le temps qu'on mit à la construction du radeau, devint forte et houleuse ; le vent était sec et serré, et les lames, se brisant sur le banc, commençaient à ébranler la corvette. Pierre pâlit, et ordonna de couper les bas mâts, pour alléger le navire. A ce moment, le calier monta pour annoncer que la quille crevait. En effet, les vagues, devenant de plus en plus hautes et fortes, commençaient à soulever *la Salamandre*. D'après l'ordre de Pierre, on se jeta aux pompes. Elles ne purent franchir. Il ne restait aucun espoir de conserver la corvette. Pierre ordonna le départ à l'instant.

— Et nos sacs! dirent les marins.

Le sac d'un matelot contient toute sa fortune, tout son avoir.

— Il s'agit bien de vos sacs! s'écria Pierre ; je défends à qui que ce soit de descendre dans le faux-pont. Tout le monde aux embarcations, à son numéro ; les gabiers et chargeurs, au radeau !

Et aucun marin ne songea davantage à son sac.

— Monsieur, dit Pierre à Merval, vous allez faire embarquer d'abord les malades dans la chaloupe, puis les femmes, les mousses, les novices et les matelots. Vous donnerez une touline au grand canot, et vous remorquerez le radeau. Moi et le commandant, nous nous embarquerons les derniers dans la yole.

Puis voyant au loin la nappe d'écume qui arrivait avec le grain :

— Embarque, embarque ! cria-t-il, car le temps presse.

Et ce fut un admirable spectacle que ces hommes impassibles, graves, silencieux, allant rejoindre leur poste, quittant ce navire un à un, ce navire où ils laissaient tout ce qu'ils possédaient au monde, pour affronter des périls incalculables, et tout cela sans se plaindre, sans un mot de regret; allant là comme à une manœuvre, tant était absolue et entière la discipline que Pierre avait établie à bord ! Quand les embarcations furent garnies de leurs équipages, on procéda à l'embarquement des malades. Le vieux Garnier les accompagnait, ployant sous le faix d'une énorme caisse, dont il ne voulait charger personne. — C'était pour ses enfants, disait-il.

— Allons, allons! ajouta-t-il, allons, mes enfants! le mouvement vous fera du bien; et puis vous changerez d'air. Au total, vous y gagnerez.

Et en leur adressant ces singulières consolations, le bon docteur les arrangeait le mieux possible dans la chaloupe. Puis parurent à la coupée Alice et sa tante, accompagnées de leurs femmes. Chose singulière, Alice avait toute sa raison, était d'un admirable sang-froid, et encourageait sa tante. Cette organisation nerveuse et exaltée puisait sa grande énergie dans l'horreur même de cette position. Seulement, en voyant Szaffie, elle pâlit. On amarra les femmes dans un fauteuil, et on les descendit l'une après l'autre sur le radeau. Paul le commandait. Le malheureux enfant, étourdi par tout ce qui venait de se passer, par l'action de son service, avait presque oublié ses chagrins. La vue d'Alice les lui rappela tous. Son cœur se brisa ; il détourna les yeux, une larme brûlante s'en échappa. Et Alice était assise de lui, à le toucher. Ce fut un moment de douleur atroce. Le porte-voix de Pierre résonna, et on prêta l'oreille.

— Tout le monde est-il à son poste? — Oui, lieutenant, dit Merval ; j'ai donné la touline au radeau, et j'attends vos ordres. — Oui, lieutenant, dit enfin Paul ; le radeau est paré, et j'attends vos ordres pour larguer l'amarre. — Les boussoles et les instruments y sont-ils ? demanda encore le lieutenant. — Je les ai dans la chaloupe, dit Merval.—Avez-vous aussi le coffre des journaux? — Il est attaché, au mât du radeau, répondit Paul. Eh bien, dit Pierre, que les seconds maîtres de chaque embarcation fassent l'appel pour s'assurer que personne ne reste à bord.

On fit l'appel ; l'équipage était complet, moins les six gabiers qui armaient la yole dans laquelle Pierre devait rejoindre le radeau.

— Range à larguer l'amarre ! cria alors Pierre d'une voix retentissante, quoique profondément émue, et Bouquin leva son couteau sur le seul cordage qui retint encore le radeau à *la Salamandre*. — Largue tout ! cria Pierre.

Et le cordage tendu étant coupé, le radeau s'éloigna, remorqué par les canots.

Ce dernier commandement fut celui qui porta le plus au cœur des marins. Ce cordage était le dernier lien qui attachât leur existence à *la Salamandre*; une fois rompu, il n'y avait plus d'espoir, tout était fini entre eux et la corvette. Il était temps d'ailleurs, car les lames devenaient affreuses. Une, entre autres, accourant du large, s'avançait monstrueuse et bouillonnante, se dressant presque à la hauteur des dunes de la corvette : mais quand elle rencontra la résistance que lui opposait le banc, alors, doublant de force et de violence, elle prit la corvette en flanc, et lui donna une telle secousse, qu'elle la coucha presque sur tribord, et que Pierre et ses six gabiers furent renversés sur le pont. Pierre s'apprêtait à descendre chez le commandant, pour le délivrer et l'embarquer avec lui dans la yole. Comme il mettait le pied sur la première marche de l'escalier, il fut jeté avec tant de force sur l'angle du panneau, qu'il se fit à la tête une affreuse blessure ; et la commotion fut si forte qu'il tomba évanoui et couvert de sang. Szaffie était resté aussi à bord, car il voulait tout voir jusqu'à la fin. Ce fut lui qui releva Pierre, banda sa plaie avec son mouchoir, et dit aux canotiers, tout émus de l'accident arrivé au lieutenant :

— Allons! embarquons-nous : la mer devient mauvaise, le radeau est déjà loin, et nous aurons affaire pour le rallier.

On descendit le pauvre lieutenant dans la yole, que la force des lames élevait quelquefois à la hauteur des bastingages ; et Szaffie, jetant un dernier regard sur le pont, dit avec un affreux sourire :

— Ce que j'aime assez, c'est que ce bon marquis reste là. Il va bien s'ennuyer tout seul.

Et le canot s'éloigna le dernier de *la Salamandre*. Il atteignit bientôt le radeau, où l'on déposa Pierre, toujours évanoui. Le marquis y restait oublié ; mon Dieu ! oui. Les gens de la chaloupe le croyaient dans le radeau, et les gens du radeau le croyaient dans la chaloupe. Le fait est qu'il était à bord de *la Salamandre*. Pauvre corvette ! Tous les yeux se tournaient vers elle, qui apparaissait encore quelquefois quand les lames s'abaissaient, se dressant, sombre et lugubre, avec son immense pavillon blanc que le vent déployait comme un linceul sur le ciel noir et orageux.

Une fois sorti des açores du banc, le radeau navigua plus facilement : la mer était forte ; mais, ne brisant plus sur un haut-fond, elle était tenable. Au bout d'une heure, on ne voyait plus la corvette : seulement, à de longs intervalles, on distinguait son pavillon, mais vague comme les ailes blanches du goëland qui vole au loin. Puis on ne vit plus rien, car la nuit approcha, et le temps devint bien sombre, bien sombre !

CHAPITRE XLIV.

NUIT D'ÉTÉ.

C'est une douce clarté que la clarté de la lune, quand elle se reflète brillante et pure sur l'eau paisible d'un lac ; mais alors que, souvent cachée par des nuages épais et rapides, elle apparaît, à de longs intervalles, rouge et sanglante comme un sinistre météore, oh ! que sa lueur funèbre est le digne flambeau d'une nuit d'orage et de désespoir ! Nuit terrible que celle-ci !... Les flots soulevés, impétueux, noirs, marbrés d'une énorme écume blanche, se heurtaient, se confondaient en un immense tourbillon dont les mille crêtes se dessinaient sombres sur le ciel transparent, quoique voilé, de la Méditerranée. Et quel bruit ! Si parfois la tempête abaissait sa voix tonnante qui mourait en effleurant les vagues d'un sourd gémissement, après un affreux silence elle se prenait à rugir avec une nouvelle furie. C'étaient alors des sifflements aigus et métalliques, un grondement lourd et roulant, des éclats secs, précipités et plaintifs qui ressemblaient à des cris d'angoisse.

C'était le choc des lames qui se brisaient, bondissantes sur le radeau. Car le radeau tournait sur ce gouffre béant, tournoyait au milieu de cette effroyable tourmente. Le radeau tout seul ; les embarcations non pontées, qui le remorquaient, n'avaient pu tenir contre cette mer déchaînée. Elles avaient sombré, corps et bien, avec Merval et Bidaud et leur équipage. Sombré en engloutissant avec elles les boussoles et les vivres ! — le corps et l'âme du radeau ! Et le radeau voguait au souffle indompté de la tempête, car son mât s'était plié, rompu, brisé. Mais ses poutres unies, son plancher n'offrant aucune résistence, aucune surface à la violence du vent, il ne pouvait couler. Seulement, à chaque coup de mer, il était entièrement inondé, submergé, balayé, par les lames qui s'y abattaient et le traversaient dans toute sa longueur. Et depuis cinq jours cette tempête durait.

Aussi, ce n'est plus l'équipage fringant, brave et soumis de *la Salamandre* qui se presse sur cette frêle machine : c'est une troupe affreuse et maudite. Ce sont des êtres sans nom, décolorés, cadavéreux, trempés d'eau, échevelés, aux yeux sanglants et farouches, aux barbes longues aux vêtements en lambeaux qui ont de hideux sourires sur leurs lèvres gercées et saignantes ; car depuis cinq jours aussi la faim les dévore. Ce sont des hommes livrés à toute la fougue impérieuse de leurs besoins. Hors l'instinct vital, chez eux tout est mort. Il n'y aurait d'espoir que dans un prompt trépas.

Mais non : la faim crispe leurs entrailles : la soif brûle leur gorge : leurs blessures, vives et rouges, sont encore avivées par l'âcreté du sel marin, ils ont la rage au cœur et le blasphème à la bouche : mais ils tiennent à la vie, ils s'y attachent des étreintes de l'agonie. Arrivés à ce point, le suicide leur est impossible ; car le suicide est un raisonnement, et ils ne raisonnent plus.

Et puis, c'est que le suicide grandit rarement au milieu des privations et la misère...—Il lui faut des jouissances somptueuses et enivrantes, des parfums et des femmes, des fleurs et des vins exquis. Il lui faut concentrer, en un seul, tous les plaisirs rêvés ou connus, en remplir sa coupe d'or étincelante de pierreries, et dire, après avoir humé la dernière goutte de cette ambroisie : — La coupe est vide !... Adieu.

Car alors seulement la vie dégoûte, parce qu'elle a débordé par tous les sens. Mais au sein des maux les plus affreux, alors qu'un souffle vous reste à peine, oh ! on le soigne, on l'attise ce souffle, comme on avive la dernière étincelle qui luit encore au fond d'un foyer qui s'éteint. Aussi tenaient-ils à la vie, à bord du radeau ; car pour nourrir les trente hommes qui survivaient, il ne restait que trois livres de biscuit et un tonneau de vin. D'un commun accord, ils pouvaient, les malheureux, mettre un terme à cette horrible agonie... Mais non !... non, il fallait vivre... vivre de larmes, de haine, de torture et de crimes... qu'importe? on vivait...

L'instinct vital le voulait ainsi.

Et il n'y avait plus là de père et de fils, de matelots et d'officiers, de femmes et de filles.

Il y avait là des êtres qui avaient faim, — qui, pour manger, devaient tout tenter.

Heur aux forts, malheur aux faibles...

Un seul pourtant paraissait être au-dessus de ces besoins irritants : c'était Szaffie. Seul, sa figure n'avait pas changé. Il était resté le même, calme, impassible et froid.

Debout, appuyé au tronçon du mât, il observait.

A chaque coup de mer qui venait inonder le radeau, les uns courbaient la tête, les autres opposaient au choc cuisant des vagues des débris de planches et de mâture.

D'autres ne faisaient aucun effort pour s'y soustraire ; couchés, dans un engourdissement léthargique, les yeux ouverts, ternes et vitreux, ils mordaient entre leurs dents un bout de cordage que le hasard y avait jeté, et ne le quittaient plus.

Ceux-là, ayant les jambes prises et brisées entre les ais du radeau, riaient. La douleur et la faim les avaient rendus fous.

Le plus grand nombre, debout, serrés les uns contre les autres, obéissaient, comme une masse animée, aux oscillations du radeau, dont ils occupaient le centre.

A l'arrière se tenaient Paul, son père, le vieux Garnier, Alice, et sa tante, Szaffie.

Par un reste d'instinct de subordination, on avait laissé le peu de vivres qui restassent encore sous la garde des officiers.

Le lieutenant était couché à l'abri d'un rempart de barriques, enveloppé d'un caban oriental, et regardait Paul qui regardait Alice.

Alice accroupie, ruisselante d'eau, frissonnant de froid, sa tête appuyée sur ses genoux qu'elle enveloppait de ses deux bras amaigris, attachait un regard fixe et arrêté sur Szaffie.

Madame de Blène ne voyait plus, ne pensait plus : elle était inerte.

A ce moment, la tempête parut redoubler de force ; le radeau,

Supplément gratuit quotidien au Journal l'ELECTEUR

La Joie s'avança en menaçant Pierre.

Publication de la Librairie Capiomont aîné, Calvet et Cie, 10, rue Gît-le-Cœur, à Paris.

soulevé par de hautes lames qui le prenaient en travers, avait quelquefois une position presque perpendiculaire.

Alors les marins suivant l'impulsion de ces affreuses secousses étaient violemment jetés de l'arrière à l'avant.

En vain les officiers tâchèrent de donner quelques ordres pour concentrer l'agglomération au milieu.

Ils ne furent pas écoutés.

Dans ce moment terrible, les marins se crurent en danger de mort, et après quelques mots échangés entre eux, debout, rampant, ou se traînant, accrochés aux filières, armés de haches et de piques, ils s'avancèrent vers l'arrière du radeau.

— Nous voulons le vin, dit la Joie en brandissant une hache : nous voulons nous soûler pour crever en paix.

Pierre se dressa tout à coup, embrassa le tonneau d'un bras, et de l'autre tendit un pistolet en disant :

— Misérables ! c'est notre seule ressource... il faut la ménager.

— Ton pistolet ne partira pas ! il est mouillé, répondit la Joie en abaissant le canon du bout de sa hache. — Le vin,.. f..... ? — Le vin ! le vin ! répétèrent les autres. Le vin, ou la mort ! — Vous osez vous révolter ! cria le lieutenant en cherchant une arme. — Il n'y a plus d'officiers ici ! nous sommes les plus forts ; nous aurons le vin ! — Non ! — Si !

Et la Joie s'avança en menaçant Pierre.

Paul se précipita sur lui ; mais le marin l'abattit d'un coup de hache.

Pierre, voulant venger son fils, fut aussi blessé.

Alors, sanglants, furieux, ils essayèrent de se défendre, appuyés par le docteur et deux matelots fidèles ; mais ils furent renversés. foulés aux pieds et rejetés sur l'avant du radeau.

Dans ce tumulte, madame de Blène, repoussée jusqu'au bord du radeau, disparut emportée par la mer en tendant les mains à Alice.

Mais Alice la vit se noyer sans pouvoir lui porter secours, car elle-même s'accrochait fortement à une poutre pour ne pas rouler dans les flots.

— A boire ! f....., dit la Joie tout saignant, se tenant d'une main aux filières, et de l'autre tendant un gobelet de fer-blanc. — A boire ! puisons à même, et mourons soûls, dirent les autres.

Et ils se précipitèrent en foule sur le tonneau qui fut défoncé, pillé, gaspillé en un moment.

Et l'ivresse gagnant vite ces cerveaux affaiblis par tant de privations, au milieu du fracas des vagues, des rugissements de la tempête, ils se prirent à chanter d'une voix éteinte d'étranges paroles, incohérentes et lugubres comme la chanson d'un fou.

A la clarté rougeâtre de la lune, quelques-uns essayaient de danser en trébuchant ; puis, gorgés de boisson, alourdis par le vin, ils tombaient ivres-morts, roulaient çà et là sur le radeau, et, au moment où ils se penchaient, disparaissaient dans la mer sans pousser un cri.

Le Parisien, tout à fait ivre, aperçut Alice, accroupie près d'une barrique vide.

— Tiens, bois ! lui dit-il en heurtant les dents de la jeune fille avec son gobelet de fer.

Alice but avec délices jusqu'à la dernière goutte. Le rouge et la chaleur lui montèrent au visage.

— Tu deviens belle, bégaya le Parisien. Pour la peine baise-moi.

Et le marin effleura de sa bouche impure la bouche d'Alice, qui dit, en le repoussant faiblement.

— Oh ! ce vin m'a fait tant de bien ! J'ai encore soif, encore. .

. . . .

— Regarde donc, Paul ? disait Szaffie.

Et il montrait à l'enfant Alice et le marin.

— Vois-tu, Paul ?

Et il se penchait à l'oreille du malheureux, qui souffrait horriblement d'une blessure à la tête.

— Vois-tu, Paul ? je te l'avais dit... Croyez donc à quelque chose ! Subordination, pudeur de la jeune fille, dévouement, amour, tout cela, Paul, tout cela cède à l'irrésistible influence de la faim ou de la soif ! Nobles sentiments qui dépendent d'un besoin si ignoble, qui...

Mais tu ne m'entends plus ; tu t'évanouis ! Oh ! tu m'entendras, dit Szaffie avec un sourire infernal.

Et, lui faisant respirer un cordial dont il était muni, il le rappela à lui.

— Ah ! par pitié ! va-t'en, va-t'en, murmura Paul. — Je te sauve, enfant. Tiens ! mange.

Et Szaffie, ayant, avec le plus grand mystère, entr'ouvert la boîte de vermeil qu'il avait emportée avec lui lors de son départ de la corvette, en tira un morceau d'une substance solide et compacte, et la donna à Paul.

Paul la porta avidement à ses lèvres ; puis, par un mouvement de sublime réflexion, il s'arrêta, la partagea en trois petits morceaux, et se traîna vers son père. Alice était trop loin : il n'eut pas la force de la joindre.

CHAPITRE XLV.

UNE VOILE ! UNE VOILE !

Deux jours après, la tempête s'était entièrement calmée. Le ciel était bleu, l'air pur, le soleil à son lever.

Le vin avait été perdu ; le biscuit foulé aux pieds, écrasé. On avait alors mangé des cuirs, des chapeaux, des souliers, des ceinturons. On avait bu avec rage de l'eau de mer. On s'était mis des clous et des petits morceaux de plomb dans la bouche, espérant que cette fraîcheur métallique étancherait sa soif. On avait mangé de l'étoupe, du linge.

Il y avait eu un nouveau massacre pour se disputer un goëland qui s'était abattu à bord. On avait mangé le vieux Garnier, qui était mort en maudissant ses enfants. On avait mangé les deux tiers du Parisien, qu'on avait tiré au sort. Mais cette exécrable nourriture avait encore abrégé les jours de ceux qui l'avaien partagée.

A peine deux ou trois matelots et Szaffie pouvaient-ils se tenir debout, les yeux fixés sur l'horizon ; ils regardaient sa ligne vaporeuse et incertaine avec une inconcevable attention, ils croyaient apercevoir une voile. Une voile !

Szaffie surtout y attachait ses regards avec une constance opiniâtre, car il commençait à partager l'horreur de cette position. Au moment du naufrage, par une prévision concevable, il s'était muni d'une substance très-nourrissante, concentrée dans un petit volume. Il avait ainsi échappé jusqu'alors aux tortures de la faim. Mais son moyen d'existence diminuait. Il perdait l'espérance de voir le radeau jeté sur la côte d'Afrique par les courants, car le vent avait soufflé si violemment de terre qu'ils devaient en être fort éloignés : aussi ce fut avec une expression de joie impossible à décrire qu'il s'écria :

— Une voile ! une voile !

Ce mot magique — une voile — répondit jusqu'au cœur des mourants; les yeux éteints se ranimèrent, les blessés se soulevaient avec peine, et tournaient leurs regards affaiblis vers l'endroit que désignait Szaffie. D'autres joignaient les mains, d'autres riaient aux éclats ; quelques-uns furent assez assez heureux pour pouvoir pleurer.

Ce mot — une voile ! — fut comme un baume consolateur qui s'épandit sur les blessures, calma les douleurs et fit oublier jusqu'à la faim !

L'espérance vint éteindre toutes les haines, et tous les sentiments violents s'effacèrent à cette pensée.

Ces hommes, naguère si cruels, si farouches, se cherchaient, se rapprochaient, se tendaient les mains, s'embrassaient, en poussant des cris de joie délirants, qui partaient du fond de l'âme.

Quelques-uns, dans un engourdissement complet, ne pouvant prendre part à cette ivresse générale, leurs camarades leur criaient, en les secouant :

— Nous sommes sauvés, matelots; une voile! — Mon Dieu, oui ! une voile !

Paul et son père échangèrent un coup d'œil sublime, et s'embrassèrent avec un bonheur muet et profond. Alice, anéantie, sommeillait dans un assoupissement nerveux qui se trahissait par de brusques tressaillements. Elle n'entendit rien. Pauvre enfant !

— Une voile !... ce mot fut répété, chanté, murmuré, crié avec une joie, un délire toujours croissants.

Car peu à peu le bâtiment sauveur devenant plus distinct, on vit bientôt la voilure d'une frégate resplendir aux feux du soleil.

Oh ! qu'il y eut un admirable moment d'exaltation, alors que toute incertitude cessa, et que ce signe de salut fut accueilli par mille voix retentissantes ! Alors que ces matelots, naguère insouciants, durs et impies, se sentirent pénétrés d'une reconnaissance religieuse qui les inonda !

Pauvres gens ! leur âme, ulcérée par de longues souffrances, ne pouvait contenir un bonheur si grand ; leur joie déborda, et ils éprouvèrent le besoin de l'épancher dans une prière de gratitude et d'amour. A l'instant quelques Bretons se mirent à chanter un naïf cantique à Notre-Dame de Bon Secours.

— A genoux, enfants ! cria Pierre.

Et tous, tous s'agenouillèrent avec ferveur. Ces yeux ardents se mouillèrent de douces larmes : et c'était un tableau sublime, que celui de ses hommes pâles, souffrants et décharnés, joignant leurs mains tremblantes et amaigries, pour remercer Dieu de ce secours inattendu.

Elle était majestueuse la simple prière de ces hommes intrépides, qui, s'élevant au milieu de l'immensité des vagues, semblait saluer le soleil naissant comme l'aurore de ce beau jour !

Qui semblait reconnaitre un divin présage dans l'éclat de cet astre flamboyant de clarté effaçant les ombres d'une nuit obscure, comme le bonheur et le calme allaient éteindre jusqu'au souvenir de leurs affreuses tortures. Et la frégate avançait toujours sur le radeau serrant le vent au plus près.

— On quittera le radeau comme on y est entré, dit Pierre avec son habitude machinale de discipline. Les femmes d'abord, les mousses, les novices, les matelots et l'état-major. — L'état-major, c'était lui et son fils. — Oui, oui, notre bon lieutenant, répondirent les marins avec une joyeuse soumission ; car, avec l'espérance et la conviction du salut commun, étaient revenus la subordination, le dévouement, l'amour, le respect qu'ils avaient pour le lieutenant, — Père... tu ne seras jamais assez fort pour monter à bord? dit Paul; mais bah! avec une chaise. — Mon Paul, mon enfant, répondit Pierre en l'embrassant, je ne sais quelle voix secrète me disait que nous ne nous quitterions pas encore. Et, vrai! le ciel ne pouvait nous séparer; car je l'implorais souvent pour toi, en secret, mon enfant, tous les soirs. Et il n'abandonne jamais ceux qui l'implorent... Tu le vois, Paul? — Oh! ma mère me l'avait bien dit, répondit le pauvre enfant avec une admirable expression de croyance et de tendresse, en baisant les mains de son père. — Eh bien! eh bien! dit en ce moment Szaffie avec un accent de profonde inquiétude... Vois donc, toi. — Et il montrait la frégate à un marin occupé à ses préparatifs de départ. — Oh, monsieur! dit celui-ci, elle laisse arriver. Après elle va masquer... Mais non... oh!... oh!... — Enfer! rage! cria tout à coup Szaffie en frappant du pied avec violence. — Quoi! qu'y a-t-il? demanda-t-on. — Elle ne nous a pas vus, et vire de bord, mes beaux chanteurs de cantiques! s'écria Szaffie d'une voix tonnante, les yeux flamboyants et en grinçant des dents à se les briser. — Oh! c'est impossible, dit Pierre.

Et c'était vrai. La frégate louvoyait; quand elle eut fini sa bordée, elle vira de bord pour en prendre une autre et faire ainsi sa route au plus près du vent.

Aussi le bâtiment s'éloigna, diminua peu à peu de hauteur, s'amoindrit, se voila de vapeur, devint presque imperceptible et disparut dans les profondeurs de l'horizon.

Tant qu'il y eut une ligne des voiles de la frégate au-dessus de la surface de la mer, il y eut un rayon d'espoir au fond du cœur de ces malheureux... parce qu'ils ne pouvaient pas, ils ne voulaient pas croire à une aussi atroce dérision du destin. Mais quand il n'y eut plus rien à l'horizon... rien... rien que le soleil étincelant sur la mer bleue, calme et déserte.

Oh alors!... ce fut la situation la plus poignante, la plus aiguë qui puisse fouiller le cœur d'un homme. Aussi, comme dans toutes les puissantes réactions du moral sur le physique, l'affaissement, la torpeur, succédèrent d'abord à l'état d'exaltation que l'espoir avait fait naître.

Cet engourdissement du corps et de la pensée dura quelques instants. On eût dit que ces misérables avaient besoin de cet espace de temps pour être précipités de l'immense hauteur de l'espérance jusqu'aux abîmes sans fond du désespoir ; pour bien savourer l'amertume de cette infernale déception, pour bien comprendre toute l'horreur de leur position désespérée, pour la voir face à face ; et puis, quand cette conviction fut bien entrée au cœur de chacun, froide et acérée comme la morsure d'un mourant, quand la mer et l'horizon furent bien vides, bien déserts, oh ! alors ce fut un horrible mélange d'épouvantables blasphèmes contre ce ciel qu'on avait invoqué, de cris de rage et de mort, poussés par ces hommes qui s'embrassaient naguère.

Alors la haine, la faim, que l'espoir avait un instant endormies, se dressèrent plus implacables et plus sanglante que jamais.

Alors ces malheureux, comme pour se venger sur eux-mêmes de leur misère commune, se ruèrent les uns contre les autres, se frappant, se déchirant, exaspérés par une effrayante frénésie. .

. . . .

Szaffie, lui, poussa un cri terrible, arraché par la douleur, et tomba anéanti. C'était un de ces insensés qui tâchait de lui couper le pied avec un couteau. . . . .

Le lendemain, cet accès de rage frénétique était passé ; la faim avait pris le dessus.

Pierre et son fils étaient couchés près l'un de l'autre ; leur raison commençait aussi à les abandonner. Tout semblait tournoyer autour d'eux.

Ils avaient le vertige.

Mais par-dessus tout dominait le sentiment d'une faim de tigre.

— Paul, dit Pierre d'une voix creuse et saccadée, j'ai bien faim, où avais-tu eu ce que tu m'as donné hier ? — C'était Szaffie. — En a-t-il encore ? — Je ne sais pas. — Viens voir, nous lui prendrons ; nous sommes deux.

Supplément gratuit quotidien du journal l'*ÉLECTEUR*

D'autres croyaient voir au loin une ville toute resplendissante d'or et de marbre.

Publication de la Librairie Capiomont aîné, Calvet et Cie, 10, rue Git-le-Cœur, à Paris

Et ils se traînèrent en rampant près de Szaffie qui semblait sans mouvement.

Pierre lui mit le genou sur l'estomac, et lui appuya son poignard sur la gorge pendant que Paul le fouillait.

Paul trouva la boîte de vermeil ; Pierre le vit l'ouvrir.

— Donne! donne! dit-il à son fils. — Attends. — Non, donne. — C'est à moi! dit Paul en arrachant le peu qu'elle contenait et le portant à sa bouche. — J'en aurai! ou bien... cria Pierre en se jettant sur son fils avec un hurlement farouche.

Et une lutte affreuse s'engagea.

Ils réveillèrent Szaffie.

— Oh! vous m'avez volé, vous vouliez m'assassiner. Tu vois, Paul, dit-il d'une voix faible en examinant les chances de cet effrayant combat; c'est le poignard qui va décider entre ton père et toi... Maintenant... ah! la belle bouchée qui a failli être parricide... Eh bien! mange... mange...

La nuit vint heureusement voiler cette horrible scène. . . .

Le lendemain, Szaffie, sortant d'une espèce de somnolence lourde et nerveuse, se crut sous l'influence d'un cauchemar affreux.

CHAPITRE XLVI.

LA CALENTURE.

Il était midi. Le soleil presque vertical des atterrages d'Afrique, alors dans toute sa force, épanouissait ses rayons enflammés sur les eaux calmes et limpides, et les faisait miroiter de mille feux.

Le radeau, immobile sur cette mer unie, polie comme une glace, s'y réfléchissait dans les plus petits détails.

Les fragiles remparts de barriques et de filière ayant presque tous été brisés, arrachés par la tempête, le pont ne s'élevait pas à plus d'un pied hors de l'eau, sans aucun garde-corps.

Çà et là flottaient des lambeaux de vêtements, de cordages, de planches éclairés, dorés par le soleil qui s'y jouait; quelques armes rouillées, tordues, étincelaient aussi sur le pont.

Hors les blessés à mort et les cadavres, tous les matelots étaient debout, les yeux brillants, les lèvres rouges, le teint coloré, animé, resplendissant.

Seulement, au lieu de sentir cette chaleur douce et pénétrante que ces symptômes extérieurs semblaient annoncer, ils étaient baignés d'une sueur froide, leurs membres étaient roides et glacés.

Mais, excepté ce phénomène et un tic nerveux qui donnait à presque toutes les physionomies une expression bizarre et effrayante, rien ne disait en eux la longue torture qu'ils venaient d'éprouver

Car les uns réparaient autant que possible le désordre de leur toilette, rajustaient leurs vestes déchirées, nouaient leurs cravates, en se disant: — Le lieutenant va commencer l'inspection : faut être propres.

D'autres croyaient voir au loin une ville toute resplendissante d'or, de marbre et de verdure, qui s'élevait en amphithéâtre.

— C'est là Smyrne, disaient-ils, et nous voilà arrivés. Dieu ! est-ce beau ? Vois donc ces dômes d'argent; ces bassins, ces orangers ; et des femmes qui nous appelent! Viens-y, matelot... viens donc ! donne ton bras.

Et ils s'avançaient sur le bord du radeau, marchaient toujours comme si le pont et la mer n'eussent fait qu'une même surface ; trébuchaient à l'extrémité des planches, tombaient, et étaient engloutis dans les vagues.

Alors quelques gouttes d'eau jaillissaient, l'onde se plissait, des bulles d'air venaient bouillonner, et puis la mer redevenait pleine, unie comme avant.

Ceux-là, assis autour d'une barrique vide, croyaient se délecter à une table abondamment servie.

— Passe-moi donc ce poulet, matelot, disait l'un. — En voici ; et il est fameux, répondait l'autre en imitant le geste de quelqu'un qui sert. — Quel vin ! — Quel pain b'anc! — Quelle viande fraîche! — Je m'en régale, ma foi ! on n'est pas toujours à terre !

Ici c'était la danse, des pas mal affermis, une valse rapide entre deux marins commencée sur le radeau et terminée dans la mer.

D'autres croyaient revoir la chaumière où ils étaient nés, leurs femmes, leurs enfants, tout ce qui leur était cher. Ils s'attendrissaient alors, baisaient leurs enfants au front, et leur promettaient de ne plus naviguer.

Mais tout cela avec le rire aux lèvres ou les larmes aux yeux, avec la meilleure foi du monde. C'était un délire qui s'exprimait par des voix si convaincues, si naturelles, qu'un aveugle eût pris les aberrations de cette fièvre pour des réalités.

C'est qu'un des symtômes de cette fièvre est de développer à l'extrême le désir culminant de chacun, de mettre en relief sa pensée fixe et habituelle, comme dans toutes les folies complètes ou passagères. De là cette vérité naïve que les malheureux mettaient dans la description de leurs rêves insensés.

A la vue de cet affreux délire si froid, si serein, Szaffie resta frappé de stupeur.

Car, ayant, ainsi que Paul, pris quelques atomes de nourriture, il ne partageait pas cet état d'excitation comateuse, cette exaltation cérébrale dévorante, développée par un soleil ardent et par la réaction sympathique d'un estomac crispé sur un cerveau affaibli, la calenture enfin, cette espèce de mirage moral, ne lui faisait pas éclater le crâne en offrant à sa vue, comme à celle de ces malheureux, de trompeuses images de sites enchanteurs, de festins, de femmes ou de famille.

Szaffie et Paul étaient seuls de sang-froid au milieu de cette effrayante orgie intellectuelle.

Quoique affaiblis par de longues privations, ils avaient conservé assez de lucidité d'esprit pour tout voir, pour tout entendre ; Paul surtout, sustenté par cette parcelle de nourriture que, la veille, il avait disputée à son père.

Aussi éprouvait-il une horrible angoisse à la vue de ce spectacle qui devint plus affreux encore par l'apparition d'Alice...

D'Alice meurtrie, souillée, les cheveux en désordre, d'Alice hâve, pâle et amaigrie, mais les joues couvertes d'un vif et éclatant incarnat, les yeux brillants et doués pour ce moment d'une force surnaturelle ; d'Alice qui se leva lentement du milieu des deux barriques où elle s'était tenue jusque-là ; qui se leva droite et roide comme une statue, à moitié couverte par le caban que Pierre lui avait laissé. Elle s'avança.

Paul cacha sa tête dans ses mains.

Elle parut chercher quelqu'un des yeux ; puis, son regard tombant sur Szaffie, elle repoussa avec une force surprenante les marins qui obstruaient le passage, et arriva près de Szaffie.

— Oh ! Szaffie, dit Alice d'une voix douce et faible en se penchant sur lui avec tendresse, tu es à moi, à moi, mon amant, mon amant adoré que seul j'ai aimé de toute mon âme.

Ici Paul voulut s'éloigner, le misérable ne le put. Il avait assez de force morale pour entendre, mais la force physique lui manquait pour fuir.

— J'ai cru aimer Paul, pauvre ange ! je me trompais. C'était pour moi comme une compagne, comme une sœur; c'était une amie faible et tendre, voilà tout.

Mais toi, oh! toi! dit-elle en se redressant avec orgueil, tu es mon amant; chacun de tes regards est pour moi un plaisir et une torture; et puis tes caresses brûlent et enivrent... Oh! tes caresses, depuis ce jour où, craignant la mort, je me suis donnée à toi, toute à toi, je les ai toujours senties... Tes caresses! l'impression m'en est restée et dure encore! — De ce jour, ma vie n'a été qu'un long plaisir. Car tes baisers... je les ai encore aux lèvres.

— Oh! oh! mourir! cria Paul d'une voix déchirante. — Qui parle de mourir?... Vivre avec toi. Szaffie, vivre. Viens, Szaffie, viens. Ma tante est morte, je crois, comme mon père, comme ma mère, comme tout le monde est mort pour moi, du jour où je t'ai aimé. Viens, je suis à toi!... Tiens, vois-tu cette chambre bleue? c'est la mienne... ce lit à rideaux blanc? c'est le mien; le tien, voulais-je dire. Ces fleurs que tu aimes, c'est moi qui les ai mises dans ces vases d'albâtre. Viens, mon amant, car tu es mon amant... Que me fait le mépris du monde? je n'ai pas besoin du monde pour te dire : Tu es ma vie, mon âme; que me fait le monde?... le monde, c'est toi!... Viens, Szaffie! viens mourir pour revivre et mourir encore au milieu de ces voluptés enivrantes, dont le souvenir me dévore; car depuis... ce n'est plus le sang, c'est le désir! le désir qui circule et bat dans mes veines!

Les yeux de Szaffie devinrent étincelants.

Puis Alice ajouta en feignant de se déshabiller :

— Tiens... cette robe noire qui me rendait si blanche... elle tombe... Que ces lacets sont cruels! Tiens... tiens... ils sont brisées... Au vent ma longue chevelure brune que tu aimes tant qu'elle tombe sur mes épaules?,.. Maintenant, oh! viens, mon amour, viens... je t'attends... Oh! viens donc...

El la malheureuse enfant fit le simulacre de monter dans son lit, enjamba le radeau et tomba dans la mer. Paul poussa un cri terrible, se dressa sur son séant, les mains tendues en avant; mais il ne put se lever. — Sauve-la donc, monstre! cria-t-il en montrant Alice qui reparut un instant à la surface de l'eau en étendant les bras.

Son dernier mot fut : — Szaffie.

— Elle meurt heureuse, répondit Szaffie d'une voix sourde; et une larme brilla dans ses yeux. — Alice!... Alice!... Mon père... Alice!... cria Paul en se tordant.

Cette voix, ce mot père, arracha Pierre à sa préoccupation ; car ce malheureux, ayant été privé par son enfant d'un peu de nourriture, partageait le délire général. Le lieutenant s'imaginait prendre la hauteur du soleil, et simulait avec soin cette observation astronomique.

— Tout à l'heure, Paul, lui dit-il ; je suis à toi, mon enfant; c'est qu'il faut, vois-tu, que *la Salamandre* soit en route. Le commandant m'a bien donné le point ; car il est brave et expérimenté le commandant.

Puis ayant l'air de serrer ses instruments :

— Maintenant, Paul, je suis à toi, à toi, mon enfant chéri que j'aime, qui est tout pour moi, que j'ai soigné comme il m'a soigné. Oh ! mon Paul ! soins pour soins, existence pour existence.

Ce dernier coup venait accabler l'enfant.

Oh ! il se maudissait...

— Paul, mon enfant... Je souffre... je ne sais, mais je suis blessé à la tête et au bras... Tiens... je ne sais qui m'a fait cela... Mais j'en souffre... Mon enfant, viens... viens, mon Paul ; que je te sente près de moi, et je ne souffrirai plus. Nous allons d'ailleurs arriver à Smyrne ; et là, ajouta-t-il tout bas, et là je t'apprendrai une bonne nouvelle. J'ai demandé pour toi mademoiselle Alice à sa tante, enfin tu verras. Pauvre enfant ! quand je pense que tu vas être heureux : car ton bonheur, c'est ma pensée de chaque jour, de chaque heure. Vois-tu, oh ! Paul, si ce bonheur arrivait, quelle joie pour mes vieux jours ! Embrasse-moi donc, ingrat !

Et le lieutenant se pencha sur son fils, qui frissonna en sentant les lèvres glacées de son père.

Puis Pierre, se redressant, s'écria :

— Me voici, commandant ! à vos ordres.

Et il alla s'asseoir au centre du radeau, où il parut converser avec quelqu'un.

— Oh ! malheur ! enfer !... La mort, mais la mort donc ! criait Paul. Je suis infâme ! — Pourquoi la mort, Paul ? dit Szaffie. Tu es arrivé au terme de la science, à te mépriser, toi et les autres; car, Paul, tu le sais..., tu l'as vu, et tu croiras... que...

Et il s'arrêta, car il commençait à s'affaiblir, ses idées s'obscurcissaient. Mais, dominé par son affreux système, il voulait le suivre jusqu'au bout, jusqu'au tombeau.

— Eh bien! tu le vois, continua-t-il d'une voix sourde et entrecoupée; tu le vois... c'est prouvé :

La matière l'emporte sur l'esprit...; l'instinct animal est le plus fort. Honneur, respect, amour, pudeur..., paternité..., tout se tait dès que la faim parle. Alice..., ton père!...

— Oh! laisse-moi! Va-t'en, cria Paul va-t'en! Tu es donc Satan! — Plût à Dieu! dit Szaffie.

Et un dernier sourire amer et ironique contracta ses lèvres.

— Oh! dit Paul d'une voix mourante en tâchant de se rouler au bord du radeau pour tomber dans la mer.

CHAPITRE XLII.

BARCA-GANA.

C'est un bien beau lac que le lac Tsad, aux eaux si limpides et si vertes qu'on voit briller sur le sable qui tapisse son lit de riches et chatoyantes coquille nacrées et de nombreuses branches de coraux rouges et éclatants.

Quelquefois le fraîh aux écailles d'azur et aux nageoires dorées vient mordre une des longues racines jaunes qui flottent sur l'onde, et, entraînant avec lui les corolles bleues de cette jolie fleur, il disparaît sous les rameaux pourpres du banc de corail.

Supplément gratuit quotidien du Journal L'ELECTEUR.

L'élu du grand scheik des Vallons Verts.

Ou bien c'est le héron blanc à tête noire qui, dressé sur ses pattes roses, le cou ployé, attendant sa proie, reste immobile au bord de l'eau, comme ces figures symboliques du culte des Hindous.

Situé dans le creux du bassin formé par les montagnes inaccessibles de Bournou, bien loin de Tripoli et de la côte d'Afrique, ce lac apparait là, frais, pur, ignoré, comme une goutte de rosée au fond d'une touffe d'herbes.

Entouré d'acacias, de cocotiers, de palmiers, de bananiers qui

Publication de la Librairie Capiomont aîné, Calvet et Cie. 10, rue Git-le-Cœur, à Paris.

réfléchissent leurs mille nuances de verdure dans ses eaux transparentes, c'est à peine s'il reste une place au milieu pour y voir trembler le bleu du ciel, tant ces arbres sont élevés et touffus!

Et puis, la grève est si égale, si blanche ; la prairie qui la cerne est d'un gazon si frais, si émaillé, que c'est un lieu de délices pour les fouas aux plumes violettes, les sarcelles, les pélicans, les grues qui viennent y jouer en sortant de l'eau, et faire étinceler au soleil les diamants qui tombent de leurs ailes humides.

Mais, mon Dieu! quels cris, quelle peur! Voilà que la troupe aquatique tournoie, s'envole, et va s'abattre sur un petit îlot, couvert de jeunes mélèzes, de thuyas et de tubéreuses.

Pauvres oiseaux, pourquoi fuir? Ce n'est pourtant pas une image bien effrayante que celle de Leila, jeune Indienne jolie, svelte, accorte et brune, qui s'avance pensive, vêtue d'un bouakan de coton ponceau attaché autour de sa taille avec une ceinture de soie blanche.

Leila tenait à la main une petite corbeille de joncs, qu'elle remplit de fleurs choisies avec soin. Arrivée près d'un magnolia rouge, elle s'apprêtait à le dépouiller de sa brillante couronne, lorsqu'elle poussa un petit cri de surprise et s'arrêta.

Allongeant alors en cône une feuille de bananier épaisse et luisante, elle y fit rouler, en le poussant avec une branche d'acacia fleurie, un gros œuf d'un blanc mat et rosé, puis posa la feuille sur la cime d'un lilas de perse.

Reprenant alors sa corbeille émaillée, parfumée, de mille fleurs, elle la livra aux flots du lac, et, inquiète, suivit du regard cette nacelle embaumée.

Alors la faible brise qui caressait la surface des eaux s'engouffra dans ces feuilles de roses, rugit dans les étamines de ces lits vermeils et entraîna le navire sur l'îlot où s'étaient réfugiés les oiseaux.

Triste et terrible naufrage dont les débris épars s'attachèrent à des brins d'herbes ou à de petits coquillages de toutes couleurs qui scintillaient comme des pierreries.

Leila parut pourtant peinée de ce naufrage, car ce fut avec une expression de chagrin qu'elle prit l'œuf renfermé dans la feuille, et, pensive, elle s'arrêta plus d'une fois avant d'atteindre le temple de Lari.

Aussi le soleil se coucha comme elle y arrivait.

Le temple de Lari formait à l'intérieur un long parallélogramme construit en bambous odorants, liés entre eux par des câbles de coton aux couleurs vives et tranchées que Leila distinguait à peine : car plusieurs nids de taméos, remplis de vers luisants dont ces oiseaux garnissent leurs retraites, jetaient seuls quelque clarté au milieu des ténèbres. Et, à voir ces nids entourés d'une auréole bleuâtre, qui rayonnaient çà et là suspendus dans l'ombre, on eût dit de nombreuses girandoles de saphir, reflétant les lueurs changeantes et prismatiques de l'opale.

Peut-être cet aspect lugubre eût augmenté le chagrin de Leila, si les chants du taméos, qui s'exhalaient en murmures harmonieux et plaintifs, n'étaient venus, par leur ravissante et naïve mélodie, changer la tristesse de la jeune Arabe en mélancolie douce et rêveuse. Leila s'avança vers le sanctuaire.

Au fond du temple, le coupant dans toute sa largeur, s'étendait un vaste rideau pourpre de damas de Perse, à fleurs d'argent. Son étoffe soyeuse et transparente paraissait cacher un foyer de lumière. Car des reflets d'un rouge vif éclataient d'abord sur l'arête des colonades de bambous le plus rapprochées du sanctuaire : puis, s'affaiblissant, se dégradant, cette teinte, d'abord foncée, allait s'éteindre et mourir décolorée dans les ténèbres qui enveloppaient le reste de cet asile sacré.

Tout près du rideau, richement empourprée par les tons qui s'en échappaient, une légère balustrade de roseaux peints semblait défendre l'entrée du sanctuaire. Cette élégante galerie était de merveilleuses arabesques faites de plumes de paon, de colibris, de verlas; et les mille nuances de ces beaux plumages se confondaient avec tant d'art sur un fond obscur, qu'on eût dit du velours noir brodé d'or, d'azur, de rubis et d'émeraudes. Au milieu de ce mirifique grillage s'élevait, soutenue par un roseau curieusement ciselé, une petite plaque d'or assez large, et recouverte d'une couche de coton blanc, moelleux, et parfumé de feuilles de roses. Ce fut sur ce lit éblouissant, au milieu de ces fleurs, que Leila déposa l'œuf sacré.

Puis, prenant une sorte de psaltérion à deux cordes suspendu à un bambou, elle en tira un son qui vibra et retentit un instant au-dessus du murmure des oiseaux. Et, ayant replacé l'instrument, Leila s'éloigna du sanctuaire à reculons, les mains croisées sur son sein, en chantant une hymne maladive. La jeune fille, à mesure qu'elle s'éloignait du lieu sacré, diminuait, selon l'usage, la sonorité de sa voix. Aussi, lorsqu'elle fut arrivé près de la porte du temple, la voix de Leila, qui n'était plus qu'un murmure, prononça le dernier mot de l'hymne.

Quand le silence annonça que l'adorateur de Lari avait disparu, le grand-prêtre Barca-Gana sortit d'un des côtés du temple où était située sa case, s'avança près du rideau, vit l'œuf et se prosterna.

Barca-Gana était un grand-prêtre de soixante ans, d'une couleur fortement olivâtre, décharné, et son œil étincelait sous ses longues paupières blanches. Dernier sectaire d'une tribu errante qui, venue du golfe Persique, s'était établie dans les montagnes inaccessibles de Bournou, Barca-Gana avait apporté les superstitions de sa terre natale; et, comme plusieurs sectes des égyptiens, des Hindous et des Persans, il adorait Dieu dans la créature, la Grue était l'oiseau sacré de ces idolâtres.

Barca-Gana, vêtu d'un bouakan vert qui l'entourait entièrement, avait la tête couverte d'un voile de crêpe orange à fleur d'or, attaché sur son front avec des bandelettes de pierreries. Il s'approcha du petit coussin où était déposé l'œuf divin, l'œuf de grue; et après plusieurs génuflexions se mit à chanter sur un rhythme monotone et cadencé les paroles suivantes en langue maldive :

« Ouvre le sanctuaire; c'est un rayon de la flamme céleste, un atome de sa lunière, une étincelle de son feu.

« Etre choisi par le grand scheik des vallons verts, toi qui féconde le germe de ton souffle.

« Ouvre le sanctuaire.

« Pour toi seront les lézards sacrés, à écailles bleues, et tu les mangeras. Pour toi seront les dattes remplies de lait et de miel, et tu les mangeras; pour toi seront les couches moelleuses de coton, pour toi choisi par le grand scheik des vallons verts pour féconder le germe divin de ta chaleur.

« Ouvre le sanctuaire.

« Ma tête est ceinte du tailek, et mes épaules du bouakan; ouvre le sanctuaire. C'est une étincelle de feu divin que tu vas aviver de ton souffle, toi choisi par le grand scheik des vallons verts. »

Une main invisible tira le rideau qui glissa sur un bambou, et une nappe de clarté resplendissante inonda l'intérieur du temple.

Barca-Gana fut lui-même comme ébloui du spectacle qui s'offrait à sa vue.

CHAPITRE XLVIII

L'ÉLU DU GRAND SCHEIK DES VALLONS VERTS.

L'espace caché par le rideau formait un demi-cercle un peu allongé, construit en bambous, comme le reste du temple, mais peints d'un pourpre vif et éclatant, rehaussé par des anneaux d'or qui simulaient les bases et les chapiteaux de ces colonnes élégantes.

Du milieu du dôme, où allaient se joindre les roseaux verts qui surmontaient la colonnade rouge, pendait une vaste lampe d'argile, aussi richement coloriée qu'un vase étrusque, remplie de menu bois d'aloès, dont la flamme blanche et pure répandait plus de parfums que de clarté.

Au centre de ce sanctuaire s'élevait un autel carré, soutenu par des pieds de bronze et recouvert des plus riches tissus des Indes et de Perse : voiles d'or et de soie, cachemires aux vives couleurs, gaze brodée d'argent et d'écarlate, tout se mêlait, se confondait en draperies ondoyantes qui serpentaient autour de cette espèce de lit, fait de quatre couches du coton le plus fin et le plus blanc.

De chaque côté de ce lit, deux énormes éventails de plumes de paon rafraîchissaient l'air, agités par des mains invisibles.

Enfin, couché dans ce lit, coiffé d'une royale couronne de plumes de grues, ornée de diamants, apparaissait, au milieu des plaques d'or qui flamboyaient sur ses épaules, des signes symboliques éblouissants de pierreries qui étincelaient sur sa poitrine, sur ses bras, autour de son cou, apparaissait, dis-je, l'air grave, soucieux, préoccupé, apparaissait l'ex-débitant, l'ex-capitaine de frégate, l'ex-marquis de Longetour, pour le moment élu du grand scheik des vallons verts.

Le digne marquis était prodigieusement engraissé. Sa figure, merveille, lisse et pleine, annonçait une santé parfaite; et sa longue barbe lui donnait un certain air druidique assez imposant.

Pourtant le mari d'Elisabeth fit une grimace colérique en voyant Barca-Gana soulever respectueusement la couverture de cachemire pour glisser dans le lit l'œuf sacré.

— Allons, bon, dit le marquis, bon ! encore un à faire éclore ! Ces animaux-là me prennent pour un four ou pour une poule couveuse ! ils abusent diablement de ma chaleur naturelle pour faire sortir de leur coquille ces maudites grues ! et si on me les laissait encore ! ça me ferait une compagnie, ces animaux s'attacheraient à moi... Mais non : une fois qu'ils peuvent se tenir sur leurs pattes, on me les enlève. Allons, allons, allons ! c'est bon : va-t'en, vieil animal, dit le marquis en voyant les génuflexions de Barca-Gana, qui sortait du sanctuaire à reculons. Allons, me voilà en repos jusqu'à dix heures.

A dix heures, ils m'apporteront des lézards cuits dans des épices et des dattes confites dans du miel et de la crême. J'ai eu une peine inouïe à m'habituer à ce repas-là, et maintenant je m'en trouve bien : je me fais aux lézards. C'est pourtant une drôle de nourriture. Mon Dieu ! mon Dieu ! qui m'aurait dit, il y a quatre mois, quand je faisais ma partie de dominos au café Saint-Magloire, qu'un jour je serais réduit à couver des œufs de grue en Afrique et à manger des lézards ?

Dame ! aussi, pourquoi le lieutenant a-t-il été assez scélérat pour m'abandonner dans la corvette! Oh! je ne lui pardonnerai jamais ça; et si je revois la France... Car enfin, s'il ne m'avait pas abandonné, ce misérable Sam-Baï, qu'ils ont bêtement laissé échapper en prenant le renégat pour un marchand de blés d'Odessa; cet infâme apostat venant, le soir même du naufrage, de je ne sais quelle croisière maudite, n'aurait pas vu la corvette échouée sur le banc et prête à s'engloutir; n'aurait pas envoyé ses gens pour piller à bord; ne m'aurait pas trouvé dans mon cadre plus mort que vif; ne m'aurait pas pris à son bord, amené sur la côte, et vendu comme esclave à un enragé qui a voulu d'abord me faire faire des tonneaux. Puis, voyant que je n'y mordais pas, il m'a mis à tirer de l'eau; mais je n'étais pas assez fort. Enfin, heureusement pour moi, je dis heureusement, parce que c'est un bonheur auprès de mes autres existences, cet animal à grande barbe a troqué contre moi un chameau et deux fusils, et il m'a amené dans ces montagnes, m'a attaché dans ce diable de lit, m'a couvert d'oripeaux, et depuis trente-trois jours me fait faire le bête de métier que je fais. Jusqu'à quand cela durera-t-il, mon Dieu! Et les autres!... Où sont-ils maintenant? Et le coquin de lieutenant? et Alice? et madame de Blène? et l'équipage? et leur radeau? Noyés peut-être... Je suis mieux ici. Mais quel mieux! Oh! Elisabeth!... Elisabeth! Maudite sois-tu vingt fois... C'est ta faute; sans toi, je serais encore rue de Grammont, à vendre du makouba, *à la bonne prise.*

Et le bonhomme resta pensif, absorbé, jusqu'à l'heure de son repas; après quoi il s'endormit du sommeil des justes et des élus du grand scheik des vallons verts.

Le lendemain matin, le marquis fut réveillé en sursaut par un bruit inaccoutumé. Au lieu de la langue aiguë et gutturale qui résonnait dans le temple, il entendit des voix européennes. Son cœur battit, et il pensa mourir de joie en voyant son grand rideau s'ouvrir, et trois officiers anglais, en habits rouges, s'avancer de l'air du monde le plus dévotieux, conduits par Barca-Gana, qui voulait bien les admettre à adorer le saint mystère.

A peine le marquis les eut-il aperçus qu'il s'écria, palpitant: — Au nom du ciel! qui que vous soyez, ayez pitié de moi.

Les trois Anglais se regardèrent avec un inconcevable étonnement; car ils étaient bien loin d'avoir reconnu un Européen sous ce bizarre accoutrement.

— Vous êtes Français, monsieur? dit l'un d'eux. — Oui, mon Dieu! Français; capitaine de frégate, et ici depuis trente-trois jours, pour mes péchés. Par pitié, emmenez-moi... sauvez-moi. — Il est impossible, monsieur, reprit le bon Anglais, de vous enlever par force; mais je me rends à Tripoli, au retour d'un voyage dans l'intérieur de l'Afrique, ordonné par lord Bathurst. Je verrai le consul de votre nation, monsieur, et j'userai de l'influence que le nôtre a sur le dey pour vous faire rendre en liberté — Et je n'aurai pas assez d'années pour vous bénir, monsieur, si vous réussissez, dit le marquis. — Bon courage, monsieur! Dans trois jours nous serons à Tripoli, et avant peu vous aurez de nos nouvelles. Adieu, car je crains qu'un plus long entretien ne devienne dangereux pour vous.

En effet, Barca-Gana commençait à froncer le sourcil; mais l'interprète des Anglais l'ayant rassuré, il conduisit les étrangers hors du temple, et fut absolument rassuré quand il les vit, eux et leur suite descendre les rampes étagées de ces hautes montagnes.

Ces officiers faisaient partie de l'expédition de découverte qui précéda celle du malheureux et illustre Laing. Ayant appris par leurs interprètes qu'il existait dans les montagnes de Bournou une secte étrangère à la religion de Mahomet, ils avaient voulu la voir; et de là leur rencontre fortuite et si heureuse pour l'ex-débitant. Barca-Gana, lui, avait fait une excellente affaire en achetant le marquis.

Selon l'usage de toutes les sectes de l'Indoustan qui adorent les oiseaux, les émigrants de Bournou ne laissaient jamais les oiseaux couver les œufs dont doivent sortir les oiseaux sacrés. Ces oiseaux leur paraissent d'une essence plus pure quand ils doivent à l'homme cette seconde vie que donne l'incubation. Aussi est-ce un grand honneur d'être choisi pour remplir cet office.

Mais Barca-Gana pensa qu'un blanc, qu'un homme d'une espèce si à part, si peu commune, ferait un meilleur effet dans le lit sacré aux yeux des croyants, et qu'il féconderait tout aussi bien.

Supplément gratuit quotidien du Journal L'ELECTEUR.

Gratien

C'est mû par ces idées qu'il acheta le bon marquis, comme un charlatan achète, de préférence, un cheval d'une robe extraordinaire pour traîner son char.

Malheureusement Barca-Gana ne jouit pas longtemps de son idée. Les officiers anglais, à leur arrivée à Tripoli, exposèrent l'affaire aux consuls européens; le dey fut invoqué, et par ses ordres une escorte d'Arabes et le chancelier du consulat partirent pour aller arracher le digne Formon à ses galliniques occupations.

Publication de la Librairie Capiomont ainé, Calvet et Cie, 10, rue Git-le-Cœur, à Paris.

Le dey alla même plus loin pour complaire au consul anglais; car, sans le consulter, il fit décimer les habitants de Lari, pendre Barca-Gana comme idolâtre, et plaça Leila dans son sérail.

Quant au marquis, il arriva à Tripoli, frais, bien portant, monté sur un chameau du dey. Trois jours après, un navire partant pour Gênes fut chargé d'une dépêche du consul au gouvernement français, et d'un rapport où le marquis fulminait son indignation contre Pierre, qui l'avait enfermé à bord au moment du naufrage; il annonçait de plus son prochain retour, sitôt qu'une occasion pour la France se rencontrerait.

CHAPITRE XLIX.

LES JUGES.

La dépêche du marquis arriva bien à propos à Cherbourg, où le brick du commerce *les Deux-Amis* avait transporté les naufragés du radeau, qu'il avait recueillis en mer le lendemain du jour où ces malheureux avaient été atteints de la calenture.

Depuis quelque temps, le conseil de guerre qui jugeait Pierre, était rassemblé; l'accusation était basée sur le rapport du journal de *la Salamandre*, qui, on le sait, avait été conservé sur le radeau.

Pierre était donc accusé de tentative de meurtre suivie d'exécution sur la personne de son commandant, pendant l'exercice de ses fonctions. Les témoins avaient été entendus, et le peu de matelots qui restaient de l'équipage de *la Salamaddre*, au nombre desquels étaient Bouquin et la Joie, furent obligés de témoigner contre le lieutenant; car les faits étaient si positifs, si évidents, qu'ils ne purent même en atténuer la gravité. Le précieux document envoyé par le marquis vint compléter l'accusation intentée contre Pierre, et donna une vigoureuse impulsion à la procédure, en la renforçant d'un nouveau délit. C'était, je crois, vers le 26 novembre. L'air brumeux du port se condensait en un épais brouillard, qui voilait tous les bâtiments mouillés en rade.

Il était huit heures, et un long canot, amarré au débarcadère du môle, se balançait, soulevé par une houle assez forte. Les canotiers, assis sur leurs bancs, les avirons levés, devisaient entre eux, tandis que le patron, accroupi à l'arrière, nettoyait avec un soin minutieux les bancs destinés à recevoir probablement des officiers d'un haut grade, à voir le pavillon qui se déployait à la poupe de l'embarcation.

Il fut distrait de son travail par un matelot d'une cinquantaine d'années, à cheveux presque blancs, ayant une jambe de bois, mal vêtu, et portant un sac qui annonçait que cet homme arrivait d'un long voyage.

— Maître, dit ce vieux matelot en ôtant un chapeau de paille enduit d'une épaisse couche de goudron; maître, vous êtes patron de l'amiral, n'est-ce pas? — Oui. Après? — C'est que vous me rendriez un grand service de me laisser embarquer à bord de votre canot, pour y aller. — A bord de l'amiral? — Oui, maître. — Veux-tu filer ton nœud, vieux congre! C'est ici le canot du général et des officiers supérieurs qui vont au conseil de guerre? —Ah! mon Dieu, maître! dit le vieux matelot avec une incroyable expression de crainte et d'angoisse. Quel conseil de guerre? — Tu m'embêtes, à la fin! Le conseil qui juge le lieutenant Pierre Huet. — Le lieutenant Huet! Oh! dit le marin en cachant son front dans ses mains ridées. — Tu le connais donc? dit le patron ému sans savoir pourquoi. — Si je le connais! — Mais, reprit le maître, va-t'en, voilà le général et les officiers. — A vos avirons, vous autres! et debout.

A ces ordres, les canotiers se levèrent, tenant leur chapeau d'une main et leur aviron de l'autre.

C'était le général et cinq officiers supérieurs.

— Range-toi donc, dit l'amiral en repoussant rudement le vieux marin, qui était resté immobile devant l'embarcation.

Rappelé à lui, le matelot arrêta résolûment le général par un pan de son habit.

—Eh bien! qu'est-ce? Que diable veut-il, celui-là? — Général, dit Gratien, — le vieux marin s'appelait ainsi, — général, je viens de Brest à pied, marchand jour et nuit, avec ça, dit-il en frappant sur sa jambe de bois avec son bâton. Ce voyage, je l'ai fait pour voir mon lieutenant, mon brave lieutenant, qui me donne du pain et m'empêche de mourir de faim depuis cinq ans. Oh! général! vous me laisserez aller le voir, n'est-ce pas, général? Un vieux matelot qui aime son officier, ça se conçoit, n'est-ce pas, général? — C'est trop juste, mon brave! dit l'officier. Viens, tu verras ton lieutenant. Patron, fais placer cet homme à l'avant. — Oh! merci, mon général, dit Gratien en se précipitant dans le canot avec la vivacité d'un jeune homme, malgré sa jambe de bois.

Le général occupa la première place de la droite de l'embarcation; les autres officiers se placèrent suivant leur grade ou leur ancienneté. Et le patron mit le cap sur le vaisseau amiral.

Après quelques minutes de silence, un capitaine de frégate s'adressant au général:

— Savez-vous, général, que la dépêche du commandant Longetour est accablante pour Huet? — C'est vrai, monsieur; on n'a jamais vu plus grand oubli de la discipline! — Une chose qui me passe, dit autre, c'est que Huet, sachant que le coffre de journaux était sur le radeau, ne l'ait pas jeté à la mer. C'était si facile, car c'est même un miracle que ce coffre, tout imperméable qu'il fût, y soit resté. — Mais Pierre Huet est un homme d'honneur, monsieur, répondit le général; un brave officier, égaré un moment par l'amour excessif qu'il avait pour son fils. C'est une faute que l'on doit punir, mais qu'on peut excuser. — Si l'on peut excuser une attaque aussi violente contre la discipline, général, répondit l'officier rapporteur, petit homme grêle, sec, aux yeux faux et verts, car ce n'est pas la première fois que Pierre Huet y attentait, ainsi que nous l'avons vu d'après les rapports de M. le marquis de Longetour. La discipline était odieuse à

M. Pierre Huet, oui, elle lui était odieuse, la discipline, cette reine qui doit régner absolue et tyranique, ajouta le petit homme d'une voix aigre et avocassière. — Monsieur, dit le général avec une dignité froide et calme qui trahissait pourtant son impatience, monsieur le rapporteur, vous attaquerez l'accusé devant le conseil.

Et le silence le plus absolu régna jusqu'au moment où l'embarcation atteignit le vaisseau amiral.

— Général, ne m'oubliez pas, dit Gratien au moment où l'officier supérieur allait monter à bord. — Non, mon brave. Patron, fais conduire cet homme auprès de M. Pierre Huet. — Oui, général.

CHAPITRE L

LE PÈRE ET LE LIEUTENANT.

Dans une des chambres du vaisseau, faiblement éclairée par l'ouverture d'un hublot qui y laissait pénétrer un pâle rayon de lumière, étaient réunies deux personnes, Pierre Huet et Paul.

Pierre, assis devant un bureau couvert de quelques papiers, ne laissait pas voir la moindre émotion; mais Paul, dans un état de stupeur effrayant, tenait les deux mains de son père dans les siennes en attachant sur lui ses yeux fixes, encore agrandis par sa maigreur, car Paul était méconnaissable, tant la souffrance l'avait changé.

— Mais, disait l'enfant, mais, père... c'est impossible, impossible ! ils ne peuvent te condamner... — Le crime est capital, Paul, répondit Pierre d'une voix sourde. — Mais, au nom du ciel explique la vérité, père... Dis ce qui en est ; que c'est faux... enfin, prends un défenseur au moins. — Je vous ai dit, mon fils, que ma faute était réelle, aux yeux du monde. Elle ne le serait pas que je saurais encore me sacrifier au maintien de cette discipline au nom de laquelle on m'accuse. — Mais, mon père, c'est infâme à vous de vouloir mourir ainsi... Je ne suis donc rien pour vous, moi ? — Paul, je suis officier avant que d'être père ; plus le sacrifice est grand, plus il est louable, répondit le fanatique et opiniâtre marin. — Mais, mon Dieu ! savez-vous que c'est un crime que vous commettez là ? s'écria Paul avez violence. Mais vous oubliez donc que, si ma mère vous voit et vous entend, elle vous maudit ; vous oubliez donc que son dernier mot a été : « Vis pour notre Paul ! » Vous savez bien, d'ailleurs, que, si vous mourez, je me tuerai aussi ! — Paul ! dit Pierre avec autorité. — Oui, ajouta l'enfant exaspéré, oui, je me tuerai, à vos pieds, devant vous ; car, à la fin, je me lasserai des sacrifices que je vous fais. Je vis bien, moi ! et mes illusions m'ont été arrachées une à une. Je vis bien, moi ! et Alice est morte à mes yeux en prononçant le nom d'un homme qui ne l'aimait pas et qu'elle m'avait préféré, à moi, qui l'aimais, oh ! qui l'aimais tant ! Je n'ai pas seize ans, et le monde est déjà désert pour moi ; je n'ai plus que vous seul ! Et, pour faire respecter un homme lâche et stupide, vous, brave et loyal, vous mentez... vous mendiez bassement une mort honteuse que vous n'avez pas méritée. — Paul, je fais mon devoir. — Votre devoir ! mais c'est infâme, cela ; votre devoir ! mais vous me le prouvez aussi, vous : tout est égoïsme sur la terre ; car enfin, savez-vous que je pourrais douter de votre amour pour moi, mon père ! — O mon Paul, mon enfant, quelle pensée ! dit le pauvre père tout pleurant. — Oh ! pardon, père ! père, pardon ! mais entends-moi, écoute ton Paul que tu aimes tant ; c'est toi, c'est pour t'engager à vivre que je te dis tout cela... — Mais, malheureux enfant, tu me tues ; c'est une torture affreuse... Maintenant, je voudrais revenir sur mes pas ; le puis-je ? c'est un fait qui s'est passé aux yeux de l'équipage, c'est un fait clair et patent, avoué par moi, prouvé. Mon Dieu ! mon Dieu ! est-ce à toi à me faire des reproches !... tu devais pourtant bien sentir si mon cœur battait quand nous nous embrassions avant d'aller au feu. — Tu as raison, père, répondit Paul avec un calme qui contrasta singulièrement avec l'exaltation passagère. — Tu as raison, après tout, vois-tu ? ce que je t'en disais, moi... c'était pour toi ; maintenant que tu m'as prouvé que tu ne peut échapper à ton sort... je serai raisonnable.

Pierre ne comprenait pas, mais son cœur se brisait.

— Tu sens bien une chose ; Alice est morte, n'est-ce pas ? Après ta mort, fils d'un condamné, il me faudrait quitter la marine, et vivre je ne sais où. Et puis, pour qui vivre ? Avoue donc, père, avoue, au fond de ton cœur de loyal marin, que je serais fou de penser à te survivre. — Paul !... dit Pierre effrayé. — Non, là... figure-toi que moi, moi ton fils, j'ai été condamné à mort... me survivrais-tu ? — Oh ! mon Dieu ! — Mon père, c'est au nom de ma mère que je vous supplie de parler vrai, de dire ce que vous avez dans le cœur. — Voyons, père, me survivrais-tu ?

Pierre ne répondit rien, et cacha sa tête dans ses mains en faisant entendre un gémissement cruel.

— J'en étais sûr, dit l'enfant ; est-ce que je pouvais avoir une pensée qui ne fût pas la tienne ? D'ailleurs, je ne vivrais pas ; tu vois comme je suis souffrant ; je deviendrais fou... mieux vaut mourir avec toi. Ah çà ! père, on te juge aujourd'hui, c'est donc demain... Eh bien ! à demain, père ; là comme au feu, le père et fils seront côte à côte et tomberont du même coup. Je te demande un peu si je puis désirer, ambitionner autre chose ; si ce n'est pas là la fin conséquente de ma vie maintenant. Mais réponds-moi donc, père, mon Dieu ! que tu as l'air triste et sérieux ! mais pourquoi ça ? Mais regarde donc ton Paul, au moins, dit l'enfant en abaissant les mains de Pierre qui cachait son visage.

C'est que Pierre éprouvait une émotion impossible à décrire ; il comprenait le désir de son fils. Il sentait que pour son malheureux enfant la vie n'était plus possible, car il jugeait d'après lui ; et il savait que, comme Paul, lui n'eût pas hésité un moment.

— Mais dis donc, père, je ne sais, mais la tête me tourne et le cœur me manque... c'est une de mes faiblesses... Tu vois... que... et... père.

Il pâlit ; ses yeux se fermèrent, et il s'évanouit dans les bras de Pierre. Ce pauvre enfant, usé par les privations du radeau, par le chagrin, était d'une faiblesse inouïe: c'est au plus s'il y avait huit jours qu'il se levait, convalescent d'une longue et douloureuse maladie.

— Malédiction ! il se trouve mal ; c'est la troisième fois depuis hier...

Et il portait Paul sur son lit.

A ce moment Gratien entra.

— Mon bon lieutenant! dit-il en prenant les mains de Pierre. — C'est toi, mon vieux Gratien... c'est le ciel qui t'envoie. Aide-moi vite à secourir mon enfant! — C'est une faiblesse, lieutenant ; ce ne sera rien, dit Gratien... — Ecoute-moi, Gratien, tu m'est dévoué... — Je viens de Brest à pied jour et nuit, pour vous voir, lieutenant. — Eh bien! tiens, prends... voici de l'or, c'est c'est tout ce qui me reste... Emmène mon fils où tu voudras, enferme-le, garde-le de gré ou de force, mais que je ne le voie plus... Mon arrêt va être prononcé aujourd'hui et exécuté demain... Tu conçois, Gratien?... — Oui, lieutenant, dit le marin d'une voix ferme.

La porte s'ouvrit. — Lieutenant, le conseil est assemblé, dit le capitaine d'armes. — Je monte, monsieur, répondit le lieutenant. Le sous-officier se retira.

Alors, s'approchant de Paul toujours évanoui, le pauvre père se baissa sur lui et l'embrassa avec une émotion déchirante.

— Adieu, adieu, mon Paul, mon enfant, adieu tout! Je ne te verrai plus, plus jamais, jamais! Si... oh! si... Bientôt, peut-être. Que je souffre! Quelle cruauté! Mais maintenant, c'est impossible! mes aveux ont renforcé à l'accusation ; il y a des témoins ; tout est fini, il n'y a plus à revenir. — Adieu encore, mon enfant, mon pauvre enfant! Et mourir sans que tu m'aies embrassé! c'est affreux, affreux!

Et le misérable cherchait les lèvres de son fils, les appelait de son haleine, baisait ses cheveux, son front, le mouillait de pleurs en lui disant adieu.

Et il allait à la porte, mais il revenait encore à son fils pour le couvrir de larmes et de baisers.

— Tiens, je mourrais ici ! Gratien, ouvre la porte.

Supplément gratuit quotidien au Journal l'ÉLECTEUR

Lui qui arrache les naufragés à la mer furibonde.

Gratien, dont le cœur était brisé, ouvrit la porte, et l'on vit le piquet destiné à conduire Pierre dans la chambre du conseil.

Cette vue rappela le lieutenant à lui-même; il boutonna son uniforme, dégarni de ses épaulettes et de son ruban, essuya ses yeux, prit son chapeau, et dit au sous-officier, d'une voix ferme et imposante.

— Marchons, monsieur.

Et les pas lourds des hommes de garde retentirent dans la batterie. Arrivés près de la chambre du conseil, les armes posées à

Publication de la Librairie Capiomont aîné, Calvet et Cie, 10, rue Git-le-Cœur, à Paris.

terre résonnèrent sourdement, et Pierre, accompagné de deux hommes, entra dans la chambre du conseil.

Pendant ce temps, Gratien, profitant de la faiblesse et de l'évanouissement de Paul, le transporta à terre, aidé par les matelots du bord.

CHAPITRE LI.

LE JUGEMENT.

Le conseil, assemblé dans la grand'chambre, se composait d'un amiral, qui le présidait, de trois capitaines de vaisseau, de deux capitaines de frégate, et de l'officier rapporteur.

Quand Pierre entra, on le fit placer devant le président, qui, s'adressant à l'officier, lui dit : — Monsieur, veuillez faire connaître les charges.

Le petit homme aux yeux verts se leva, prit un énorme cahier et lut ce qui suit :

« Messieurs, c'est au nom de la discipline indignement outragée par un homme qui, par sa position, devait la respecter davantage, que nous réclamons l'application des peines les plus sévères contre l'accusé Pierre Huet, lieutenant de vaisseau de la marine royale, déjà coupable d'avoir, en plein pont, interrompu et changé les ordres de son commandant, pour ordonner une manœuvre qui aurait pu être préjudiciable au salut de la corvette. Mais qu'est-ce que c'est que ce délit, messieurs, auprès des autres ? Car, dans cette effrayante procédure, nous tombons d'abîme en abîme ! Ecoutez, messieurs. Au moment d'un grand danger, oubliant le respect dû au chef et à l'ordre immuable établi à bord, aveuglé par une tendresse égoïste pour son fils, l'accusé ne poussa-t-il pas l'oubli de tout devoir jusqu'à exiger de son commandant l'ordre de faire sauver d'abord cet aspirant contre tous les usages reconnus à bord? Mais à quel excès osa-t-il se porter, messieurs que le brave commandant, avec la froide inflexibilité qui caractérise le marin, lui refusa cette demande inouïe? Le lieutenant Pierre, messieurs, osa tirer son poignard et en frapper son chef à la vue de tout l'équipage, dans un de ces moments décisifs où la subordination la plus parfaite, l'obéissance la plus passive, peuvent seules donner les moyens de sauver le navire. Vous frémissez, messieurs, vous frémissez d'horreur : que sera-ce donc quand vous apprendrez un autre attentat! La corvette est en danger de nouveau par l'ignorance d'un des officiers de quart. Dans ce moment critique, où la présence du commandant sur le pont est comme le phare allumé qui guide au loin le navire et dirige sa marche au milieu des écueils blanchissants de l'écume des vagues qui s'y déroulent écumantes et bondissantes, comme furieuses et voulant l'engloutir, lui qui arrache les naufragés à la mer furibonde par la bienfaisante clarté qu'il projette au loin sur l'immensité des vagues comme une étoile promenée par la main de la Providence éternelle... »

A la fin de cette phrase, qu'il prononça d'une haleine, l'avocat devint bleu ; mais il reprit, après avoir respiré largement :

« C'est dans ce moment, messieurs, que, craignant sans doute que son brave et inflexible supérieur ne s'opposât de nouveau à ses projets, que ledit Pierre, messieurs, ose enfermer le commandant chez lui, privant ainsi volontairement et sciemment l'équipage des ordres et des talents de cet officier supérieur, qui, dit-on, d'après le compte que ledit Pierre a rendu lui-même de la capacité de son commandant, qui devaient, dis-je, retirer le navire de son échouage périlleux. Ne vous paraît-il pas alors, messieurs, que ledit Pierre, ayant sciemment privé la corvette des avis de son chef, est seul responsable de la perte de ce bâtiment?

« Ce dernier document nous a été transmis par M. le marquis

de Longetour lui-même, qui, par une clémence digne de son beau caractère, cherche autant que possible à atténuer les torts de son lieutenant. Et c'est ici l'occasion, messieurs, de répondre aux calomnies que l'on a versées sur une estimable classe d'officiers, un moment éloignés de tout service actif. Vous voyez, messieurs : le marquis de Longetour est abandonné au milieu des dangers les plus affreux. Fort de son courage, il attend; des pirates l'enlèvent et le conduisent dans l'intérieur de l'Afrique; et malgré des dangers sans nombre, il profite de ses loisirs pour se livrer à des recherches et à des expériences scientifiques d'histoire naturelle, nous écrit-il lui-même, joignant ainsi la persévérance et l'assiduité d'un homme d'étude au courage d'un homme de mer.

« Mais revenons, messieurs, à des tableaux moins consolants pour l'humanité; revenons à l'accusé et à ses fautes. C'est donc au nom de la discipline outragée, messieurs, que je proteste contre les dispositions bienveillantes que pourrait faire naître cette pièce. Mon accusation, messieurs, se base sur des faits. La conduite du sieur Huet est du plus mauvais exemple, et ne saurait être excusée par le motif de tendresse filiale qui en est le mobile; et je finirai, messieurs, par cette phrase bien simple, mais bien expressive, je crois: avant d'être père, on doit se souvenir qu'on est officier. »

A ces mots seulement, Pierre fit un bond sur sa chaise.

« — Je réclame donc, messieurs, contre ledit Pierre Huet l'application de l'article du code pénal, comme prévenu :

« 1° De manque à la subordination envers son commandant;

« 2° De tentative de meurtre sur la personne de son commandant, pendant l'exercice de ses fonctions;

« 3° D'avoir sciemment concouru à l'échouage de la corvette, en la privant des ordres et de la présence du commandant, et d'avoir en outre exposé cet officier à périr, en le privant volontairement de tout secours. »

Et le petit homme se rassit.

— Accusé, avez-vous quelque chose à dire pour votre défense? demanda l'amiral à Pierre d'un air d'intérêt. — Non, monsieur le président. — Avez-vous un avocat? — Non, monsieur le président. — Vous persistez dans votre silence? — Oui, monsieur le président. Seulement, je déclare, à la face de Dieu et des hommes, que si je n'avais été blessé et renversé sans connaissance au moment de quitter la corvette, je n'aurais pas laissé le commandant enfermé chez lui. — Mais pourquoi l'aviez-vous enfermé? — C'est une question à laquelle je ne puis répondre, monsieur le président.

Le président sortit avec les membres du conseil.

Pierre resta seul, la tête penchée dans ses mains, tout seul. Le peu de flambarts qu'on avait recueillis à bord du radeau étaient consignés à terre, après avoir été entendus comme témoins.

Le conseil rentra, et le président lut ce qui suit d'une voix émue :

« — Louis, par la grâce de Dieu, roi de France et de Navarre, etc.

« Aujourd'hui, 20 novembre 1815, s'est assemblé à bord du vaisseau amiral en ce port, après avoir entendu la messe du Saint-Esprit, le conseil de guerre maritime en grande tenue, en vertu de l'ordonnance de Sa Majesté ; les débats relatifs au sieur Pierre Huet, ex-lieutenant de la marine royale étant terminés, et toutes les formalités voulues par le décret du 24 juillet 1806 ayant été remplies ;

« Ouï le capitaine-rapporteur et l'accusé ; le conseil, après avoir délibéré à huis clos, en présence de M. le procureur de Sa Majesté ; M. le président, ayant recueilli les voix, a reconnu, à l'unanimité, la procédure régulièrement instruite, et a reconnu, aussi à l'unanimité, Pierre Huet coupable de tentative de meurtre, suivie d'exécution, sur la personne de son commandant.

« Et ayant écarté les autres chefs d'accusation, le conseil condamne, en son âme et conscience, et à l'unanimité des voix, le nommé Pierre Huet à la peine capitale, l'arrêt devant être exécuté dans les vingt-quatre heures ; et en outre condamne l'accusé aux frais envers l'Etat.

« Fait, clos, jugé et arrêté à bord du vaisseau amiral, au port de Cherbourg, les jour, mois et an précités, vers onze heures moins un quart du matin. Et MM. les membres du conseil ont signé avec le greffiers la minute du jugement, etc. »

En entendant son arrêt, Pierre ne dit pas un mot ; aucune émotion ne se peignit sur sa figure, car depuis longtemps il vivait avec cette idée. Seulement, s'adressant au président :

— Mon général, seriez-vous assez bon pour m'accorder deux mots d'entretien ? — Je suis à vous, monsieur. Veuillez nous laisser, messieurs, dit-il aux membres du conseil, qui sortirent. — Général, dit Pierre quand *ils* furent seuls, me reconnaissez-vous ? — Oui, Pierre, dit l'officier en lui tendant la main ; je vous ai vu au feu, et je sais qui vous êtes. C'est une inexplicable fatalité, car je ne connais personne dévoué plus que vous à la discipline. — Général, j'ai un fils. — J'y avais pensé, Pierre. Et son avenir ne doit pas vous inquiéter. — Son avenir ! Non ! dit Pierre tristement. Il se tuera ! — Mon ami, cette idée... — Il se tuera, général, je le sais. Seulement je voudrais, je voudrais... que nous ne soyons pas séparés: vous m'entendez? — Pierre, mon ami, je ne partage pas vos craintes. Votre fils... — Il se tuera, répondit Pierre. Seulement, général, pensez à une prière pour nous deux ; j'y tiens. Je n'ai jamais été cagot, mais je suis sûr qu'il y a quelque chose là-haut ! C'est dit, général. — Dans le cas où le malheur que vous prévoyez arriverait, foi de marin ! ce sera. — Merci, général. Adieu ! dit Pierre en lui tendant la main. — Venez donc là, mon brave, répondit l'amiral en lui ouvrant les bras. Ce n'est pas la première fois ! N'est-ce pas moi qui vous ai donné l'accolade de légionnaire !

Et les deux marins tombèrent dans les bras l'un de l'autre.

— Adieu ! adieu, genéral ! pensez à *nous* ! dit Pierre en voyant l'amiral s'éloigner.

Il regagna sa chambre. Il n'y trouva plus son fils... Il s'assit tristement à la place où son enfant s'était assis, et passa la nuit à méditer...

Il devait être fusillé à onze heure du matin, sur un ponton, par un peloton de gendarmes.

CHAPITRE LII.

VISITE.

Profitant de l'évanouissement de Paul, Gratien l'avait conduit chez son logeur, place du port, au *Chasse-Marée*.

On le sait, c'était la veille du jour où l'on devait fusiller Pierre. Son exécution avait été fixée au lendemain matin. Le signal était le dernier coup de onze heures à l'horloge du port. La petite chambre, provisoirement habitée par Paul, était ordinairement destinée aux matelots qui attendaient un embarquement avantageux sur un navire de commerce.

Des murs couverts d'un papier jaune à fleurs, tombant en lambeaux, quelques gravures coloriées représentant des épisodes des guerres de Bonaparte, une chaise, une table boiteuse et un lit de sangle, voici l'ameublement.

Située au quatrième étage, l'unique fenêtre de cette mansarde donnait sur une ruelle infecte, et le jour n'arrivait que péniblement à travers des carreaux verdâtres au milieu desquels s'élevaient des fonds de bouteilles.

C'était le soir, — sur les quatre heures.

Le ciel, brumeux et chargé de brouillards de novembre, se voilait de plus en plus, et bientôt l'obscurité commença d'envahir ce misérable réduit. Paul, assis sur le bord du lit, ne s'en aperçut pas. Le pauvre enfant, la tête baissée, les mains croisées sur ses genoux, les jambes pendantes, paraissait être dans un état d'insensibilité profonde. Ses yeux s'ouvraient secs et ardents.

Quatre heures sonnèrent, et la cloche de l'arsenal faisant entendre ses tintements prolongés, Paul fut tiré de son inertie.

— Quatre heures ! dit-il après avoir compté chaque coup. A présent que fait mon père ?... Encore dix-neuf heures à compter. C'est bien long ! J'aime cette horloge car elle me dira le moment de la mort de mon père. Elle me dira : Paul, es-tu prêt ? Il t'attend. Elle ne me trompera pas. Demain, pour lui et pour moi, le dernier coup d'onze heures sera le signal d'une grande joie, car c'est un signal qui nous réunira pour toujours. Mais que faire jusque-là ? Je m'ennuie tant ! Pourvu que cette nuit, que demain, une de mes faiblesses ne me prenne pas Oh ! non, le ciel est trop juste pour me refuser ce bonheur-là ! dit-il amèrement.

Qui m'aurait dit cela, pourtant, il y a six mois ? C'est une existence bien fatale que la mienne ! Qu'ai-je donc fait à Dieu pour être si malheureux ? Et il me semblait avoir tant d'avenir, et de riant avenir devant moi ! J'avais un père qui me chérissait ; j'étais brave, j'étais jeune ; ma profession me plaisait, et j'aimais, oh ! j'aimais un ange !

Puis, après un moment de silence :

— Mais voilà quelque chose de bien affreux ! ajouta-t-il. Je ne sais si la douleur, le chagrin ou la maladie ont usé toutes les fibres de mon cœur !... Mais je ne le sens plus... je pense à Alice, à mon père qui sera tué demain, à moi, qui me tuerai demain ; j'y pense, et cela sans émotion cruelle ou poignante. Ma vie passée, présente ou future, c'est comme un livre que j'aurais lu, et qui m'aurait laissé des souvenirs, mais pas d'impressions. Ce que j'éprouve seulement, c'est de l'ennui, mais un ennui prononcé, et le désir d'être à demain.

Non, non ! dit-il après un nouveau silence, non, j'ai beau songer à tout ce qui me fut cher, à toutes mes espérances perdues ; j'ai beau toucher du doigt des plaies autrefois si vives et si saignantes, évoquer d'atroces souvenirs ; rien, rien, je n'éprouve rien, ni haine, ni désespoir, ni regret ; mon âme est morte à toutes les sensations !...

C'est l'effet de l'extrême chagrin, sans doute, peut-être aussi de la maladie. Mais c'est une chose singulière : peut-être aussi est-ce la certitude que j'ai de mourir demain. Mais, de fait, je n'éprouve rien que de l'ennui, toujours de l'ennui.

A ce moment un léger frôlement agita la porte.

Au dernier coup d'onze heures, Pierre Huet tombait fusillé sur le pont.

— Ah ! c'est ce bon vieux Gratien qui fait sa faction. Il est là pour m'empêcher de sortir, comme si j'y pensais, mon Dieu !

La porte s'ouvrit, et quelqu'un s'avança dans l'obscurité, car la nuit était venue tout à fait.

— C'est toi, Gratien ? demanda l'enfant. — Non, Paul, répondit une voix bien connue, qui fit tressaillir le fils du lieutenant. — Szaffie ! dit Paul stupéfait.

CHAPITRE LIII.

PROPOSITION.

En entendant la voix de cet homme qui venait lui rappeler ses malheurs les plus cuisants, qui venait presque les résumer dans son odieuse personne, Paul sentit un faible mouvement au fond de son cœur flétri. Le misérable pensa que la haine au moins allait vibrer dans son âme. Mais non, non, tous les ressorts de cette âme avaient été brisés à jamais. Cette émotion passagère ne fut que de la surprise; à peine dura-t-elle un instant, et puis Paul retomba dans son insensibilité morale.

Gratien parut avec une lampe.

— Laisse-nous, lui dit Paul.

Gratien sortit.

Szaffie amaigri par les privations qu'il avait aussi partagées, paraissait plus pâle que de coutume ; mais c'était le même calme, le même sang-froid, la même expression hautaine et railleuse.

— Eh bien, Paul? — Eh bien! monsieur, quand vous êtes entré, j'ai cru sentir en moi un sentiment de haine et de colère : je me trompais... Oh! que vous devez me mépriser, me trouver bien infâme! dit l'enfant avec un rire amer, car je vous vois là, près de moi, et je n'ai ni le pouvoir, ni la force, ni la volonté de vous tuer : comprenez-vous cela? — Oui, Paul, ceci devait arriver. Après les grandes joies, les grandes souffrances ; après les grandes souffrances, le néant, la mort morale... Aussi l'on peut appliquer à l'âme ce que les joueurs disent du jeu : Il y a deux plaisirs dans le jeu, d'abord le plaisir de gagner ; après celui de gagner, le plaisir de perdre ; car cent fois mieux vaut perdre que de ne pas jouer. Aussi cent fois mieux vaut souffrir que d'être plongé dans l'engourdissement où vous êtes, Paul. — Oh! ceci est une grande vérité, Szaffie; car si je souffrais, je pourrais vous haïr; et si je pouvais vous haïr, je vous tuerais; mais je ne le puis. Ecoutez-moi. Il y a bientôt huit ans, comme vous, Paul, j'étais à la veille de me tuer; comme vous, j'avais le cœur mort et froid : la seule différence, c'est que la satiété du bonheur m'amenait où la satiété du malheur vous conduit... — au suicide — peu importe, le résultat est le même... Or, je viens vous proposer d'employer le moyen qui m'a sauvé, car vous m'intéressez, Paul, — Que voulez-vous dire? — Une fois votre père mort, en supposant que vous puissiez sortir de l'état de torpeur qui vous accable, quel serait, croyez-vous, le premier sentiment qui s'éveillerait dans votre âme?

Paul réfléchit un instant, puis il reprit : — La haine des hommes, et le besoin de me venger sur vous!

— La haine des hommes, bien; quant au besoin de vous venger sur moi, niaiserie et injustice. Car, après tout, enfant, est-ce moi qui ai fait les événements, est-ce moi qui ai dit à ton père : Séide d'une discipline imaginaire, sacrifie à ton idole ton honneur, ton ambition, ton fils et ta vie?

Est-ce moi qui ai dit à Alice : Méprise et torture le cœur si naïf et si candide de Paul, et aime-moi? Non; j'ai dit à Alice : Il y a une âme pure et chaste comme la tienne, cherche cette âme, comprends-la, aime-la, car mon âme, jeune fille, est sombre, vide et desséchée. Eh bien! malgré cela, à cause de cela, Paul, elle est venue à moi et s'est éloignée de toi, parce que c'était dans sa nature de femme; — à cause de cela Alice, élevée au couvent, ayant toutes les vertus et toutes les nobles convictions, m'a préféré à toi, et c'est à cause de toutes ces vertus qu'elle m'a préféré. Une femme corrompue n'aurait pas hésité une minute; elle t'eût choisi, enfant.

Tu parles de me tuer, Paul! Est-ce moi ou la faim qui ai changé la soumission en révolte, l'amour en haine, la pudeur en frénésie amoureuse? N'ai-je pas partagé vos privations, moi? Comme vous, n'ai-je pas joué ma vie? Mon seul avantage, à moi, fut de voir de sang-froid : car, je te l'ai dit, rien ne m'étonne, parce que je m'attends à tout. — Enfin, que voulez-vous de moi ? dit l'enfant avec insouciance. — Ecoute, Paul. Tu as seize ans, tu es beau, courageux ; pour haïr le monde, tu as les motifs les plus terribles que jamais la fatalité ait accumulés sur la tête d'un homme. Ton besoin de vengeance doit être implacable et acéré, car les hommes t'ont ravi père, maîtresse, illusions et avenir.

Viens avec moi, Paul. Je suis riche, mon expérience te servira ; Tous deux unissons-nous par une conformité de haine. Viens, Paul : tu es la seule créature humaine à laquelle je puisse m'intéresser, parce que toi seul tu peux servir mes projets. Viens ! Une femme t'a trompé : eh bien ! si jeune, si beau, si désabusé, si flétri, c'est maintenant que les femmes seront à toi, à tes pieds ; alors, Paul, alors aussi tu leur feras verser des larmes atroces : elles aussi sentiront leur cœur se briser. Songes-y bien : toutes les souffrances que tu as souffertes, tu les imposera à l'humanité ! Parce que ton cœur a été ulcéré, toutes les femmes supporteront la réaction de ton désespoir ; innocentes ou coupables, tu as pleuré du sang, elles pleureront du sang. Viens, viens, Paul ! et ce n'est rien encore : si l'amour te donne le pouvoir d'écraser ce sexe, l'ambition te donnera celui de te venger des hommes. Viens, Paul ! Je puis t'ouvrir une vaste et large carrière dans les places, dans les honneurs, nous trouverons encore là un puissant moyen d'action sur l'humanité, nous dominerons les hommes d'une effroyable hauteur ; ton esprit s'agrandira, enfant ! et qui sait ? arriverons-nous peut-être à compter non plus par douleur d'homme, mais par douleur de nation ! Comprends-tu, Paul ? de nations ? Faire de la vengeance sur une telle échelle, pousser un cri de vengeance qui retentisse dans la postérité ! Viens, Paul ; et si le cadre te parait encore trop étroit ; eh bien ! il existe à Rome un plus puissant levier ; et tu n'es pas marié, ni moi non plus !...

Viens, te dis-je. Et d'ailleurs c'est beau chez toi la vengeance, parce que tu venges un père et une maîtresse. Songe donc, Paul !... — l'humanité, — quelle immense hécatombe à leurs mânes ! Viens, quittons cette ville ; suis-moi à Paris... viens, viens ! — Non, non, je dois mourir, mourir ici avec mon père !

— Mais, misérable enfant, à qui ta mort nuira-t-elle? Mais c'est l'action d'un fou que de se venger de l'humanité sur soi-même. — Voyez-vous, Szaffie, je vous ai écouté avec attention, avec attention j'ai épié si aucune de vos paroles éveillerait quelque chose en moi, haine, espoir ou désespoir; mon cœur est resté muet, — Muet, tu en es sûr? — J'en suis sûr. — Pauvre Paul, je te plains alors, parce que j'avais compté sur toi. J'aurais dû m'y attendre. Oh! il faut une âme forte et puissante pour résister aux coups du bonheur complet ou du malheur complet; mais ton âme était faible et débile. Encore une fois, réfléchis, interroge ton cœur; rien? rien? — Non, répondit Paul pensif, rien. Je ne comprends pas qu'on puisse vivre quand le monde est désert. — Mais la vengeance, misérable? — Mais puisque je n'en ressens pas le besoin à votre vue, c'est que mon cœur est mort, bien mort. — Adieu donc, Paul... adieu.

Et pour la première fois peut-être, une larme de pitié ou de regret mouilla les yeux de Szaffie.

C'est qu'aussi il y avait quelque chose d'affreux à voir cet enfant, si jeune, si beau, pâle, flétri, mourant, déjà mort; car la mort physique n'était plus qu'un fait sans importance; à voir ce pauvre enfant tout seul, dans cette chambre délabrée, sans ami, sans un parent, isolé au milieu du monde, n'ayant approché ses lèvres de la coupe de la vie que pour en sentir toute l'amertume, et s'éteignant là sans se plaindre, sans un regret, sans un murmure, sans pouvoir même verser une larme.

— Encore adieu! dit Szaffie; et il disparut. — Adieu! dit Paul. Puis, reg. rdant sa montre : Au moins, c'est une heure de passée avec insouciance.

Et l'on entendit résonner les fouets des postillons, et les vitres de la chétive auberge vibrèrent au bruit sonore et retentissant d'une voiture qui s'éloignait avec rapidité.

CHAPITRE LIV.

GRATIEN.

Le lendemain matin à huit heures, Paul appela Gratien.

Le matelot entra.

— Ecoute, mon vieux Gratien, dit Paul en ouvrant un tiroir de la table. Voilà, je crois, cinq mille et quelques cents francs ; c'est tout ce que nous avons mon père et moi : je te les donne. — Merci, monsieur Paul. — Parce que tu conçois bien que quand on est mort on n'a plus besoin de rien. — Oui, monsieur Paul. — On fusille mon père aujourd'hui à onze heures. — Oui, monsieur Paul. — Alors je me tuerai à onze heures. — Mais tu ne me réponds pas ; je compte pourtant sur toi pour m'avoir des armes. — Monsieur Paul... — Eh bien ! alors ? Tu comprends que si tu m'en empêches aujourd'hui, demain, après-demain, je trouverai toujours le moment et le moyen ; ainsi... — Oui, monsieur Paul. — Enfin, Gratien, tu m'as vu naître, n'est-ce pas ? — Oui, monsieur Paul ; et le pauvre homme sentait son cœur se gonfler. — Oui, monsieur Paul, que c'était moi qui vous promenais, qui vous berçais et qui vous mettais à cheval sur ma jambe de bois quand vous étiez plus grand. — Eh bien, mon bon vieux Gratien, tu m'aimais alors, dis ? — Oh ! oui, monsieur Paul. — Eh bien, ne me refuse donc pas ce que je te demande ; serais-tu content, toi, si on te le refusait ? Enfin si au lieu de n'avoir eu qu'une jambe emportée tu en avais eu deux, si tu avais été bien sûr de mourir, aurais-tu été content que ton matelot te refusât de te casser la tête, pour t'empêcher de souffrir davantage ? — Oh !

non, monsieur Paul, ça, c'est un devoir sacré qu'on se doit entre matelots ; quand on peut épargner une souffrance à un ami, faut le faire ; celui qui ne le ferait pas serait un misérable et un lâche... — Eh bien ! Gratien, je suis ton ami aussi, moi, et tu refuserais au fils de ton lieutenant, à l'enfant que tu as bercé, ce que tu ne refuserais pas à un camarade ! tu me refuses cela... quand tu sais que mon père va être fusillé... Enfin une fois mort, lui, tu conçois bien que je ne pourrais pas lui survivre, que je souffrirais trop... — Et tu me refuses ! tu aimes mieux me voir mourir de chagrin que d'un coup de feu, comme tout soldat doit mourir... Tu me refuses... dis... mon bon, mon vieux Gratien ? — Eh bien ! tenez... Non, monsieur Paul, puisque vous le voulez Et puis, je conçois qu'après votre père mort, comme ça... ça serait une douleur qui ne finirait pas... oh ! oui, une fière douleur... une douleur de toute la vie, mon pauvre monsieur Paul. — Tu vois bien, mon bon vieux Gratien, que j'ai raison ; ainsi, achète-moi deux pistolets, et charge-les toi-même à deux balles, toi-même, entends-tu ? — Soyez tranquille, monsieur Paul, dit Gratien en essuyant une larme. — Va, et sois ici avant la demie de dix heures. Ah çà, je compte sur toi, Gratien, foi de marin ? — Foi de marin, monsieur Paul, dit Gratien après avoir hésité un instant. Il sortit.

Neuf heures sonnèrent, neuf heures et demie, dix heures.

A dix heures un quart Paul entendit plusieurs pas à la porte de sa chambre.

Il fronça le sourcil, craignant quelque supercherie de Gratien ; mais ce dernier entra, ayant les deux pistolets sous sa veste, seulement il paraissait tout honteux et embarrassé.

— Monsieur Paul dit-il en tournant ces armes de tous les côtés, les yeux baissés. Vous m'avez dit de n'en rien dire à personne. — Certainement : eh bien ! qu'avez-vous fait ?— Monsieur Paul, c'est que j'ai rencontré maître la Joie et maître Bouquin dans la rue, deux anciens du radeau, qui m'ont dit qu'ils voudraient bien vous voir avant. Fais-les entrer, Gratien.

La Joie et Bouquin s'avancèrent timidement.

— Eh bien ! mes vieux flambarts, dit Paul, vous venez me dire adieu ? — Oh ! monsieur Paul, répondit la Joie, on n'oublie pas, voyez-vous, ceux qu'on aime bien. C'est moi, monsieur Paul, qui vous ai reçu dans mes bras quand vous avez été blessé, et vous vous en êtes souvenu, car jamais vous n'avez brutalisé le vieux la Joie, comme font tant de jeunes officiers. Et puis, c'est triste, allez, monsieur Paul, de penser qu'après vous et le lieutenant, il ne restera que nous deux Bouquin, des flambarts de *la Salamandre*. Car Gratien m'a tout dit, monsieur Paul ; c'est beau à vous, ça ! c'est d'un bon fils et d'un brave marin ce que vous faites là ; n'y a que les femmes et les curés qui diront que vous avez eu tort. Seulement, monsieur Paul, moi et Bouquin, nous voudrions bien... mais je n'ose pas. — Demande, mon vieux la Joie. — Eh bien, monsieur Paul, nous voudrions avoir quelque chose de vous, un bouton d'uniforme, la moindre chose ; pardon, excuse, monsieur Paul, c'est que ça serait notre relique à nous deux Bouquin... — Je te le promets, la Joie.

Dix heures et demie sonnèrent.

— Allons, adieu, mes amis, dit Paul, laissez-moi... C'est pour onze heures ; pas un mot à personne.— Comptez sur nous, monsieur Paul. — Allons ! embrassez-moi.

Et Bouquin et la Joie embrassèrent Paul en pleurant.

— Adieu, mon vieux Gratien ; adieu et merci. — Mon pauvre monsieur Paul ! disait celui-ci. . . . .

Et tous les trois descendirent l'escalier à pas lents.

Paul écrivit ce qui suit, dès que l'horloge du port sonna onze heures moins un quart :

« Je me tue, ne pouvant survivre à la mort de mon père. Je donne et lègue à Gratien, Jacques, matelot invalide, tout l'argent qui se trouve dans ce tiroir. Je désire qu'on donne à la Joie, maître d'équipage, mon poignard d'uniforme que l'on trouvera à bord du vaisseau amiral, dans la chambre de mon père. Je désire aussi qu'on donne à Bouquin, maître canonnier, mon aiguillette, que l'on trouvera au même endroit, comme témoignage d'amitié et de reconnaissance envers ces deux braves marins. Je désire, enfin, être enterré avec mon père.

« Fait ce 13 novembre, à onze heures moins dix minutes du matin, cinq minutes avant que mon père n'ait été fusillé. »

Au dernier coup d'onze heures Paul Huet tombait sur le parquet de la petite chambre.

Au premier coup d'onze heures, Paul arma les pistolets.

Ses derniers mots furent :

— Pardonne-moi ! oh! mon Dieu ! si c'est un crime. — Attends, moi, père ! Je te suis. — Ma mère... Alice !

Au dernier coup d'onze heures, Pierre Huet tombait fusillé sur le ponton.

Au dernier coup d'onze heures, Paul Huet tombait sur le parquet de la petite chambre de l'auberge du Chasse-Marée.

Publication de la Librairie Capiomont aîné, Calvet et Cie. 10, rue Gît-le-Cœur, à Paris.

L'amiral n'oublia pas la promesse qu'il avait faite à son compagnon d'armes.

Pierre et son fils ne furent pas séparés.

L'amiral, Gratien, Bouquin et la Joie furent les seuls qui suivirent le convoi du père et du fils.

Le soir, les trois matelots, qui avaient été s'étourdir dans une taverne, étaient un peu ivres et parlaient d'incendier le port de Cherbourg, pour venger Pierre et son enfant.

Ce projet n'eut heureusement pas de suite.

Gratien jouit d'une honnête aisance jusqu'à la fin de ses jours.

La Joie tomba à la mer, dans une tourmente, et se noya.

Son matelot Bouquin mourut de la fièvre jaune à la Martinique.

CHAPITRE LV.

UN SALON.

La scène se passe à l'hôtel de Saint-Arc, un mois après la mort de Paul et de son père.

C'est un de ces anciens et admirables salons du faubourg Saint-Germain, qui datent du dix-septième siècle. Les mille moulures et arabesques des portes, des planchers et des panneaux, ont été nouvellement dorées, et se détachent brillantes sur le fond blanc des boiseries. De grandes fenêtres voilées de larges et lourds rideaux de soie pourpre donnent sur le jardin ; d'autres portes, parallèles à ces croisées, s'ouvrent sur une serre chaude, délicieuse, toute parfumée, embaumée de fleurs d'hiver : des tapis épais et moelleux garnissent cette serre, et de hautes volières, remplis de bengalis, donnent un charme de plus à cette belle et vigoureuse végétation.

Il est nuit. De riches candélabres, placés dans les coins de cet immense salon, se reflètent au milieu des glaces, et jettent une pâle lueur dans la serre, seulement éclairée par cette douce clarté.

Plusieurs portraits de famille annoncent que cet hôtel est habité par des gens d'antique et glorieuse origine.

Six heures sonnent.

Un valet de chambre ouvre les deux battants de la porte du salon.

Entrent : la duchesse de Saint-Arc. Cinquante ans, taille imposante, l'air spirituel et bon, mise avec un goût et une simplicité extrêmes.

La comtesse d'Hermilly. Dix-neuf ans, une figure ravissante, les plus beaux yeux du monde; les pieds et les mains d'une distinction rare; brune, pâle et la peau très blanche; toilette exquise. Mariée depuis un an au comte d'Hermilly.

Elles entrent en se donnant le bras, et vont s'asseoir sur une des causeuses placées de chaque côté d'une immense cheminée.

LA DUCHESSE. — Que vous êtes donc bonne, ma chère Marie, d'être venue sitôt, et de m'avoir épargné tous les ennuis de ma toilette, en me racontant vos folies!

LA COMTESSE. — Vous appelez cela des folies, bon Dieu! Que M. d'Hermilly n'est-il pas là, lui qui me reproche toujours mon sérieux.

LA DUCHESSE. — Et il a raison, Marie. Vous n'êtes pas de votre âge.

LA COMTESSE. — C'est plutôt lui qui n'est pas du sien.

LA DUCHESSE. — Le fait est qu'à trente ans, il a le tort de se croire jeune, le défaut d'être charmant, et de se trouver le plus heureux des hommes. Je vous le répète, Marie, vous êtes une folle, et s'il était là je vous gronderais devant lui. Préféreriez-vous qu'il fût comme M. de Servieux, sans cesse triste, préoccupé, d'un pessimisme à faire désirer la fin du monde?

LA COMTESSE. — Est-ce que vous l'avez ce soir, ce bon M. de Servieux, ce vieil ami de ma mère?

LA DUCHESSE. — Oui ; mais ce n'est pas tout. J'ai une célébrité, oh ! une grande célébrité, arrivée tout récemment à Paris.

LA COMTESSE (avec curiosité). — Ah ! mon Dieu ! Qui donc cela ?

LA DUCHESSE. — Le marquis de Longetour, un parent de M. de Saint-Arc, un marin, un véritable Jean-Bart. C'est tout un roman !

LA COMTESSE. — Contez-moi donc cette belle histoire.

LA DUCHESSE. — Ma chère enfant, ce serait beaucoup trop long. Seulement, on dit que, pris par des pirates, emmené dans l'intérieur de l'Afrique, il a vu les choses du monde les plus curieuses, et a fait de nombreuses découvertes en histoire naturelle; car l'Académie des sciences veut le recevoir comme correspondant. Mais ce qu'il y a de plus beau, c'est qu'il n'a été fait prisonnier, dit-on encore, que parce qu'il n'a pas voulu quitter son bâtiment, perdu sans ressource. Son équipage l'abandonna, et il eut le courage d'y rester seul. Ces marins ont un singulier amour pour leurs vaisseaux.

LA COMTESSE. — Voilà de la fidélité et de la constance, j'espère. Est-il marié?

LA DUCHESSE. — Beaucoup. — Avec cela c'est un vieillard fort simple, fort bon, fort doux, mais un de ces caractères entiers, un de ces courages indomptables qui ne se réveillent qu'au milieu des grands périls. Enfin de ces gens que les obstacles seuls grandissent.

LA COMTESSE. Je serai bien curieuse de voir votre marin.

LA DUCHESSE. — Je lui suis fort attachée, vraiment; aussi, aurai-je le plus grand plaisir à lui apprendre aujourd'hui qu'on va, j'espère, lui accorder un grade supérieur, comme récompense de sa belle et noble conduite. Il a d'aillenrs été fort appuyé par le passager qu'il devait mener à Smyrne, m'a-t-il dit, et qui a rendu de lui les meilleurs témoignages; mais c'est encore un autre roman que celui-ci.

LA COMTESSE. — Et de deux. Mais c'est la journée des brancards.

LA DUCHESSE. — M. de Longetour m'a présenté son passager, et je vous avoue, Marie, que c'est un des hommes les plus singuliers que j'aie rencontrés.

LA COMTESSE. — C'est encore un vieux marin, bien brusque, bien laid, avec de grandes balafres sur le visage.

LA DUCHESSE. — C'est un homme de trente ans au plus, de la meilleure compagnie, d'une beauté pleine de distinction, d'un esprit fort original et fort extraordinaire; peignant comme un ange et excellent musicien.

LA COMTESSE. — Mais c'est en vérité un héros de roman.

LA DUCHESSE. — Surtout si vous ajoutez à cela un nom de fort bonne maison, une grande fortune, des équipages du meilleur goût, les plus beaux chevaux de Paris; et encore avez-vous une idée incomplète de M. de Szaffie.

LA COMTESSE. — Mais j'en ai beaucoup entendu parler. Vous le recevez ?

LA DUCHESSE (souriant). — Je sais que les envieux ou les méchants racontent un enlèvement accompagné de circonstances épouvantables, l'accusent d'avoir fait mourir de chagrin cette pauvre baronne de Pavy, et de cent autres forfaits pareils.

LA COMTESSE. — Et tout cela est faux. Vous croyez, madame?

LA DUCHESSE. — La preuve que je considère la source de ces bruits comme fort douteuse et fort impure, ma chère Marie, c'est que M. de Szaffie est reçu dans mon salon.

UN VALET DE CHAMBRE (annonçant). — M. le chevalier de Servieux.

Entre le chevalier de Servieux. Il baise la main de la duchesse de Saint-Arc, et s'incline devant la comtesse d'Hermilly.

LA DUCHESSE — Que vous êtes aimable de venir un peu tôt, monsieur de Servieux ! Vous allez nous rendre bien tristes, nous faire bien peur de l'avenir, n'est-ce pas? Voilà d'abord une de vos séides admirablement disposée à vous entendre.

M. DE SERVIEUX (souriant). — C'est une guerre à mort, madame la duchesse. Mais avouez au moins que la tristesse chez un vieillard est quelquefois de la conscience ou de l'abnégation. Pourtant, par esprit de contradiction, je serai gai aujourd'hui; c'est d'ailleurs moins le besoin de contrariété qui opérera cette grande révolution dans mon esprit, que la certitude de vous être agréable en vous apprenant une bonne nouvelle.

LA DUCHESSE. — Que voulez-vous dire?

M. DE SERVIEUX. — Oh! je ne veux vous parler ni de nouveaux bienfaits à répandre, ni de vos visites du matin, dont les pauvres savent seuls le secret, ni de la reconnaissance de ces veuves d'officiers morts à Waterloo, que vous secourez si généreusement, ni de...

LA DUCHESSE (avec impatience). — Monsieur de Servieux.

M. DE SERVIEUX. — M'y voici, madame. C'est tout simplement d'une note de la main du ministre, rédigée à la hâte. Je l'ai vu à la Chambre, et il m'a remis ces mots écrits au crayon.

LA DUCHESSE (lisant). — « La promotion de M. le marquis de Longetour au grade de capitaine de vaisseau, et sa nomination de commandant de la Légion d'honneur, ont été signées aujourd'hui.

C'est parfait! Mille grâces, mon cher monsieur de Servieux.

M. DE SERVIEUX. — Pas de grâces, madame, car c'est une justice. Ce digne officier lutte de tout son pouvoir contre le danger, et, quand il n'y a plus de ressource, par un fanatisme admirable, il se refuse à quitter le bâtiment que le roi lui a confié, y reste, et expie ce dévouement sublime par une captivité affreuse dans les déserts de l'Afrique, où il s'occupe encore de rendre des services à la science... — Vous m'avouerez que c'est admirable, madame! — Voilà ce qu'on m'a raconté, et on le tient de bonne source. Et ce n'est pas tout. Car ce brave marin avait, en outre, pour lieutenant un homme fort dangereux, qui a voulu l'assassiner à la vue de tout son équipage, révolté sans doute de la fermeté qu'il ne s'attendait pas à trouver chez notre loyal capitaine. Il paraît même, d'après le procès, que c'est ce misérable qui a causé la perte du bâtiment, que M. de Longetour avait déjà sauvé une fois. Heureusement justice a été faite ! et notre marine n'a pas à regretter un officier dont elle doit être si fière !

LA DUCHESSE. — Et puis M. de Longetour avait émigré, et un émigré ne peut nécessairement être qu'un imbécile et un lâche. Réellement il est pénible d'être aussi mal compris, et de ne recueillir que de la haine et de la calomnie, pour le peu de bien qu'on essaye de faire.

M. DE SERVIEUX. — On nous prend pour des croquemitaines, et notre cause est jugée en dernier ressort quand on a parlé de donjons et d'ailes de pigeons. Mais ces plaisanteries disent autant que les proscriptions de 93. La querelle n'est pas finie, madame la duchesse; la France nous hait, car on ne relève pas des croyances détruites comme on relève un trône.

LA DUCHESSE. — Allons, vous êtes un songe-creux, le Cazotte de la Restauration.

Entre un valet de chambre qui remet une lettre à la duchesse.

LA DUCHESSE (décachetant la lettre). — Vous permettez, monsieur de Servieux ?

M. de Servieux s'incline et s'entretient avec la comtesse d'Hermilly.

LA DUCHESSE. — Quel contre-temps ! c'est désolant ! (Souriant.) Mais, après tout, je reverrai ce bon M. de Longetour, mais je ne reverrai jamais une pareille épître; ainsi, tout est pour le mieux (Riant aux éclats.) C'est qu'aussi ces marins sont si singuliers! Mais on dit que tous ces gens de haut courage ou d'esprit supérieur sont toujours menés de la sorte par leurs femmes. Lisez donc cela tout haut, monsieur de Servieux, et je vous défie de nous attrister après. Et cela vous égayera aussi, Marie, car, je ne sais, mais depuis un moment vous paraissez rêveuse.

LA COMTESSE. — Mais pas du tout.

M. DE SERVIEUX (lisant). — « Ma chère parente, comme on peut bien parler franchement entre amis et parents, je vous avoue que je ne puis avoir le plaisir d'aller dîner avec vous aujourd'hui, non par ma volonté, mais par celle de ma diable d'Elisabeth, de ma maudite femme que vous connaissez bien. J'ai prié, menacé, je n'ai pu rien obtenir, je ne sais par quel caprice elle m'a refusé, mais elle n'a pas voulu. Et comme je parlais d'aller chez vous malgré tout, car enfin à mon bord c'était autrement, eh bien! madame et chère parente, elle m'a enfermé, enfermé à double tour, et c'est de ma prison que je vous écris cette lettre, que j'ai jetée par la fenêtre à un commissionnaire, en lui disant de la porter tout de suite à l'hôtel Saint-Arc. Ne m'en veuillez donc pas, ma chère parente, car je serais désolé que vous me crussiez ingrat, après toutes les bontés dont vous m'avez comblé depuis mon retour de Tripoli. J'étais bien sûr de vous avoir écrit de Toulon à mon arrivée en France, huit jours avant mon départ pour Paris. Je retrouve ma lettre dans le secrétaire d'Elisabeth, qui l'aura oubliée. Ne m'en veuillez donc pas, ma chère parente, et plaignez un prisonnier. Si j'avais été à mon bord, cela ne se serait pas passé ainsi. Surtout qu'Elisabeth ne sache rien, je vous en supplie. J'ai appris, en arrivant, que mon lieutenant avait été fusillé. C'est un grand malheur, car c'était un brave ; j'aurais tout donné au monde pour le sauver; ainsi, madame, les démarches que je vous avais priée de tenter à ce sujet deviennent inutiles, et j'en suis au désespoir, bien au désespoir. Agréez, etc. »

M. de Servieux remet la lettre à la duchesse.

LA DUCHESSE. — L'excellent homme! Il plaint son lieutenant!

M. DE SERVIEUX. — C'est pourtant une chose bizarre, et prouvée,

Supplément gratuit quotidien au Journal l'ÉLECTEUR

La duchesse.

que ces courages de fer, que ces hommes indomptables au milieu du danger, sont d'une faiblesse inouïe, une fois rentrés dans la vie privée.

LA DUCHESSE (souriant). — C'est toujours Hercule aux pieds d'Omphale, monsieur de Servieux. — Mais il faut lui répondre à ce pauvre marquis.

Sonnant et parlant à un valet de chambre.

Qu'on m'apporte ce qu'il faut pour écrire.

(Écrivant). — « Mon cher parent, je prends un bien vif intérêt à votre captivité; pour en adoucir les ennuis, je vous envoie une note du ministre; après tout, ce qui me console un peu, c'est de voir une femme (et votre femme) vous faire expier tout le despotisme que vous faisiez, dit-on, à votre bord.

« A bientôt, j'espère, car madame de Longetour ne saurait être toujours impitoyable. — Mille regrets et amitiés, mon cher parent.

« DUCHESSE DE SAINT-ARC. »

LA DUCHESSE DE SAINT-ARC (ployant la lettre, la cachetant et la donnant au valet). — Portez cette lettre.

M. DE SERVIEUX. — Ah! le malheureux, que je le plains! si Elisabeth intercepte la correspondance, il est mis au secret.

LA DUCHESSE. — Et au pain et à l'eau, peut-être. Gardé à vue, qui sait...

LE VALET DE CHAMBRE (annonçant). — Monsieur le duc!

Le duc de Saint-Arc baise la main de la comtesse, la conversation s'engage et n'est interrompue que par le valet, qui nomme successivement les convives, enfin il annonce :

Monsieur de Szaffie !

LA COMTESSE D'HERMILLY (tournant vivement la tête). — C'est lui ! Qu'il est bien !

Dix minutes après, un maître d'hôtel ouvrant les deux battants de la porte :

Madame la duchesse est servie !

FIN DE LA SALAMANDRE

Paris. — Typ. Collombon et Brûlé, rue de l'Abbaye, 22

AVIS A NOS LECTEURS

Après LA SALAMANDRE, nous avons la bonne fortune d'offrir à nos lecteurs la BRÉSILIENNE, par A. MATTHEY (Arthur Arnould), l'auteur du grand succès du jour : *ZOÉ CHIEN-CHIEN.*

LA

BRÉSILIENNE

PAR

A. MATTHEY

PROLOGUE

Le drame que nous allons raconter, bien que étrange et terrible dans beaucoup de ses détails, n'a eu qu'un faible retentissement. Le public n'en a jamais connu les péripéties vraies. Il n'a vu que le dénouement, auquel il n'a rien compris.

Quelques personnes ont supposé, deviné une partie de la vérité, mais en petit nombre, et elles se sont tues d'ailleurs, ne pouvant apporter aucune preuve à l'appui de leur opinion.

On causa pendant vingt-quatre heures de la catastrophe inattendue qui frappait une grande famille, puis on pensa à autre chose.

Il n'en pouvait être différemment. Les acteurs du drame étaient trop haut placés et avaient trop d'intérêt à étouffer l'affaire, pour qu'elle ne restât pas à peu près secrète.

En voici, aujourd'hui, le récit complet.

I

L'HÔTEL DE SERGY

Le comte de Sergy occupait, en octobre 1863, l'un des plus beaux hôtels du faubourg Saint-Honoré. Cet hôtel avait pour façade sur la rue une immense porte cochère, derrière laquelle on apercevait, au fond d'une cour large et soigneusement sablée, le perron élégant et les hautes fenêtres du bâtiment d'habitation, élevé de deux étages seulement. Au-dessus du toit on distinguait, dénudées par les approches de l'hiver, les branches supérieures de quelques arbres. En effet, la partie de l'hôtel qui regarde du côté des Champs-Élysées donnait sur un assez grand jardin, plein d'ombre, de fraîcheur et de senteurs, à la belle saison. Ce jardin s'étendait jusqu'à l'avenue des Champs-Élysées, où il se terminait par une grille, ouvrage remarquable de serrurerie moderne.

M. le comte de Sergy était un homme important et riche, décoré de tous les cordons et de tous les aigles, bicéphales ou non, que produit l'Europe monarchique. Sa noblesse était d'ailleurs tout à fait ancienne et authentique.

Bien qu'il appartînt à l'opinion légitimiste par sa naissance, il était de ces grands cœurs qui ne refusent jamais de servir la France sous tous les gouvernements, dans les hauts emplois largement rétribués.

Sous Louis-Philippe, député agréable, il allait devenir pair de France de la branche cadette, comme son père l'avait été de la branche aînée, quand éclata la révolution de 1848. Ne reconnaissant plus la France dans le gouvernement provisoire, il ne fit point partie de l'Assemblée qui constitua la République, mais il se laissa élire à la Législative.

Le coup d'État l'ayant d'abord fourré en prison, M. de Sergy s'éloigna du second empire, qui ne lui offrait rien du tout. En voyant cependant à l'œuvre le nouveau souverain, il comprit vite que le prince expéditif qui nettoyait si bien la France de tout esprit de liberté, de toute institution démocratique, représentait à son tour la

France. Il brigua pour la troisième fois la confiance des électeurs. Une bonne candidature officielle en Normandie, où madame de Sergy possédait le château d'Estourville, lui valut un siège au Corps législatif, avec l'espoir justifié d'obtenir, un jour ou l'autre, une ambassade, ou même un ministère.

A l'époque où nous avons l'honneur de le rencontrer, M. de Sergy pouvait avoir soixante ans, mais il ne les paraissait pas. Les gens de sa sorte vivent vieux ; ces conservateurs se conservent étonnamment ! ce qui provient évidemment de la solidité imperturbable de leur conscience.

Le rez-de-chaussée de l'hôtel de Sergy était occupé par les pièces de réception et d'apparat. Deux appartements, séparés par une vaste antichambre, composaient le premier étage : à droite l'appartement du comte, et à gauche l'appartement de la comtesse et de sa fille ; car M. de Sergy était époux et père.

Au second étage, l'appartement principal était occupé par une jeune parente, cousine de madame de Sergy, née au Brésil, pauvre, orpheline, et recueillie six ans auparavant par la comtesse, qui avait cru de son devoir de ne point l'abandonner. On l'appelait dans la maison mademoiselle Balda.

Cet étage avait également contenu le logement du fils aîné de la maison, Lucien, absent depuis plusieurs années.

Il était environ huit heures du soir. La journée avait été une de ces journées de l'automne parisien, humides et sombres, dont la lumière indécise s'étend sur la ville maussade comme un linceul gris. Avec la nuit, avait commencé une pluie glacée, menue et monotone. Seulement, — rien n'existe que par contraste ou comparaison, — ce temps âpre et lugubre au dehors ne faisait paraître que plus doux et plus chaud le confortable et luxueux intérieur de l'hôtel de Sergy, et surtout, dans son grand goût et dans son élégant ameublement, le salon particulier de l'appartement de la comtesse.

Un vieux domestique était en train d'activer le feu dans la cheminée de ce salon, quand une jeune femme de chambre entra, portant de ses deux mains une grande lampe allumée, en porcelaine de Sèvres bleu de roi, adoucie par un abat-jour et par un globe dépoli. Elle posa cette lampe sur un guéridon, auprès d'un vaste fauteuil de velours, large et profond, dont la vue attristait sans qu'on sût pourquoi, et faisait rêver de larmes et de maladie.

— Comment va madame la comtesse, ce soir, mademoiselle Julie? demanda le vieux domestique.

— Pas trop bien, monsieur Germain ; madame est toujours d'une faiblesse !...

— Madame doit être pourtant bien contente aujourd'hui?

— Ah ! vous savez donc la grande nouvelle, monsieur Germain? Qui a pu vous dire...

— Eh ! c'est mademoiselle Lucie. Je suis un vieux serviteur, voyez-vous, et elle n'a pas de secret pour moi, cette chère enfant.

— Eh bien, oui, M. Lucien est en route pour revenir ; madame a reçu ce matin la lettre qui le lui annonce. Mais, avec sa maladie de cœur, les émotions, même de joie, ne sont pas bonnes. Ainsi, madame, malgré sa potion, n'a pas pu dormir, dans la journée, les deux heures, qui, avec deux heures de nuit, sont tout son sommeil.

— Oui, madame est délicate, mais elle est nerveuse, elle résiste. Et elle résistera longtemps ; vous verrez.

— Possible! mais alors, ce serait à une condition qui, dans l'état des choses, n'est malheureusement pas facile à remplir, — à la condition qu'on la ménage, qu'on lui épargne toute secousse...

— Oh! quand M. Lucien sera là, le bonheur continu la sauvera, j'en suis sûr.

— Dites donc, monsieur Germain, il y a dans la maison une autre personne qui sera moins heureuse de ce retour.

— Mademoiselle Balda ! je crois bien ! C'est à cause d'elle que M. Lucien a été obligé de partir, il y a trois ans.

— Ah ! c'est donc vrai ?

— Oui, et c'est malgré elle qu'il revient, j'en réponds !

— Malgré son père aussi, peut-être?

— Je n'en sais rien. En tout cas, M. Lucien a vingt et un ans à présent. Il est majeur, et si mademoiselle Balda...

— Chut ! c'est elle ! dit vivement la femme de chambre.

En effet, la porte venait de s'ouvrir doucement ; Balda était entrée dans le salon sans bruit.

— Lucie n'est pas là ? demanda-t-elle.

www.ingramcontent.com/pod-product-compliance
Lightning Source LLC
LaVergne TN
LVHW020552230826
846091LV00002B/469

* 9 7 8 2 0 1 9 6 9 8 5 5 3 *